东北亚国别区域研究

2020

（第一辑）

肖传国 主编

九州出版社 JIUZHOUPRESS｜全国百佳图书出版单位

图书在版编目（CIP）数据

东北亚国别区域研究 / 肖传国主编. -- 北京 : 九
州出版社，2020.12
ISBN 978-7-5108-8973-8

Ⅰ．①东… Ⅱ．①肖… Ⅲ．①东亚－研究 Ⅳ.
①D731.0

中国版本图书馆CIP数据核字(2021)第017992号

东北亚国别区域研究

作　　者　肖传国　主编
责任编辑　古秋建
出版发行　九州出版社
地　　址　北京市西城区阜外大街甲 35 号（100037）
发行电话　(010)68992190/3/5/6
网　　址　www.jiuzhoupress.com
印　　刷　三河市九洲财鑫印刷有限公司
开　　本　710 毫米×1000 毫米　16 开
印　　张　17.25
字　　数　270 千字
版　　次　2020 年 12 月第 1 版
印　　次　2020 年 12 月第 1 次印刷
书　　号　ISBN 978-7-5108-8973-8
定　　价　79.00 元

序　言

　　吉林省地处东北亚，是我国"周边外交"与"大国外交"的交汇点，也是我国顺利落实"一带一路"倡议的重要区域，同时，更是开展东北亚国别区域研究的核心区域。吉林外国语大学是东北地区覆盖"一带一路"沿线语种最多的高校，包括英、俄、日、蒙、朝、阿拉伯、波斯等20个语种。我校充分发挥多语种资源优势，结合"一带一路"语言文化服务协同创新中心"多语种翻译+"特色，进行跨学科的学术研究，先后获批国家社科规划基金项目、教育部人文社科项目、省社科规划基金项目、省科技厅软科学项目等科研课题几十项。同时，借助我校"多语种翻译中心"平台，进行外文书籍汉译和中文书籍外译，近年来先后出版了东北亚丝绸之路（英、俄、日、蒙、朝等语种）、吉林省少数民族等方面的译著几十部。

　　2021年3月，经教育部国别区域研究备案中心批准，吉林外国语大学东北亚研究中心正式设立。该中心将根据国务院关于全面振兴东北老工业基地建设和教育部新文科发展战略，依托我校"一带一路"语言文化服务，协同创新中心、中外文化研究院和吉林国际发展研究院等科研机构，通过与国内外、省内外高校的交流与合作，努力打造东北地区语种最全、特色鲜明、传统领域与非传统领域相结合的国别区域研究基地。对东北亚区域的俄、日、韩、朝、蒙等五国的政治、经济、文化、教育、社会等领域开展实用性研究，并将此研究深度融入学科建设和新文科建设中，努力实现产、学、研、教一体化，科研、教研、资政一体化，学科专业特色与科研方向特色一体化，最终成为特色鲜明、国内具有影响力的东北亚国别区域研究重镇，成为在理论研究、咨询资政、信息研判等方面有重要影响力的智库。

东北亚国别区域研究是学校学科建设重点方向之一，同时也是学校服务国家发展战略需求和发挥地缘优势所确定的科研特色。东北亚国别区域研究，凭借学科建设和科学研究的特色与优势，将成为我校建设高水平大学，走向民办非营利百年名校的重要战略任务。

基于上述明确定位和发展目标和实施计划，本中心特推出《东北亚国别区域研究》，拟每年出版 1 辑，本辑包括"特稿、开放吉林特色研究、文化与文学研究、经济与社会发展研究、国际教育比较研究"五个栏目。我们希望《东北亚国别区域研究》能够及时展示东北亚国别区域研究的新成果，也期待能为国别区域研究领域提供新的建设性预案和学术参考。

目前，东北亚国别区域研究正方兴未艾，相关学术成果越来越多，有关研究正逐步走向成熟。我们欣喜地看到有更多的研究者参与到这一学术研究当中，这不仅象征着国别区域研究充满生机，也预示这将出现更多的学术突破。

机遇与挑战并存，希望与艰辛共生。唯愿与各位学者携手奋进，共同描绘出一幅东北亚"人类与自然和谐共生"的历史图景。

秦和

2021 年 6 月 25 日

‖ 目录

特稿

中蒙俄经济走廊与东北亚地区的合作及展望

金美花 [①]

摘要：中蒙俄经济走廊是东北亚各国共建"一带一路"的核心动力，也是调整东北亚价值链的重要平台，中蒙俄经济走廊需要大力推动与东北亚区域内日本、韩国及朝鲜等国家开展战略对接及经济合作，并推动东北亚区域合作延伸至中亚及欧洲，最终形成欧亚经济一体化。

关键词：中蒙俄经济走廊；东北亚；区域价值链

中蒙俄经济走廊是"一带一路"框架下东北亚地区的第一个多边合作机制，也是推动东北亚开放型经济合作及自由贸易区的重要支撑。2019 年 8 月，国家主席习近平向第十二届中国—东北亚博览会发来贺信，指出："东北亚是全球发展最具活力的地区之一。共建'一带一路'为拓展和深化地区合作持续注入新动能"，并强调"当前加强东北亚区域合作的有利条件不断累积"。贺信高度肯定了东北亚地区的发展活力，并为东北亚区域合作指明了未来发展方向。

---

① 金美花，女，1976 年 2 月生人，吉林省社会科学院东北亚研究中心秘书长、研究员，研究方向：东北亚问题。

一、中蒙俄经济走廊与东北亚地区的合作现状

2016 年 6 月，中蒙俄三国首脑共同签署《建设中蒙俄经济走廊规划纲要》，并确定 32 项有关中蒙俄经济走廊的建设项目，其范围涵盖交通基础设施建设、产业合作、通关便利化、能源合作、环境生态保护合作、科技及教育合作等不同领域。截至目前，中蒙俄经济走廊在推动"一带一路"建设、对接欧亚经济联盟、落实《纲要》项目等方面均已取得丰硕成果，也为其与东北亚地区的合作奠定了坚实的基础。

（一）中蒙俄经济走廊引领东北亚区域合作机制的构建

中蒙俄经济走廊作为"一带一路"的六大走廊之一，是联通东北亚地区与中亚地区、欧洲地区的重要通道。2015 年 5 月，中俄两国签署《中华人民共和国与俄罗斯联邦关于丝绸之路经济带建设和欧亚经济联盟建设对接合作的联合声明》。在此基础上，2016 年 6 月，中蒙俄三国首脑在乌兹别克斯坦共同签署了《建设中蒙俄经济走廊规划纲要》，中蒙俄经济走廊成为"一带一路"与欧亚经济联盟对接的主要平台，为东北亚各国在"一带一路"框架下加强经济合作提供重要平台，也极大地吸引了区域内的发达国家日本与韩国，大幅提高日韩两国参与"一带一路"建设的积极性。

随着"逆全球化"与全球价值链重组趋势的显现，日本、韩国等东北亚区域内的出口导向型国家面临日益缩小的海外市场，亟须在欧美市场之外寻求新的出口市场及经济增长动力。而东北亚地区不断扩大的开放合作趋势，尤其是中蒙俄经济走廊合作机制的建立，以及中亚地区蕴含的巨大的市场潜力，促使日本、韩国增强了区域内合作的积极性。2017 年，韩国文在寅政府提出"新北方政策"，并积极推动与"一带一路"的对接；2018 年，中日两国签署《关于中日第三方市场合作的备忘录》；同年 10 月，中日两国首脑在北京举办的"首届中日第三方市场合作论坛"期间就"一带一路"框架下开展第三方市场合作达成重要共识，为日本参与"一带一路"开辟新路径。日本与蒙古国早在 2015 年已正式签署经济

伙伴关系协定（EPA），韩国也在积极推动与蒙古国 EPA 的签署。

（二）中蒙俄经济走廊为东北亚贸易合作提供新动力

中蒙俄经济走廊作为"一带一路"建设的重要组成部分，贸易畅通是走廊建设的主要任务及目标。自 2000 年以来，中蒙俄三国贸易规模不断扩大。到 2016 年，三国贸易总额达 50959.14 亿美元，较 2000 年的 4410.19 亿美元增长了 10 倍以上。[①] 在"逆全球化"兴起的背景下，2019 年，中蒙俄三国的贸易规模仍达到 52081.57 亿美元，约占世界进出口总额的 13.8%，[②] 其中俄罗斯在 2019 年和 2020 年第一季度的进口规模同比增长 2.8% 和 33.5%，蒙古国在 2019 年的进口规模也同比增长 18.7%，呈乐观发展态势。（参见表 1）

表 1　2019—2020 年第一季度中蒙俄三国贸易规模情况表

单位：百万美元

	出口（增长率）		进口（增长率）		各国进出口总额（占世界进出口总额的比重）	
	2019 年	2020 年第一季度	2019 年	2020 年第一季度	2019 年	2020 年第一季度
世界贸易	18694022 (-4.2%)	4313755 (-6.1%)	18988459 (-3.1%)	4422916 (-4.9%)	37682481	8736671
中国	2464407 (-0.4%)	477589 (-13.14%)	2067974 (-3.2%)	464757 (-2.3%)	4532381 (12.03%)	942346 (10.79%)
俄罗斯	419732 (-6.0%)	101179 (-3.3%)	242628 (2.8%)	71052 (33.5%)	662360 (1.75%)	172231 (1.97%)
蒙古国	7116 (-11.4%)	1137 (-35.8%)	6300 (18.7%)	1092 (-15.1%)	13416 (0.03%)	2229 (0.02%)

数据来源：国际货币基金组织（IMF）统计数据

（三）中蒙俄经济走廊与区域内国家间的贸易关系不断扩大

在"一带一路"建设框架下，中蒙俄经济走廊与日本、韩国等东北亚国家间

---

① 数据源于李蔚：《浅析中蒙俄经济走廊的贸易发展现状》，《内蒙古统计》2019 年第 6 期，18—22 页。

② 作者根据国际国币基金组织（IMF）发布的数据整理。

的贸易合作也呈现积极发展态势。以韩国为例，2019 年，中蒙俄经济走廊与韩国的贸易合作实现 2660.9 亿美元，占韩国进出口总额的 25.4%。其中韩国对中蒙俄三国的出口额为 1442.6 亿美元，占韩国出口总额的 26.6%；进口额为 1218.2 亿美元，占韩国进口总额的 24.1%。到 2020 年 1—6 月，韩国对中蒙俄三国的进出口总额为 1217.9 亿美元，基本维持 2019 年同一时期的水平，占韩国进出口总额的比重为 25.8%，与上一年基本持平。这意味着中蒙俄经济走廊与韩国有着较为稳定的贸易合作关系，受中美关系、新冠肺炎疫情等外界因素的影响较少。（参见表 2）

表 2　2019 年至 2020 年上半年韩国对东北亚各国贸易情况表

单位：千美元

国家	2019 年			2020 年 1—6 月		
	出口（增长率）	进口（增长率）	进出口总额	出口（增长率）	进口（增长率）	进出口总额
中国	136202533（-16%）	107228736（0.7%）	243431269	61448931（-6.4%）	51438778（-5.0%）	112887709
俄罗斯	7774133（6.2%）	2861445（-27.9%）	22340640	2861445（-27.9%）	5907258（-16%）	8768703
蒙古国	291073（-5.4%）	32596（21.2%）	323669	127355（-14.8%）	9139（-25.8%）	136494
中蒙俄（占韩国进出口额比重）	144267739（26.6%）	121827839（24.1%）	266095578（25.4%）	64437731（26.7%）	57355175（24.9%）	121792906（25.8%）

数据来源：国际货币基金组织（IMF）统计数据

二、中蒙俄经济走廊与东北亚地区合作存在的问题

（一）中蒙俄经济走廊与东北亚国家政府间的合作机制有待完善

中蒙俄经济走廊是"一带一路"框架下的多边合作机制，随着东北亚各国对"一带一路"参与度的提高，日本、韩国等国家分别制定和出台对接战略，积极与中蒙俄经济走廊国家建立政府间合作机制。尤其是日本，随着东北亚地区战略

意义的提高，2019 年 4 月，日本内阁会议上发布了 2019 年度《外交蓝皮书》，新版蓝皮书认为"与中国构建稳定的关系非常重要"。然而，日韩两国与中蒙俄经济走廊的合作仍以双边合作机制为主，还未形成以中蒙俄经济走廊为整体的合作机制，日韩两国与中日韩三国更多是在亚太经合组织（APEC）、东亚峰会、东盟地区论坛等多边合作框架内进行交流与合作。

（二）互信缺失

随着"一带一路"在东北亚的推进，中国与东北亚五国的合作领域越来越广泛，但因历史纠葛，在民众间还存在一定程度的不信任感，成为政策沟通进一步深化的无形障碍。

（三）贸易谈判久拖未果

在东北业各国的合作过程中，许多贸易谈判已经进行了好多年，至今未达成共同目标。如中日韩自由贸易协定谈判，从 2002 年启动，至今已进行了十二轮谈判，尚未达成协定。中俄间也有许多合作项目，交涉了好多年，然而进展缓慢。

（四）政策对接中复合型人才缺乏

在"一带一路"的政策对接中，涉及经济、法律、语言、文化甚至技术层面的交流与沟通，而"一带一路"建设刚刚起步，在政策对接中还缺乏复合型的人才作为沟通的桥梁，这是目前政策对接的一个短板。

三、中蒙俄经济走廊与东北亚地区合作的未来展望

自 2018 年以来，全球经济增长放缓与贸易保护主义叠加使"逆全球化"倾向凸显，多边自由贸易体系受阻，全球价值链分工体系发生变化。例如美国、日本等国家试图缩短产业链的长度，将促使投资于海外的制造业回归其国内。2020年伊始爆发的新冠肺炎疫情也在加速推进全球价值链的调整，世界经济格局呈现出区域价值链替代全球价值链的势头。"逆全球化"使世界市场的份额不断被压缩，导致东北亚区域内日本、韩国等出口导向型国家面临严峻挑战，也促使中日韩三国产业分工体系和产业链发生变化。在此背景下，东北亚各国需要通过共建

"一带一路"，着眼长远、抢抓机遇，积极开展各国发展战略对接，建设开放型区域经济。中蒙俄经济走廊位处东北亚连接中亚及欧洲的核心位置，是日本、韩国等区域内发达国家融入"一带一路"、构建东北亚区域价值链的重要平台。

（一）朝韩铁路与中蒙俄大通道联通，共建东北亚铁路网

2017 年，文在寅提出了"新北方政策"，意在与我国"一带一路"对接。新北方政策的核心内容是"九桥战略规划"。其内容主要包括为实现天然气进口多元化而追加引进俄罗斯液化天然气管道，构筑连接韩、朝、俄的输气管道；利用西伯利亚大铁路与朝鲜半岛铁路网相连接，以期节约物流成本；对远东港口开展现代化建设；构建中、韩、俄、日、蒙五国共享电力的广域电网；利用北极航线拓展新的物流运输通道；打造韩朝俄共同参与的滨海工业园区等九项内容。

2018 年，文在寅提出"东北亚铁路共同体"的概念，意图整合东北亚六国的铁路资源，以促进韩国在内的共同体国家经济发展。同年 12 月 26 日，韩朝铁路公路对接项目开工仪式在朝鲜开城板门站举行。朝韩铁路对接不是最终目的，而是希望与中蒙俄大通道相连接，届时不仅朝韩两国可以通过经贸合作、人文交流来增强政治互信、缓和半岛局势，而且还可以连通中国、俄罗斯和蒙古国的铁路大动脉，使日本货物可经海运到达韩国釜山港再通过铁路运往亚欧大陆各处，俄罗斯与蒙古国丰富的矿产资源、能源也能被通畅地运输到东北亚地区的各个角落，这将产生难以估量的经济价值。韩国开发研究院曾分析，"东北亚铁路共同体"将发展成为"东北亚经济共同体"，东北亚地区将一跃成为全球最大的经济圈。

（二）中蒙俄旅游合作推动东北亚地区的跨境旅游合作

跨境旅游不仅能够促进东北亚各国的文化交流、增强互信，也带动了国家间的经贸发展。2015 年 7 月，中俄蒙三国在《中华人民共和国、俄罗斯联邦、蒙古国发展三方合作中期路线图》中提出，扩大旅游领域合作，组建国际旅游线路的专门工作组，推动发展"贝加尔湖（俄罗斯）—库苏古尔湖（蒙古国）"跨境旅游线路，将中俄蒙旅游合作协调委员会会议常态化。2017 年 6 月，中俄蒙三国五地第四次旅游联席会议召开，会上签署了继续深化中俄蒙地区旅游合作的《第四届中俄蒙三国旅游部长会议纪要》。

中蒙俄经济走廊作为区域合作的重要平台，为深化东北亚地区的旅游合作提供了广阔机遇。近年来，得益于东北亚区域各国山水相依、文化多元、资源组合良好的发展基础，东北亚地区的跨境旅游合作发展迅速，拥有形成共同的旅游发展大市场和国际区域合作的条件，东北亚各国间也建立了旅游合作的双边和多边机制，开展了"中俄旅游年"等大型旅游项目，显示出了巨大的市场空间。目前东北亚地区已形成了多条跨境旅游环线，今后可以在中俄朝环线、日本海环线等跨境旅游产品的基础上，借助区域内的交通网络逐步开发更多的大、小环线旅游产品。

（三）日本、韩国共同参与中蒙俄三国市场的第三方合作

自 2015 年中国首次提出"第三方市场合作"的模式以来，中国同韩国、日本分别开展了多形式、多领域的"第三方市场合作"。中韩两国企业以"第三方市场合作"的模式，在科威特、厄瓜多尔、越南和埃塞俄比亚等国的能源开发建设等领域取得了丰硕成果。2018 年 10 月举办的首届"中日第三方市场合作论坛"上，中日地方政府、金融机构和企业达成了 52 项协议，为推进两国合作开辟了新路径。

近年来，中蒙俄经济走廊建设的积极推动，同样也为韩国和日本提供了较大的市场与经济利益。中日韩三国作为东北亚区域的重要经济体，在第三方市场合作上具有很多共同点。2018 年 5 月，在第七次中日韩领导人会议上，李克强总理提出了"中日韩＋X"的合作模式，该模式若在中蒙俄经济走廊这一平台发挥三国优势的合作共赢来促进第三方（第四国）的经济发展，更可推动东北亚区域的可持续发展。中日韩三国应遵循"平等、互利"原则，主动加强沟通与合作，发挥各自在基础设施、能源开发、金融服务、环境保护等领域的技术、经验方面的优势，积极推动三国与在东北亚区域内甚至世界范围内的第四国开展合作。

当前，我国在很多产业领域的技术水平仍然落后。韩国与日本同属发达国家，拥有先进装备和关键技术，但两国也饱受产业空心化、海外市场需求不足等问题的困扰。而俄罗斯、蒙古国和朝鲜在基础设施、金融服务、产业发展等领域均有着强烈的发展需求，但缺乏资金与技术支持。东北亚地区各国可以通过第三方市场合作的形式，发挥各自优势、共享合作利益。

参考文献

荆磊、祝滨滨:《"逆全球化"背景下东北亚区域经济合作的前景与对策》,《东疆学刊》2020 年第 2 期。

毕德利:《关于推动中蒙俄"设施联通"和"贸易畅通"的对策建议》,《北方经济》2019 年第 7 期。

程亦军:《建设中蒙俄经济走廊不容忽视的各种复杂因素》,《前沿》2017 年第 10 期。

"开放吉林"特色研究

"一带一路"倡议下中国吉林省与俄罗斯远东地区的多元合作研究

陈淑玲 [①]

摘要："一带一路"倡议的提出，在中俄原本友好建交的基础上，使中俄关系更加友好，合作更加深入与务实。由于地缘优势与政策支持，中国吉林省同俄罗斯远东地区的合作成为中俄友好互动的重要组成部分，在振兴东北老工业基地战略、俄罗斯远东地区的发展规划同"一带一路"建设完美接轨的基础上，吉林省与俄罗斯远东地区合作与交流呈现出了多元性。本文在分析吉林省与俄罗斯远东地区的地缘优势与政策支持的基础上，分析了双方的多元合作，并得出双方合作在机遇与挑战面前，要努力抓住机遇而战胜困难，推动双方稳步向前。

关键词："一带一路"倡议；吉林省；俄罗斯远东地区；多元合作

一、引言

在全球化的今天，在世界各国相互合作的关系中，中俄两国的协同合作已经成为典范。2019 年，中俄建交 70 周年，恰逢中华人民共和国成立 70 周年，举国

[①] 陈淑玲（1988.8—），女，吉林省长春市人，吉林外国语大学讲师，硕士，俄语教师，主要研究俄语语言文学、俄语教育。

欢庆，两国合作持续升温，继续向新的台阶迈进。而在这 70 年的建交中，在全面战略协作伙伴关系的支持下，中俄合作会继续向前推进及深入发展。

2013 年 9 月和 10 月由中国国家主席习近平分别提出建设"新丝绸之路经济带"和"21 世纪海上丝绸之路"的合作倡议。中国提出的"一带一路"倡议也得到了国际上的回应与支持，沿线各国积极参与建设"一带一路"，加强与中国的多元合作。2015 年 5 月，中俄两国领导人签署了"一带一路"与欧亚经济联盟框架内务实合作的联合宣言。确认俄罗斯在"一带一路"中的不可替代性后，俄方的态度前所未有地积极。2015 年 3 月 28 日，国家发改委、外交部、商务部联合发布《推动共建丝绸之路经济带和 21 世纪海上丝绸之路的愿景与行动》，吉林省作为建设重点涉及的 18 个省市区之一，主动融入"一带一路"建设，这已成为吉林省开放发展的使命之一。吉林省与俄罗斯远东地区具有地理优势，陆路相望，是中俄经济走廊建设的重要区域，尤其是在政策的支持下，吉林省正不断与俄罗斯远东地区加强区域合作，增加合作多元性。

二、"一带一路"倡议下吉林省与俄罗斯远东地区合作基础

（一）"一带一路"倡议认识

"一带一路"倡议为我国国家级顶层合作倡议，英文名称为 The Belt and Road，缩写为 B&R，其中的"带"和"路"为"丝绸之路经济带"和"21 世纪海上丝绸之路"，于 2013 年 9 月和 10 月由中国国家主席习近平分别提出。

"一带一路"是具有开放性、包容性的区域合作倡议。对中国而言，对外开放是发现机遇、抓住机遇，创造机遇的先行条件，只有坚持对外开放才能实现国家的奋斗目标。"一带一路"是务实合作平台，"一带一路"倡议就是要让中国与世界互为彼此的发展机遇。丝绸精神具有"和平合作、开放包容、互学互鉴、互利共赢"的特点，而"一带一路"倡议将该特点视为历史财富并与其保持一致。参与"一带一路"倡议的各个国家彼此形成了互利共赢的区域利益共同体、命运共同体和责任共同体，各国皆是平等的参与者、贡献者与受益者。

在"一带一路"倡议的提出后，得到了沿线各个国家的鼎力支持。在此基础上，中国加快与沿线各国的深入合作，根据各国的资源优势及发展潜力，进行资源互补，签订互惠互利的合作协议，构建相关政策机制来保障合作稳步进行，也快速推动了合作项目的实施。现中国与沿线多个国家签署协议进行项目的深度合作，在交通、经贸、文化、教育、生态等各个领域加强了对外开放战略，同时也增进了各国人民的相互理解与信任，促进了国家间的人文交流与文明互鉴。

（二）吉林省与远东地区合作的政策支持

俄罗斯在"一带一路"倡议提出后，通过俄罗斯大量媒体的相关内容的报道了解到，俄罗斯对"一带一路"倡议的认识是喜忧参半，喜的是中俄是在平等开放互利的基础上进行合作，忧的是中国会有大量的企业和投资涌进俄罗斯。但更喜的是中俄友好建交多年和中俄双方首脑等领导层多次互通有无，在频繁的合作中，俄罗斯媒体产生的质疑逐渐消退，随之而来的是非常积极地参与到"一带一路"的建设中。在"一带一路"倡议下，吉林省同俄罗斯远东地区的合作成为中俄合作的重要部分，而两国不断出台的一些政策也为双方的多元合作提供了有力支持。

2009年9月23日，中俄两国正式签署《中华人民共和国东北地区与俄罗斯联邦远东及东西伯利亚地区合作规划纲要（2009—2018）》，体现出中俄两国的区域合作进一步加深，当然在合作中会存在一些不确定性和艰巨性，但对于中俄来说，都是在挑战中遇见发展机遇。

2019年8月，吉林省发改委发布了《沿中蒙俄开发开放经济带发展规划（2018年—2025年）》。该规划的提出给吉林省的发展带来了切实利益，促进吉林省对外开放，推动吉林省各领域发展，加快吉林省融入"一带一路"建设的脚步。在规划的指导下，助力吉林省全面融入中蒙俄经济走廊，早日成为东北亚经济合作发展的中心，在中俄合作上提高我国的核心竞争力，同时营造良好的经济发展环境。

2019年9月，中俄领导人在第四届东方经济论坛期间签署了《中俄在俄罗斯远东地区合作发展规划（2018—2024年）》，该纲领内容对远东地区的整体介绍较全面，涵盖了交通、能源、地理位置等方面，详细介绍了远东地区的投资环境、投资优势、投资政策、合作机制及项目等方方面面，对于中国投资者来说是一份详细的了解远东地区的指南。

2019 年，俄方出台了《2025 年前远东发展国家纲要和 2035 年前发展前景》草案，该草案的主要内容包括远东地区现行发展政策、远东地区经济发展现状、2025 年前远东地区经济社会发展总目标，即为远东地区营造具有全球竞争力的投资环境。

通过 2019 年出台的一些规划和草案，能看出俄罗斯对其远东地区发展的重视。远东地区是中俄丝绸之路经济带建设和欧亚经济联盟建设对接与务实合作的重点区域，而吉林省正是俄罗斯远东地区合作的重点区域，通过以上一些政策的扶持，吉林省同俄罗斯远东地区的合作会逐步深入，对"一带一路"的建设起到重要作用，具有重大意义。

（三）吉林省与远东地区的地缘优势

在"一带一路"倡议下，中国首先要统筹国内各个区域的发展，与沿线国家合作。在地域上，中国分为四大块：北方地区、西南地区、沿海及港澳台地区及内陆地区。充分发挥各地区优势，让各地区动起来，紧跟"一带一路"倡议，加强各地区与对应国的互动合作，坚持走出去战略，提高开放型经济发展水平。我国东北地区吉林省地理位置优越，与俄罗斯远东地区接壤，为中俄合作提供了有利条件。正是由于双方都具有优越的地理位置，才能使中俄合作进入更高水平。

吉林省位于中国东北地区中部，处于东北亚的腹心地带，为边疆近海省份，与俄罗斯滨海边疆区陆路相连，拥有多个对俄公路、铁路口岸，是"一带一路"向北开放的重要窗口。吉林省对外合作主要依托于几个城市，其中影响力最大的就是珲春市。珲春市位于吉林省东部，地处中、朝、俄三国交界的地带，与俄罗斯远东地区接壤，是东北亚地区的几何中心。珲春市的周边分布着众多天然不冻港，对面是俄罗斯符拉迪沃斯托克、波谢特等港口，在东北地区既对朝鲜开放也对俄罗斯开放，是东北亚各国与欧美对接的最便捷、最直接的通道。现如今根据俄罗斯行政区域划分，远东地区是俄罗斯最大的经济区，由十个联邦主体组成。俄罗斯远东地区是快速发展的亚太地区的一部分，地理上比俄罗斯其他地区更接近中国，与吉林省毗邻。

三、"一带一路"倡议下吉林省与俄罗斯远东地区呈现多元合作

（一）吉林省与俄罗斯远东地区在交通基础设施领域加强互联互通

中国东北地区与俄罗斯远东地区经济发展落后的因素虽不相同，但是促进两区域经济发展的联系却很密切。振兴东北老工业基地一直是中国东北地区经济发展的战略指导，而俄罗斯同样多次提出发展其远东地区的规划。经过"一带一路"倡议的提出，中国振兴东北老工业基地发展战略和其远东地区发展规划联系更加紧密，同时与"一带一路"完美对接。为了促进双方区域合作，推动经济发展，双方都在努力建设交通基础设施，加强互联互通。

现今，吉林省同远东地区在交通基础设施建设上已经有了一定成绩，以多种形式呈现，在双方各领域合作中体现出积极的推动作用。

九年未运行的中俄珲春—马哈林诺铁路国际联运列车终于在 2013 年 8 月 2 日开始新的征程。该线路的顺利开通标志着吉林省的对外开放又多了一条新通道。该线路在欧亚运输通道中在物流中起到重要作用，推动了蒙古国铁矿石的对外出口，助力日韩货物进入欧洲，在吉林省的振兴发展上做出了突出贡献。

莫斯科时间 2018 年 9 月 14 日，珲春—扎鲁比诺港—宁波舟山港内贸货物跨境运输航线正式启动，该航线体现出了吉林省与浙江省的团结协作，共同为中俄跨境运输合作创造新模式。

另外，吉林省也积极与俄罗斯远东地区开展基础设施建设合作，扩大国际间交通运输形式，开通了长春至符拉迪沃斯托克国际航线，经珲春—扎鲁比诺港—宁波舟山港和经珲春—罗先—上海宁波跨境铁海联运、陆海联运通道建成通航。推进对俄"两高"（北京—符拉迪沃斯托克高铁、珲春—符拉迪沃斯托克高速）、"两港"（扎鲁比诺港新港建设、旧港改造）、"两路"（珲春—扎鲁比诺港口公路、铁路）建设。

共同建设"滨海 2 号"国际交通走廊。"滨海 2 号"国际交通走廊连接吉林

省的大型交通枢纽、珲春—马哈林诺口岸，以及滨海边疆区南部的波斯耶特、扎鲁比诺和斯拉维扬卡等港口。发展"滨海 2 号"国际交通走廊是一项系统工程，它包括公路、铁路、港口、机场、通行口岸和通信系统等基础设施的现代化建设，也包括过境口岸和海关各项管理制度和措施，如简化过境程序，减少过境货物海关费用和办理时间等。其目的在于提高俄罗斯作为国际交通走廊的运输潜力，保证通过俄罗斯领土的国际货物稳定增长，提高俄罗斯陆海联运的国际竞争力。

（二）吉林省与俄罗斯远东地区的经贸领域跨境合作

在"一带一路"倡议框架下，在吉林省与俄罗斯远东地区各自规划的指导下，在双方加强合作及共同签署了多个计划的合作下，吉林省与俄罗斯远东地区的跨境经贸合作向前迈进了一大步。

吉林省为东北亚地区的地理几何中心，发挥地缘优势，积极融入"一带一路"，抓住机遇，扩大对外开放。在与俄罗斯远东地区贸易投资合作中，吉林省扮演着重要角色，不断加快建设中俄跨境经济区，在贸易结构和投资合作领域不断优化。吉林省与远东地区资源丰富，贸易商品多样。吉林省不断提升出口产品质量，生产出能销往俄罗斯远东市场的优质产品，而近年俄罗斯远东地区也向吉林省出口了大量的粮食产品。可见，吉林省与远东地区的经贸合作日益频繁。吉林省在珲春市设有综合保税区，它是对外开放层次更高、政策更优惠、功能更齐全、通关更快捷的海关特殊监管区域。而俄罗斯远东地区为了能更好地同吉林省合作，也加大了相关开放力度，例如简化了贸易过境程序，允许来俄人员申请电子签证，同时电子签证普及地区也在逐渐扩大。可见，吉林省同俄罗斯远东地区的合作在向更好的方向迈进。2015 年，以吉林省委书记巴音朝鲁为首的吉林省代表团首次赴俄罗斯远东哈巴罗夫斯克边疆区进行友好访问，双方举办了一系列重要会议，中俄企业在机械制造业、化工产业、农业等多个领域有非常好的合作意向。吉林省是工业大省，吉林省现已有近 200 多家企业在俄罗斯注册，除机械制造业、化工产业、农业外，在汽车高铁产业、旅游产业、房地产产业等都有企业有意在俄罗斯远东地区投资建立合作关系。

（三）吉林省与俄罗斯远东地区的文化教育交流

吉林省和俄罗斯远东地区一直是地域上的好邻居、合作上的好伙伴。吉林省与俄罗斯远东地区的文化交流活动也在双方紧密合作的基础上逐渐增多。早在2011年，中国东北地区与俄罗斯远东地区正式启动媒体定期交流活动，该活动由中俄双方轮流举办，双方协同报道其共同关注的国际问题或两国时事。2015年，吉林省代表团赴俄罗斯远东地区进行访问时，"中国吉林文化周"正式开播，包括在远东地区几大电视台播放俄语版的吉林宣传片、电视剧和微电影。通过这种方式，媒体向俄罗斯人展示吉林省，为俄罗斯人了解吉林省搭建了一个非常好的宣传平台。在电视周期间，吉林省媒体机构也与俄方媒体机构签署了合作协议。2018年6月，"中国故事 吉林之声"（俄罗斯远东地区版）正式入驻俄罗斯符拉迪沃斯托克广播电台；同年9月，吉林人民广播电台赴俄，在远东滨海边疆区参加了"中俄媒体高层论坛暨中俄媒体跨境联合采访活动"。媒体交流活动、跨境传播活动都给两国关系深入发展、国民相互理解、文化相互传播、经贸交流与合作等方面带来了积极影响。

吉林省与俄罗斯远东地区的高校合作交流同样逐步深入、日益密切。"一带一路"倡议的提出加速了沿线国家的合作进程，对各类人才需求量加大，各大高校也在加强"一带一路"相关专业研究和人才培养。吉林省多所高校开设俄语专业，符合"一带一路"建设要求，旨在培养具有家国情怀、国际视野，综合素质高的应用型、外向型和复合型俄语人才。鉴于地域优势，吉林省多所高校与俄罗斯远东地区的高校建立了教育合作与交流关系，其中包括，互派学生进行语言实践（学分交换）、合作办学、联合培养硕士和博士、联合举办学术会议、开展学术交流、联合发表科研论文、教师互派进行短期交流等形式，在双方高校合作的基础上，双方教育教学互通有无，通过丰富教学方法、改革教学模式、提高教学质量，更好地服务于"一带一路"建设。

（四）吉林省与俄罗斯远东地区跨境合作保护生态系统

野生动物保护是维系自然生态系统的重要环节，野生动物同时也是人类生存环境的重要组成部分。对野生动物的保护对维护生态平衡、改善自然环境、促进社会经济持续稳定发展起到积极作用。在吉林省和俄罗斯远东地区分布着濒临灭绝的大型猫科动物——东北虎和远东豹。为此，吉林省同俄罗斯远东地区的相关部门携手开展虎豹保护工作。2019 年 11 月，在俄罗斯滨海边疆区巴拉巴什镇豹之乡国家公园中央庄园会议厅，中国东北虎豹国家公园与俄罗斯豹之乡国家公园正式签署 2019—2021 年《东北虎豹国家公园管理局和俄罗斯联邦"雪松溪谷"国家自然生物圈保护区与"豹之乡"国家公园联合行政领导机构合作行动计划》，双方对计划具体内容及活动实行共商、共建、共享。以此计划为契机，以保护东北虎、豹为目的，双方开展多种交流活动，推进东北虎、豹保护事业的发展。吉林省同远东地区共同努力，保护边境地区生态环境，维护生态平衡和可持续发展。

四、结语

"一带一路"倡议下的吉林省与俄罗斯远东地区的合作可以说是机遇与挑战并存，但双方的合作优势非常明显。首先，双方具有十分接近的共同利益，俄罗斯远东地区开发与中国振兴东北老工业基地的政策目标与"一带一路"建设成功对接。其次，双方高度重视各自发展与彼此的合作，双方政府不断在政策上给予倾斜，加大对外开放力度。最后，双方资源互补，因此在双方的合作交流中无论遇到多大的瓶颈和挑战，通过双方的努力，都会抓住机遇，将机遇化为动力，战胜困难与挑战，相信吉林省与俄罗斯远东地区的合作都会稳步向前推进，使中俄合作具有更广阔发展前景。

参考文献

赵欣然：《〈2025 年前远东发展国家纲要和 2035 年前发展前景〉草案的任务、存在问题及我国企业面临的新机遇》，《西伯利亚研究》2020 年第 3 期，第 26—37 页。

杨文兰、陈迁影：《中国与俄罗斯远东地区经贸合作及制约因素分析》，《财经理论研究》2020 年第 1 期，第 11—20 页。

乔文阁:《"一带一路"倡议下俄远东地区的中国经济因素》,《黑河学院学报》2020 年第 2 期,第 4—5 页。

崔小西:《吉林省同俄罗斯文化交流的现状、问题及建议》,《边疆经济与文化》2020 年第 2 期,第 42—43 页。

于晗、张琢:《吉林省与俄罗斯国际合作通道建设问题研究》,《北方经贸》2020 年第 5 期,第 24—26 页。

范春煜、刘继斌:《俄罗斯远东地区与吉林省区域经济合作问题分析——基于"一带一路"》,《现代商业》2019 年第 28 期,第 103—104 页。

杨慧、张宇:《创新"一带一路"国际合作机制研究——以吉林省与俄罗斯多元化合作为例》,《吉林师范大学学报(人文社会科学版)》2018 年第 6 期,第 106—112 页。

刘清才、齐欣:《"一带一路"框架下中国东北地区与俄罗斯远东地区发展战略对接与合作》,《东北亚论坛》2018 年第 2 期,第 34—51 页。

长吉图开发开放先导区在东北亚区域经济发展中引领作用研究

王美佳 宋玉英 薛 雪①

摘要： 在全球新冠肺炎疫情影响和美国制造各类政治、经济摩擦的背景下，中、日、韩、俄、蒙关系持续升温，为东北亚区域合作发展带来重要契机。长吉图开发开放先导区作为东北亚区域的重要经济圈，更要把握好合作与发展的机遇，在促进自身经济发展同时，更要谋求区域经济共生共赢的长足发展。基于多元共生合作基础，通过分析长吉图开发开放先导区在东北亚区域合作中存在的优势与问题，构建东北亚利益共享的合作平台，发挥长吉图开发开放先导区在东北亚区域经济发展中的引领作用。

关键词： 长吉图开发开放先导区；区域经济；东北亚

1992 年，在联合国开发计划署的倡导下，中、俄、朝、韩、蒙五国共同启动了图们江区域合作开发项目。2009 年，国务院正式批复了《中国图们江区域合作开发规划纲要——以长吉图为开发开放先导区》，根据此文件，长吉图开发开放先导区的战略定位和功能定位概括起来就是国务院提出的"四个重要、两个区"，

---

① 王美佳，吉林外国语大学东方语学院，研究方向：国际经济与贸易、行政管理；宋玉英，吉林外国语大学东方语学院，研究方向：日本语言文学、东北亚经济；薛雪，吉林外国语大学国际经济与贸易学院，研究方向：国际经济与贸易。

即使长吉图发展成为中国沿边开发开放的重要区域、我国面向东北亚开放的重要门户和东北亚经济技术合作的重要平台，培育成我国东北地区新的重要增长极，建设成为我国沿边开发开放的先行区和示范区。

一、长吉图开发先导区面向东北亚区域经济的优势

国务院提出的这"四个重要、两个区"表明了长吉图开发开放先导区在国家对外开放格局中的重要地位，及其在东北亚区域经济发展的重要地位和在东北振兴战略中的重要地位。充分利用长吉图开发开放先导区的优势，将对东北地区的振兴和东北亚地区的经济繁荣发展起到不可估量的引领作用。

（一）地缘优势

长吉图开发开放先导区的主要范围是中国图们江区域的核心地区，即吉林省范围内的长春市、吉林市部分区域（长春市部分区域是指长春市中心城区，含九台区，德惠市、农安县；吉林市部分区域是指吉林市中心城区、蛟河市和永吉县）和延边州（简称"长吉图"），总面积约 3 万平方公里，人口约 770 万人。这一区域面积和人口均占吉林省的三分之一，经济总量占二分之一，是中国参与图们江区域合作开发的核心地区和重要支撑。

东北亚，是指亚洲的东北部地区，按地理位置的分布，包括俄罗斯的远东地区（萨哈林岛等地）、中国的东北和华北地区、日本、韩国、朝鲜以及蒙古国。根据东北亚区域各国的地理位置，长吉图开发开放先导区是东北亚区域的几何中心，图们江是我国内陆进入日本海最近的水上通道。珲春市最近处距日本海仅 2 公里，肉眼清晰可见日本海。周边分布俄、朝的自由贸易区和自由经济区以及俄、朝两国的 10 个优良海港。

（二）政策优势，一体化氛围浓厚

长吉图开发开放先导区的主要范围是中国图们江区域的核心地区，而图们江地区开发项目自 1987 年提出以来，得到联合国开发计划署的大力支持和东北亚地区国家的积极响应。1992 年，在联合国开发计划署的倡导下，中、俄、朝、韩、

蒙五国共同启动了图们江区域合作开发项目。1995 年 12 月，中、俄、朝三国政府签署了《关于建立图们江地区开发协调委员会的协定》，中、俄、朝、蒙、韩五国政府签署了《关于建立图们江经济开发区及东北亚开发协商委员会的协定》和《关于图们江经济开发区及东北亚地区环境准则谅解备忘录》等三个法律文件。2005 年将上述的五国签订的 3 个法律文件的有效期延至 2015 年，合作范围进一步扩大到中国的东北三省和内蒙古自治区东部、朝鲜罗先特别市、蒙古国东部 3 个省区、韩国东部港口城市群和俄罗斯滨海边疆区。2005 年，国务院办公厅（国办发〔2005〕36 号）《促进东北老工业基地进一步扩大对外开放的实施意见》中，提出"加强东北亚地区国际经济技术合作，推进边境地区开发和对外开放，继续扩大图们江区域国际合作开发，积极探索边境地区开发和对外开放的新模式，加快建设边境经济合作区、互市贸易区和出口加工区，促进对俄路、港、口岸和对朝路、港、区一体化建设"。2009 年，国务院正式批复《中国图们江区域合作开发规划纲要——以长吉图为开发开放先导区》，长吉图开发开放先导区建设上升为国家战略，成为第一个国家批准实施的沿边开发开放区域。2012 年，国务院批复了《中国东北地区面向东北亚区域开放规划纲要》，强调开拓东北亚区域合作新局面，为东北地区振兴提供新动力。

（三）人文联系密切

早在唐朝时期，中日两国就开展了文化交流，日本的语言文字、剑道、医学、礼仪、饮食习惯、茶艺、服饰以及"弥生文化"都与中国文化趋同。俄罗斯远东地区自古以来有 30 多个民族在此栖息，其中部分民族受中国影响较大。十月革命胜利后，苏维埃政权对中国抗日战争、新中国成立、"一五"时期项目设计提供了重要帮助，两国结下了深厚的革命友谊，历史渊源与现代交往使得中俄联系密切。[①] 中国的蒙古族人民与蒙古国人民文化习俗相近，而长吉图开发开放先导区的延边朝鲜族自治州的各类民族文化、语言和习惯都与朝鲜、韩国的情况大同小异。综上所述，东北亚各国历史渊源深厚，人文联系紧密，这为东北亚各国的

---

① 李淑云：《信任机制：构建东北亚区域安全的保障》，《世界经济与政治》2007 年第 2 期，第 32—38 页、第 43 页。

互利共赢协作打下了良好的基础。

二、长吉图开发开放先导区在东北亚区域经济发展中需要突破的困境

按照《中国东北地区面向东北亚区域开放规划纲要》，建设长吉图开发开放先导区，将以珲春为开放窗口、延（吉）龙（井）图（们）为开放前沿，以长春、吉林市为主要依托，实施边境地区与腹地联动开发开放，率先突破、率先发展，形成具有较强实力的经济隆起带和对外开放的先行区，带动吉林加快发展振兴。然而，目前长吉图开发开放先导区的发展还存在着一些困境。

（一）东北亚地区国家间政治环境

受地缘政治因素和朝核等问题的影响，历史渊源深厚的东北亚地区各国一方面表现为联系紧密，另一方面也存在着竞争与博弈，所以地区关系呈现出一种"政冷经热"的状态。而在经济方面的"热"也有所保留，东北亚地区在经济合作领域经常因国际局势的变化而左右摇曳，这对长吉图开发开放先导区的经济发展造成一定困难。

东北亚各国之间存在一定的竞争与博弈关系。并且，各国在资源和一些经济要素方面存在着竞争关系。因此，各国在互惠共赢的同时都会更多关注本国的利益最大化，所以资本、技术和劳动力等的投入与输出都会更多考虑本土的需求、优先本土的经济发展，还会选择更有竞争力的区域合作，以谋求经济效益的最大化。另外，受气候、交通等因素的影响，长吉图开发开放先导区的招商引资来的项目类型也具有很大的局限性。

（二）珲春口岸的利用效果不理想

长吉图开发开放先导区的主要范围是中国图们江区域的核心地区，图们江地区开发核心区珲春市是我国开放政策密集区，主要有"三区""四口岸"：自1991年11月18日，国务院批准珲春市为甲级开放城市；1992年3月9日，国

务院又批准珲春市为边境开放城市；2000 年 4 月，国家批准设立珲春出口加工区（全国 15 个出口加工区之一）；2001 年 2 月，经国务院批准设立珲春中俄互市贸易区；相继开辟了中俄珲春公路口岸、中俄珲春铁路口岸、中朝圈河口岸和中朝沙坨子口岸等 4 个国际口岸。其中，中朝圈河口岸和珲春铁路口岸被批准为国家一类口岸。2018 年 4 月，国务院批准同意珲春出口加工区升级为珲春综合保税区。2020 年 4 月，国家发改委、自然资源部同意设立珲春海洋经济发展示范区。

珲春拥有以上诸多国字头政策支持，30 年来虽然有了大踏步的发展，但珲春作为沿边开放的口岸城市，其作用远远没发挥充分。据吉林省政府信息发布：珲春市 2019 年前三季度外贸进出口额实现 70.8 亿元，同比增长 15.2%。其中，进口货物 46.8 亿元，同比增长 7.4%，出口货物 24 亿元，同比猛增 34.3%。相比之下，同为沿边城市的绥芬河市 2012 年时进出口贸易总额就已经达到 85 亿元，更无法与同为东北三省口岸城市的大连相匹敌。据大连海关信息公布，大连市 2018 年完成进出口总额 4580 亿元，珲春市最辉煌年份的进出口总额只是大连市普通年份的一个零头，也只能与 8 年前的绥芬河市的进出口总额持平。珲春市作为长吉图开发开放先导区的重点城市，其进出口贸易潜力急需深入开发。

三、发挥长吉图开发开放先导区在东北亚区域经济发展中引领作用的策略与建议

按照《中国东北地区面向东北亚区域开放规划纲要》，要把长吉图开发开放先导区打造成为对外开放水平显著提高的国际合作平台，建设成为内陆地区沿边开放体制创新的改革试验区，培育成为产业竞争能力明显增强的率先发展地带，形成带动吉林省以及东北地区振兴的重要引擎，为构建全国对外开放新格局做出应有的贡献，为提升中国在东北亚地区的影响力做出应有的贡献。如何打造才能发挥其引领作用，可以从以下几个方面探索。

（一）短期激励与长期激励相结合

新冠肺炎疫情席卷全球，长吉图开发开放先导区的经济发展停滞不前，对东北亚区域国际经贸更是造成了重创。疫情环境下，进出口贸易举步维艰，当务之急，长吉图需要着力拉动内需，以长吉图开发开放先导区经济的复苏与繁荣引领东北亚区域整体的经济复苏与发展。2020 年上半年，长春市政府出台了政策刺激消费拉动经济增长取得了一定的成绩，其他城市也可参照长春市出台短期激励的应急方案，拉动 GDP 短期内高速上涨；同时，还要规划长期的发展方案，携手东北亚各国推进疫情后的经济发展，在基础设施建设、生态环境改善、人工智能、光电子以及医疗卫生等领域予以政策倾斜和资金扶持。东北亚各国更要互通信息、技术共享，携手打造区域政治稳定、经济繁荣的和平景象。

（二）内部激励与外部激励相结合

以马斯洛需求层次理论与共生理论为基石，合理兼顾内在激励与外部激励，将各城市作为独立的主体，根据经济绝对量决定激励形式是内部激励还是外部激励，与前一年相比的相对量决定是否进行激励。[①]

长吉图开发开放先导区是把吉林省最具潜力的开放优势与最有能量的经济增长优势、最具魅力的资源优势相叠加，区域内各城市的评比与奖励是必要的内部刺激，有利于发挥长吉图开发开放先导区的经济发展引领作用，对吉林省未来发展必将产生长远影响，也必将对我国内陆省扩大开放加快发展和老工业基地振兴起到积极的示范作用，对提高我国在东北亚的战略地位也有重要意义。[②]

东北亚地区各国山水相连，基于经济发展水平和生产要素差异，各国的资源、劳动力、资本和技术等的互补性很强，双边和多边经贸合作需求潜力巨大。如日本、韩国、俄罗斯和蒙古国都有人口少，劳动力不足的问题，日本和韩国经济发达但人口数量负增长，俄罗斯和蒙古国是地广人稀且经济发展旅游落后。而中国劳动力富足，长吉图开发开放先导区的重点发展地区延边朝鲜族自治州的朝鲜族

---

① 许晓冬、刘金晶：《"一带一路"下辽宁面向东北亚区域合作共生机制与开放路径》，《经济论坛》2020 年第 6 期，第 91—92 页。

② 王文亮：《长吉图开发开放先导区产业结构与吉林省经济发展关系的实证分析》，硕士学位论文，吉林财经大学，2011，第 10 页。

人民更是有得天独厚的地理位置、语言文化和风俗习惯等优势，可以为日本、韩国和俄罗斯进行劳务输出。

（三）产学研多方合作，搭建多样化合作平台

2020 年的新冠肺炎疫情，全球范围的"人类命运共同体"的意义深入人心。在疫情初期，中国对抗疫情的战争中，日韩俄蒙各界人士都对中国提供了鼎力支持，中国在疫情局势得以控制后又对各国予以抗疫回赠和支援，"青山一道同云雨，明月何曾是两乡"，这是各国民众抗击疫情的共同感受，也让东北亚区域民众守望相助，携手抗战。

一，以抗击疫情为契机，着眼长远，加强应对重大传染疾病等公共卫生领域的交流合作，探讨在信息共享、应急支援、医疗科研等领域建立长效合作机制，加深医疗卫生领域的合作，巩固人类命运共同体统一战线。2019 年 8 月 21 日，第九次中日韩外长会在北京举行，三国领导人进一步深和拓展"中日韩 +X"合作，在可持续经济、生态环保、减灾、卫生、减贫、人文交流等领域探索合作新模式。长春吉林大学附属医院与日本在医疗卫生方面有着长期稳固的合作，长吉图开发开放先导区可抓住这次合作机会，带头深入新模式的探索。

二，合作发展冰雪旅游业，实现互惠共赢。长吉图开发开放先导区有长春净月潭滑雪场、莲花山滑雪场、吉林松花江雾凇等冰雪旅游特色项目，韩国、日本、俄罗斯东北地区有环日本海等特色旅游项目，长吉图带头开辟东北亚各国双边或者多边跨境旅游项目，举办旅游购物节等活动，推进东北亚区域经济利益共享、合作共生局面的形成。

三，充分发挥博览会的作用，扩大合作领域和规模。目前，长吉图开发开放先导区影响力比较大的博览会有长春汽车博览会、东北亚投资贸易博览会和长春农业博览会，目前，博览会上基本只是展览或者出售商品，所以在博览会中达成的经济合作都停留在浅层的"买—卖"互动阶段。其实，博览会的深层次作用是项目的开发与投资，博览会还可以发挥创新创业的功能，招商引资开发新产业、新技术、新产品和新项目。长吉图开发开放先导区带头将博览会打造成一个集"买卖""展览""创新""创业""招商"和"投资"等于一体的综合平台，引领

东北亚各国特色互通有无、优势互助互补，为东北亚地区的经济繁荣勇当领头羊。

结语

推进东北亚区域经济合作，有着良好的民意基础。从历史上看，东北亚地区为同一文化圈。在当前经济全球化的潮流下，东北亚各国都面临实现经济发展、消除贫困等一系列共同课题。[1] 长吉图开发开放先导区地处东北亚几何中心，又在"一带一路"的东端重要节点，更应该利用其地理、文化、政策等优势，用长吉图开发开放先导区的经济繁荣为发展吉林省经济和振兴东北老工业基地发光发热，为引领东北亚区域经济发展与政治局势稳定做出贡献，为提高我国在东北亚区域的政治、经济影响力开创新局面。

---

① 权哲男：《推进东北亚区域合作 建设好珲春海洋经济合作发展示范区》，《吉林日报》2020 年 7 月 10 日，第 2 版。

日本反贫困经验对我国吉林省农村扶贫的启示

赵云双 [①]

摘要： 同属于亚洲文化圈的中日两国相邻，在乡村振兴方面，日本在二十世纪五六十年代就已经开始，走在中国的前面。我国吉林省与日本隔海相望，对于农村的扶贫、振兴，吉林省有很多值得借鉴的地方。日本为农户的经济保障颁布了相应的《农业保险法》等法律；为提高农户的生活水平颁布了《农业基本法》；为振兴日本的农村颁布了《农业振兴法》；为促进农业和二、三产业融合颁布了《促进在农业地区工业发展法》；为提高老人、妇女的就业机会相对应的法律是《六次产业化法》。同时日本还有覆盖全国的日本全国农业合作社联合会（简称 JA 全农），指导日本农村的发展，定期给农民做心理辅导等指导。这些法律和政府的组织值得吉林省学习，结合自身的特点采取可行的措施，彻底完成吉林省的扶贫工作，加快吉林省的振兴。

关键词： 二、三产业融合；六次产业化法；JA 全农

一、引言

要改变一个地区的贫困落后，使其变成经济发达地区，首先应该实现农业革

---

① 赵云双（1977.3—），吉林长春市人，硕士，吉林外国语大学讲师，主要研究农村电子商务、农产品出口。

命，大力提高农业生产，提高农业劳动生产率，解放农业劳动力，然后进行工业革命，这是产业结构演变的规律。在"国家富强、民族振兴、人民幸福"的中国梦中，最艰巨的任务在农村，以习近平同志为核心的党中央，在十九大报告中提出实施乡村振兴战略。吉林省积极响应党中央的号召，在2020年省政府工作报告中提出"紧扣乡村振兴战略，加快农业农村现代化"。

二、日本反贫困经验

（一）有利于农业、农村发展的法律

早在二十世纪五六十年代，日本就开始采用农村产业带动乡村振兴的举措。20世纪中期，日本政府首次开展了关于农业保险的会议，颁布了《农业灾害补偿法》，后又根据实际情况制定了更为具体的《农业保险法》，为日本国内的农业保险起到了金融反贫困的作用。由本地农户自愿参加，农民参与其中不仅可以共同防御自然灾害、减轻农业风险，还可以通过参与经营获得一定的经济利益。该体系覆盖了绝大多数的农户，人均拥有3分以上耕地的农户自动成为相互救济会的成员。农户也获得了丰富投保的选择，粮食作物、家畜养殖、果树种植、蔬菜种植、园艺设施五大种类基本得到了全覆盖。

面对大量的劳动力转移到城市，农村经济凋敝，城乡差距拉大，日本于1961年颁布了《农业基本法》，目标是提高农业劳动者的收入和生活水平。1969年，日本又制定了《农业振兴法》，对农村经济发展和农业结构优化给予法律的保障，其中包括培育职业农民、促进农村居民就业等内容。1971年，日本施行《促进在农业地区工业发展法》，鼓励制造业、批发业、运输业、仓储业、包装业等劳动密集型产业在农村地区投资建厂，增加农民在家门口的就业机会。

1994年，今村奈良臣教授提出"六次产业"概念，是指农村地区的各产业之和，即将农畜产品生产（第一产业），食品加工和制造（第二产业），销售信息服务以及旅游（第三产业）结合起来，通过多元化或与其他行业合作的经营方式，创造高附加值的新产品，并增加与农业相关的商务活动，为老年人和妇女提供新

的就业机会。今村奈良臣对上述的提法又进行了修改，认为六次产业应是农村地区各产业之乘积，并指出"农村产业链中，若其中一个产业的产值为零，则六次产业所带来的总体效益变为零"，强调产业链是一个整体，牵一发而动全身，只有实现各个产业的充分连通，才能达到最强的整体效益。根据"六次产业"的概念，日本政府制定了一系列的政策措施，促进村民就业，帮助农民增收，促使农村经济重现活力。日本从 2011 年 3 月开始推行《六次产业化法》，通过推行《六次产业化法》，使各地特色资源充分整合，在适用当地农畜产品的过程中，不仅能促进本地区内多方人士（老年人、妇女等）参与，提升了当地生产者的收入水平，在促进生产者和消费者交流的体验性项目同时宣传了该产品，再经过销售和网络销售、批发零售等，提高产品的知名度。这不仅促进了农产品生产，还在传承本地文化的同时，结合消费者体验改进产品，进一步提升本地农产品的特有价值，最终使该地区的经济活力得到提升。

（二）日本的农业协会

覆盖日本全国的农业协会，全称日本全国农业合作社联合（简称 JA 全农，又称日本农协），日本农协的成立最早在 20 世纪初，基于日本工业合作社法和农业合作社法的自助合同原则，以长期多方面和利他的方式管理其业务合作社，旨在改善其成员的生计。参与日本农村居民各个领域的生活，拥有指导、经济、信用、福利、共济，五大事业部门，拥有大约 32000 个地方协会。通过成员的合作促进项目的推广，提高其成员的农业生产效率，改善农民经济条件，提高农民社会地位。

针对 60 岁以上的人口占 50% 的日本农村。农协还开展了提高贫困老人福利事业，积极致力于推进城乡社区的衔接和融合。农协的贫困老年人福利对策主要包括两方面，一是对健康老年人的生活充实活动，二是对需要护理老年人的生活支援活动。对于需要护理的老人，在根据《农协福利事业》支付护理保险金的同时，还组织义工开展志愿性质的救助活动。此外，相关服务还涉及其他诸多方面的服务，如心理服务、物品代理服务等。

三、对吉林省农村扶贫的启示

日本有覆盖全国的 JA 全农，而吉林省的各个农村都有村委会和合作社，甚至细化到包保责任人，根据吉林省政府的科学合理的政策，依据各自的特点，可以灵活有效地实行。

（一）提高社会保障能力

要完善社会保障制度的法律法规，保障贫困人口的基本生活，帮助贫困人口解决医疗、养老等方面面临的问题。吉林省的农村社会保障中，法律有待完善。完善农村法律的过程中，要填补制度内的法律盲点，删除与地方性法规不一致的地方，提高农村社会保障制度的法律层次。

同时，要合理安排社会保障资金的使用，实现系统化和信息化，随时随地为参保人员提供查询资金使用动向的服务。在此基础上，政府除了对经济下行、财政收支不稳定的情况进行调整，还要积极转变工作方式，强化社会保障资金管理、拓展社会保障资金筹资渠道、建立社会扶贫平台、发挥社会慈善救助力量、提高贫困救助标准。此外，社会保障资金的合理使用要坚持两点论与重点论相结合，加强对贫困人口的社会保障救助，通过市场化渠道确保资金增值保值，提高社保资金的利用率。

（二）加快第一产业与第二、三产业的融合

从各个地区产业结构演变的规律可以看出，一个地区无农不稳，但农业劳动力相对比重减少，只靠农业是不能维持一个地区经济持续高速发展的。所以，要想使吉林省完全脱贫，走向富裕的道路，就要发展第二产业，因为它是通向现代化的基本途径。而第三产业是经济发展到一定水平时的最大行业，因此要想使吉林省走上富裕的道路，发展第三产业也是解决劳动力就业的最重要的出路。

农村第一、第二、第三产业融合发展，可以采取以农业为基础，向农产品加工业、农村服务业顺向融合的方式，如兴办产地加工业、建立农产品直销店、发展农业旅游；也可以采取依托农村服务业或农产品加工业向农业逆向融合的方

式，如依托大型超市，建立农产品加工或原料基地等。无论采取哪种方式，都必须通过第一、第二、第三产业在农村的融合发展，形成新技术、新业态、新商业模式。

三产融合将以适度规模经营主体为主要对象，支持政策将向这些龙头企业倾斜。在整个农村的大产业链中，能否将每一个产业环节紧密第关联起来，将是三产融合成败与否的最关键点。虽然，吉林省合作社数量众多，但能发挥融合作用的合作社实在有限。所以，最终能够扮演这个突破性角色的是龙头企业，只有它们具备做这项融合工作的经济基础和技术条件。

吉林省三个产业的有效融合还需要两个方面条件：一方面是"硬"条件，比如只有适度规模经营，才可能实现三产联动。当前，我国农业劳动生产率和机械化程度偏低，原因之一在于土地经营过于分散。另一方面则是"软"条件，需要农业现代化的新理念、新人才、新技术、新机制。

（三）为留守农村的妇女、老人提供就业机会

吉林省扶贫办公布的数据显示，吉林省每年都有一定数量的人口返贫，返贫率达 5%。给留守的农村妇女、老人提供就业岗位，是防止返贫的有效办法。吉林省的相关工艺品、手工作品等销售企业，可以与村委会合作，既有利于企业节省劳动力成本，降低产品成本，又有利于提高农户的收入，达到双赢的目的。

（四）建立以村委会为中心的农产品电子商务平台

加强吉林省农村村委会与大型电商企业之间的合作，打造线上销售、线下体验的营销模式，促进农产品的品牌化发展，打造特色化农产品销售平台，创建区域经济特色化产业链。同时，推创城市社区与农村合作社的合作，团购等销售方式，提高农产品的销售量。另外，加强村委会的监督，从普通农业向近郊农业过渡，经营大田作物改为经营蔬菜、瓜果、花卉等农副产品和草坪、庭院林木等观赏植物，逐渐第满足城镇需求。并利用大型电商企业带动农村小农户建立企业的发展，通过村企结合，促进资源转化成产业，发挥农村优势促进三个产业融合，实现农村信息化、网络化的发展，达到脱离贫困、振兴农村经济目标。

在提高吉林省内销的同时，提高乡村特色农产品的对外销售。互联网技术是

向外销售农产品的主要手段。将吉林省同类农作物以统一品牌对外销售，农委会统一收购、统一检测农产品。

（五）提高村民的文化素质，培养新时代农民

教育是提升农村贫困群体的人口素质、破除贫困循环的重要手段，应该引导更多的贫困群体参与到技能教育中来，通过培训与引导贫困村民拥有一技之长，提升贫困农民的自我发展能力。

2020年，吉林省政府工作计划中指出：加强产教融合实训基地建设，深化高校分类管理改革，加快"双一流""双特色"建设，推动新农科建设。引导吉林省各个高校对省内农村发展的关注，通过学校组织对当地农民各类技能的培训，加强师生对农村的了解，通过"双创"等活动对农产品的宣传和销售，提高农民的文化素质，增加农民的收入，提高生活水平。

2017年6月，文化部印发《"十三五"时期文化扶贫工作实施方案》强调了在扶贫体系中"文化扶贫"的重要作用。打破贫困农民心中被动接受的消极想法，改善其在思维方式、行为习惯、价值观念等方面的正确认知，强化主动脱贫的思想，最终贫困群体获得内生发展动力的目标，形成"造血式"扶贫。

（六）加大对基础设施建设的财政支持力度

2020年，吉林省创建了14个乡村振兴战略试验区，同时加快农村基础设施和公共设施补短板项目建设，包括完成90%以上行政村生活垃圾治理，推进114个建制镇污水处理设施建设，完成15万户农村卫生厕所改造。吉林省将大力发展县域经济，继续向18个扩权强县、改革县（市）放权。另外，发展特色产业小镇，积极推进北汽皓月生态小镇等一批特色产业小镇建设，及时启动查干湖生态小镇等第二批创建工作。推进国家城乡融合发展试验区长吉接合片区先行先试，引导城乡各类要素双向流动、平等交换、合理配置。

虽然，个别地区的从村基础设施建设有所改善，但吉林省内大部分农村地区的基础设施建设仍然滞后，涉农公共服务供给不足。农村产业融合发展，需要互联互通的基础设施和高效的公共服务。然而，许多农村地区供水、供电、供气条件差，道路、网络通讯、仓储物流设施落后，导致农村内部以及农村与城镇间互

联互通水平低下，这对农村产业融合发展带来了严重影响。

因此，落实物流建设措施，加快物流体系的构建，是促进城镇与乡村地区之间合作发展的有效措施，可以有效缩短配送货时间，提高农产品的销售额，有利于吉林省农村电商发展。同时，整合基层农村合作社各基础站点，强化物流配送的整体性，构建乡村配送中转站，优化配送服务；以地理优势为特点建立物流中心，实现统一收购、集中配送。避免或降低空返类问题，建物流、仓储共享网络，还可以积极发展现代化生鲜技术，提升产品流通的有效性，从而促进农产品的销售。

参考文献

安虎森、郭莹莹：《国外乡村振兴理论及其对我国的启示》，《开发研究》2019年第3期，第52页。

张宇飞：《日本农村社区反贫困经验对我国农村扶贫的启示》，《湖南科技学院学报》，2019年第5期，第107—109页。

庞佳：《吉林省农村贫困人口精准扶贫研究》，《吉林农业大学》2019年第5期，第28—33页。

庞佳、王影：《吉林省农村贫困人口精准扶贫问题与对策研究》，《现代经济信息》2019年第5期，第484—485页。

景俊海：《吉林省人民政府工作报告》，《吉林日报》2018年1月。

李磊：《创新探索农村家政职业教育的有效模式》，《吉林农业》，2018年第1期。

我国吉林省文化产业和旅游产业融合发展路径研究 [①]

刘　莉　马梦园 [②]

摘要： 文化产业和旅游产业的融合发展能够改变文化产业和旅游产业自主创新方式和发展模式，推动两大产业转型升级。吉林省须着重把握好文化大发展、大繁荣的关键历史机遇，促进文化产业和旅游产业优势互补、相互融合，进一步提升旅游产业的文化内涵及旅游行业的附加值。结合当前背景，分析吉林省文化产业、旅游产业融合发展存在的优势，以及文化产业和旅游产业融合过程中存在的问题和相对应的融合发展路径等内容是本研究的重点。

关键词： 吉林省；文化产业；旅游产业；融合发展

在当前时代背景下，随着我国国民经济的迅猛发展，吉林省也开始着力发展文化产业和旅游产业。社会经济不断推进和市场经济体制深化改革的大背景对文化产业和旅游产业融合发展也提出了更高的要求，吉林省须进一步梳理旅游产业和文化产业两者的关系，进行更深层次的改革和发展。因此，有必要针对当前吉林省文化产业和旅游产业发展融合过程中存在的问题和融合发展路径等相关内容进行分析和探讨。

---

① 2019 年校级课题《吉林省文化和旅游产业融合发展研究》。

② 刘莉（1984.1—），吉林省长春市人，硕士，吉林外国语大学国际文化旅游副教授，主要研究旅游文化、旅游市场营销；马梦园（2000.6—），河南省许昌市人，吉林外国语大学国际文化旅游学院 2018 级旅游管理专业学生。

一、我国吉林省文化产业和旅游产业融合发展的可行性

（一）政府的高度重视

在全新的时代背景下，吉林省各级政府高度重视文化产业和旅游产业融合发展的相关内容，并且结合各地自身的实际情况，在相关地方的发展战略和规划中切实有效的推进文化产业和旅游产业的融合，提出全新的发展思路和对策，确保两者融合发展路径的深入性，进一步提升融合层次。例如，白城市就提出，在社会经济的发展过程中，要进一步推进文化产业和旅游产业的深度融合，使发展层次进一步提高，更加深入，实现精准化发展。由此可以看出，针对吉林省文化产业和旅游产业融合发展有着切实有效的可行性，并且有相对应的前提条件和发展基础，为两者进行更深层次的融合和更优质的发展奠定了坚实的基础，因此两者融合发展正当其时。

（二）得天独厚的旅游资源

吉林省自然资源有着极其显著的吸引力，让人流连忘返。例如，吉林省的长白山、三角龙湾、净月潭等，是特别典型的具备极大旅游潜质的自然景观，能够充分体现出东北黑土地的文化，充满着浓厚的关东风情。特别是长白山，它在吉林省，乃至全国、全世界都是十分亮眼的名片，有着极为丰富的文化内涵和不可估量的自然景观价值。同时，长白山具备的生态民俗，传奇文化、民俗文化等等人文资源也十分丰厚。得天独厚的自然旅游资源使得吉林省的文化产业和旅游产业深入融合发展，具备巨大的潜力和广阔的发展前景。

除自然旅游资源外，据不完全统计，在整个吉林省境内已经发现的不可移动的文物多达 1 万处左右，其中古遗址、古墓葬、古建筑以及近现代重要史迹和代表性建筑等等各类历史遗存十分丰富。其中，比较有代表性的就是被列入第一批国家考古遗址公园名单的集安高句丽考古遗址公园。吉林省所拥有的国家考古遗址公园数量，占全国总数量的 5.7% 左右，在东北三省中，吉林省也是国家考古遗址公园最多的省份。

（三）丰富的非物质文化遗产

从整体情况来看，吉林省所拥有的非物质文化遗产数量众多，其中长白山满族剪纸项目就是特别典型的代表，还有中国朝鲜族农乐舞以及中国剪纸等项目。相关项目在联合国人类非物质文化遗产代表作名录中都有收入，其中中国朝鲜族农乐舞也是我国唯一入选人类非物质文化遗产代表作名录的舞蹈类项目。在北京奥运会、上海世博会等大型国际性的展会中，吉林省的很多非遗项目都有参与，在全世界范围内对中华文明进行了更生动形象的展示，为吉林省乃至国家都赢得了荣誉，有着深远的影响。

二、我国吉林省文化产业和旅游产业融合发展过程中存在的主要问题

从当前整体情况来看，吉林省的文化产业和旅游产业融合发展仍处在比较初级的阶段，存在着比较明显的各自为战的情况，融合发展的深度和力度仍不足，有一系列急需解决的问题。具体来说，相关的问题主要体现在以下几个方面。

（一）文化产业和旅游产业融合发展起步比较晚，缺乏应有的资金投入

从整体情况来看，吉林省的文化产业和旅游产业融合发展的时间比较晚，起步比较落后，对相关产品的开发和建设进度进行得比较缓慢，所推出的文化和旅游产品并没有足够的市场竞争力和影响力。以前在文化产业与旅游产业融合发展上的财政支持、资金援助能力等方面比较薄弱，缺乏应有的健全完善的基础设施和硬件设备等原因，导致各类文化、旅游产品开发和设施建设进度比较滞后。

（二）文化产业和旅游产业的融合深度不足，内涵挖掘不深

从当前实际情况来看，在吉林省文化产业和旅游产业两者的融合深度不足，并没有实现有效的契合。虽然吉林省有着比较丰富的历史遗存和非物质文化遗产等旅游资源，但是其文化内涵并没有得以深入的挖掘，没有充分展现出吉林省各类景区和历史遗存的深厚历史、文化，导致文化旅游产业不能取得更加理想的成效，对产业的发展前景造成限制。

（三）文化产业和旅游产业专题规划规划意识比较薄弱

从当前实际情况来看，文化产业和旅游产业的融合发展处在不断地摸索和探寻的阶段，民俗风情游、红色旅游等相关旅游资源并没有实现充分整合，也没有实现创新性的融合和有机发展；在文化旅游线路等方面缺乏切实可行的设计，亮点不足，挖掘深度不够，专题性、规划性都比较欠缺，没有深刻体现出景区景点的规划设计文化内涵。文化项目和旅游项目都存在着比较典型的重复建设等问题，相应的规划缺乏针对性和可行性，由此限制了两者的融合发展。

（四）文化旅游项目缺少真正的精品总量，规模较小

虽然吉林省具备众多特色旅游资源和旅游项目，但是在针对文化旅游项目进行打造的过程中，尚未做精做细，无法形成特色品牌效应。

三、我国吉林省文化产业和旅游产业融合发展路径分析

（一）进一步突出主题，打造具有特色的文化旅游经济区

在确保两者融合的发展过程中，要结合当地的旅游资源和文化产业发展情况，认清自身的旅游文化定位，针对现有的旅游开发区和大型的旅游项目及具体情况进行分析和探究，针对特色园区建设进行有效的融合，使地域限制被有效打破，打造出一批高质量的文化产业和旅游产业融合经济区，使其能够更有效地享受到省级开发区的政策扶持。

例如，在长白山地区，可以以长白山为中心，针对其相关方面的火山文化、自然景观、民俗文化、奇石文化等旅游资源进一步深入挖掘，从根本上有效打造出相对应的文化旅游休闲产业集聚区。以长白山保护开发区作为中心，形成集聚效应，使文化资源和旅游资源能够进一步深入融合，确保相关旅游产品的文化价值得到进一步体现。与此同时，确保全省范围内的各地旅游产品、特色文化、演艺娱乐、影视拍摄、工艺美术等相关产业能够以长白山为核心形成汇聚，把长白山旅游产业作为主体，进而带动外围的相关产业，形成集综合性、全面性于一体的文化产业集散区域，进而建设出吉林省文化旅游精品工程。

其次，在长春地区，要把长春市作为中心，以国家高新产业开发区为基础，进一步采取"飞地经济"形式，确保把相应的景区和旅游景点等能够有效纳入进来，把都市文化、电影文化、会展文化、休闲文化充分融合，突出文化优势，确保长春市能够有效打造出东北三省的现代化文化旅游经济区，融合商务、生态、休闲、电影、汽车、历史等相关资源，实现现代化文化产业和旅游产业深度融合发展。

第三，在吉林市，要把松花湖风景名胜区作为基础，确保各类自然景区有效整合。例如，吉林乌拉街、雾凇岛、北大湖滑雪场等相关景区充分整合，构建"飞地经济"形式，充分体现中国历史文化名城的旅游和文化主题，进一步有效打造出多种元素融合为一体的文化旅游产业经济区，使生态、观光、休闲、冰雪、民俗、文化体验等相关因素充分融合，形成集合的形式，从而使文化旅游进一步深入融合发展。

第四，在延边市，要整合景区资源，进一步体现出朝鲜族的民族文化，打造出融合朝鲜民族文化、边境旅游文化于一体的文化旅游经济区。

总之，针对不同地区的文化产业和旅游产业及特色优势，以现有的文化和旅游区的相关内容为基础，按照国家级的旅游景区标准进行科学合理的设计，整合现有资源，确保文化产业和旅游产业能够充分融合，形成综合性的高端旅游景区，并打造出相对应的孵化基地。以此确保文化旅游资源和管理充分实现一体化，进行集合化的打造，促进当地的文化产业和旅游产业能够实现更深层次的融合，并且实现可持续发展。

（二）进行科学合理的规划，有效突出文化产业与旅游产业融合发展的理念

文化产业和旅游产业的融合发展需要有效、科学的发展规划，切实有效加强二者的关联性、承接性，促进二者深入融合，突出文化与旅游相互融合的理念。针对各地实际情况进行有效分析，进一步打造相对应的项目规划和产品设计，使现有的旅游发展规划和文化产业发展进一步深入融合，突破单打独斗的局面，推出和开发相对应的文化旅游精品项目，打造出应有的影响力和竞争力。

在具体的发展过程中，首先，要贯彻落实高标准规划，针对主题进行有效突出，在针对文化产业和旅游产业融合发展规划建设的过程中，要加大挖掘的力度，

使其规划更科学合理，确保当前比较分散的旅游基础资源能够得到有效融合和集聚，实现取长补短，针对主题特色进行充分彰显。

其次，进一步加大宣传推广的力度，针对文化元素和旅游资源进行深入的挖掘，在现有的资源开发经营基础上，针对旅游纪念品等相关资源进行有效突破，使产业链进一步延伸，同时融合旅游因素和文化资源，在更大程度上创新文化旅游产业具体的操作环节。比如，可以举办大型活动，积聚人气并且加大宣传推广力度，在活动中针对文化旅游产业亮点和产品进行进一步的推广，寻求高质量的赞助商，以此充分达到互利共赢的效果。

第三，要针对相关资源进行有针对性的筛选，实现梯度开发。在具体的规划过程中，要针对成熟规范的资源进行有效开发，使其开发价值得到进一步的挖掘，使资源开发效果得到显著提升，而不是一哄而上，导致有限的、不可再生的文化资源因为不当开发而造成浪费或者损坏。

（三）针对体制进行切实有效的创新，确保各个部门能够协调配合

首先，要切实有效地加强组织领导，学习国内外的先进经验，进一步有效整合文化部门和旅游部门等相关机构，在省级层面设立相对应的文化旅游委员会，使文化产业和旅游产业融合发展战略得到进一步的贯彻。同时，要贯彻落实相对应的文化产业、旅游产业融合发展规划。针对文化资源和旅游资源进行集约化的管理，使两者能够实现集聚效应，双重价值得到充分的增加，以此进一步明确二者的地位和作用，充分体现出旅游产业向文化产业深层次挖掘，从单一的部门推动向部门综合联动进行转变，进一步实现跨区域、跨部门、跨领域的统筹，充分做到与时俱进、因势利导，进而形成有效推动全省文化产业和旅游产业融合发展的合力。

其次，针对各类资源进行整合实现打包管理。要针对机制进行有效创新，政府要有所为，也要有所不为。确立统筹规划的思想，具备大旅游意识，针对各项内容进行统一化的规划管理和运作，使各自为政、条块割据的现状有效打破，着重整合好各类旅游资源，把文化旅游区域内部的单体项目进行充分整合，从而充分确保资源整合意识有效落实，形成区域统一合作机制。针对线路体系进行不断

的完善，形成一体化操作构建均衡的利益机制以及互利共赢的文化产业、旅游产业融合发展格局。

（四）多方共同努力，有效扩大文化旅游项目投资

从整体情况来看，对吉林省文化产业和旅游产业深入融合发展进程造成阻碍的重要因素，其中就包括资金不足。对此，要进一步加快招商引资的步伐，使文化产业和旅游产业深入融合的投资机制得到切实有效的激活。在实践的过程中，政府要切实有效的体现出主导作用，进一步有效争取财政资金投入，以此作为引导资金，促进基础设施建设。其次，要尽可能争取政策支持，有效落实国家相关方面的发展政策和方针，最大程度上有效争取到上级政策和资金的支持，切实有效地把人力、物力、财力等相关资源科学合理的配置。同时，在文化产业和旅游产业的相关项目上，要充分做好招商引资工作，对于市场前景投资回报比较好的重点项目要做好前期工作，确保发展环境的不断优化，为两者深入融合提供必要的条件。

在当前的时代背景下，吉林省的经济发展要着重关注文化产业和旅游产业深入融合发展的问题。把握各项政策方针，结合当前的时代发展情况和吉林省的旅游产业、文化产业融合发展现状，针对当前存在的问题进行深入分析，从而切实提出和落实相对应的融合发展路径，确保两者的融合深度和广度得到进一步拓展，从而取得更为理想的经济效益和社会效益。

参考文献

麻学锋、张世兵、龙茂兴：《旅游产业融合路径分析》，《经济地理》2010 年第 4 期，第 152—155 页。

黄蕊、侯丹：《东北三省文化与旅游产业融合的动力机制与发展路径》，《当代经济研究》2017 年第 10 期，第 83—91 页。

袁宁、李宏国、尹澄宇：《吉林省文化与旅游产业耦合发展研究》，《管理观察》2019 年第 21 期，第 114—118 页。

吴云峰、张景静:《吉林省文化产业和旅游产业融合发展研究》,《长春理工大学学报（社会科学版）》2018 年第 4 期,第 83—88 页、第 101 页。

吴鹤桐:《吉林省文化旅游产业发展研究》,博士论文,中共吉林省委党校,2019。

何建民:《我国旅游产业融合发展的形式、动因、路径、障碍及机制》,《旅游学刊》2011 年第 4 期,第 9—10 页。

杨洪、邹家红:《湖南省文化旅游产业发展研究》,《产业与科技论坛》2008 年第 7 期,第 66—68 页。

新形势下我国吉林省与韩国文化旅游合作研究

——以中韩（长春）国际合作示范区建设为背景①

苑海龙②

摘要： 2018 年，习近平在东方经济论坛阐述了东北亚地区合作发展的主张。东北亚地区的合作，能够促进该地区的经济发展与繁荣。2020 年，国务院正式批复中韩（长春）国际合作示范区建立，不仅为实施长吉图战略提供新的发展机遇，同时为吉林省乃至东北地区振兴发展提供新引擎。吉林省作为四季分明的旅游城市，交通便利，文化旅游资源丰富，成为韩国游客在东北地区旅游的首选省份。示范区建立后。我国吉林省与韩国在文化旅游产业上加大合作，组建旅游企业联盟，积极发展跨境旅游。本研究以中韩（长春）国际合作示范区建设为背景，吉林省与韩国旅游合作发展历程为基础，优化韩国与吉林省文化旅游的空间布局，打造核心文化旅游产品，推动两国省市之间文化旅游的有机融合。

关键词： 文化旅游产业；合作交流；中韩（长春）国际合作示范区

一、我国吉林省与韩国文化旅游交往回顾

吉林省位于中国的东北部，并与俄罗斯、朝鲜接壤，地处东北亚地理中心位置。吉林省距日本海仅 15 公里，与朝鲜半岛隔江相邻，是东北亚地区经济贸易

---

① 2021 年度吉林省哲学社会科学智库基金招标项目。

② 苑海龙（1987.5—）天津，博士，吉林外国语大学副教授，高级经济师，主要研究边境民族文化，中韩文化观光比较。

的集散地。早在一千年多年前，中国东北文化就与朝鲜半岛文化互相交融。吉林省与朝鲜半岛的交往历史可追溯至唐朝时期，当时在位于现在的珲春市开辟"日本道"，通过海上运输形式，与日本、新罗进行经贸文化往来，形成了早期的东北亚地区商务旅行、宗教旅行的开端①。

20世纪80年代末，中韩恢复部分接触，特别是在1992年中韩建交后，吉林省成为赴韩外派劳务人数最多的省份，文化交流也日益紧密，旅游观光成为吉林省与韩国经贸合作重要组成部分。韩国成为吉林省第一入境客源国，（详见表1）同时也是吉林省游客出境首选的前三位国家之一。吉林省先后与韩国江原道、忠清南道、忠清北道、京畿道等众多地区缔结了友好交流关系。

随着中国政府"振兴东北老工业基地"政策和"一带一路"倡议的有力支持，吉林省大力开展东北亚区域合作，同时，韩国政府开展"新北方政策"，积极与吉林省加强联系，加快文化旅游等方面合作。2020年，国务院正式批复中韩（长春）国际合作示范区建立，使其从原来的以购物休闲，登山看景为主的旅游模式转变为多层次的产业合作，两国旅游企业在示范区内设立分支机构、组建旅游企业联盟，同时，积极发展跨境旅游，打造中韩国际旅游集散中心。吉林省民俗、生态冰雪、汽车工业、电影文化等特色旅游资源走出国门。近年，吉林省又与江原道加强冰雪旅游合作，文化旅游成为吉林省与韩国人文交流的基础。

表1 2016—2019年吉林省入境外国游客年平均量

（单位：人次）

年份	日本游客人数	韩国游客人数	俄罗斯游客人数
2016	55445	853083	187979
2017	113203	589879	296462
2018	54053	598775	281446
2019	61930	650149	222806

资料来源：吉林省统计局

---

① 崔顺子、孙学宝:《渤海"日本道"和珲春地区的开发》,《东北史地》2004年第11期,第18—21页。

二、韩国文化旅游资源发展概况

20 世纪 60 年代，韩国政府通过了全国旅游发展总体规划，开始加快发展入境观光产业，大力推进公用事业和基础设施建设，为韩国发展旅游业奠定了良好的环境基础。韩国旅游的最高权威机构是于 1987 年成立的韩国观光公社（韩国旅游发展局）。从 20 世纪 70 年代开始，旅游业正式发展为韩国的国家战略产业，韩国也加入了太平洋地区旅游协会（现太平洋亚洲旅游协会）和世界旅游组织，奠定了旅游业的国际合作基础。20 世纪 80 年代，首尔奥运会的举行，更是将文化旅游推向世界。20 世纪 90 年代，韩国流行音乐、影视剧开始风靡亚洲，带动了文化旅游的发展。1998 年，金大中总统提出了"文化立国"战略。据此，韩国政府为了复兴趋于低迷的韩国经济，要把文化产业作为 21 世纪的基本产业进行培育，把文化产业的发展作为国家战略，实施了法律制度的制定和支援体制的整备。

（一）韩国历史文化遗产旅游

韩国历史文化遗产主要以历史古迹、博物馆、主题公园、名人故居、历史村落、民俗表演、祭祀活动为主。其中韩国被收录进世界遗产的韩国文化遗产十余项，包括：宗庙（1995 年），海印寺及八万大藏藏经处（1995 年），佛国寺和石窟庵（1995 年），水原华城（1997 年），昌德宫（1997 年），庆州历史区（2000 年），高敞、和森和江华支石墓遗址（2000 年），朝鲜王朝皇家陵墓（2009 年）和韩国古村落（河回和阳东）（2010 年），南汉山城（2014 年）等。韩国政府注重青少年研学活动，而这些历史文化遗产也成了研学活动社会教育的重要载体。

（二）影视文化旅游

文化产业一直是韩国经济发展重要支柱。20 世纪 90 年代以来，韩国的影视文化迅速传遍亚洲。同时，将美容美发行业、时装、奢侈品等潮流也带动起来，特别是在年轻消费者中影响巨大。2018 年，韩国文化产业出口额达到 95.5078 亿美元，同比增长 8.4%。其中，电影、电视剧的出口额增长速度最快。韩国影视产品已经登陆欧洲和北美市场，占有一席之地。借助热播的影视作品发展成文化旅游特色之一，例如品尝韩宫廷膳、模拟情景剧、穿韩服照相等各种体验活动。

（三）音乐舞蹈文化旅游

近代以来，韩国的打令、舞蹈等被中国人民熟悉，例如《阿里郎》《桔梗谣》《小白船》等广为传唱的歌谣。同时，其音乐欢快、节奏感强的韩国音乐与舞蹈也冲击了中国青少年的娱乐生活。现今，韩国舞蹈结合欧美街舞等形式，在亚洲国家广为流行。

（四）饮食文化旅游

随着经济发展，以饮食文化为主的旅游活动已经成为主要目标之一。韩国烤肉、紫菜包饭、参鸡汤等网红食品在中国十分流行。另一方面，中国美食也通过网络直播的形式传遍韩国，成为韩国餐厅喜闻乐见的食品，特别是中国菜肴的技法与饮食艺术也日渐成为一种文化符号。

三、我国吉林省文化旅游资源发展状况

中国吉林省是最早对韩国开放旅游观光的省份，20 世纪 90 年代，大量的韩国游客前往长白山观光旅游。吉林省的文化旅游主要以民俗体验、红色资源、跨境旅游、历史遗迹等项目为主。

（一）历史遗迹旅游资源

吉林省拥有一批重要历史遗迹。据不完全统计，吉林省境内已存有文物近万处以及百余处古遗址、古墓葬、古建筑、石刻、近现代重要史迹等代表性建筑。其中，集安高句丽考古遗址公园被列入第一批国家考古遗址公园名单，吉林省拥有国家考古遗址公园的数量占全国总量的 5.7%，是东北三省拥有国家考古遗址公园最多的省份。吉林乌拉街、四平叶赫古城、塔虎城遗址能反映出吉林省的古代发展史，具有研学旅行的价值。

（二）红色文化旅游资源

吉林省红色旅游资源丰富，共有抗日战争和解放战争时期的遗存三百余处，

其中，"四平—吉林—敦化—延吉—白山—临江—通化—集安"线被列入国家红色旅游精品线路之一。这些红色旅游资源中最为独特、最为丰富、最具价值的当属东北抗联历史资源，这些遗址遗迹具有丰富的历史价值。

（三）跨境旅游资源

吉林省地处由中国东北地区、朝鲜、韩国、日本、蒙古国和俄罗斯远东地区构成的东北亚地区的地理中心位置，具有发展东北亚区域旅游合作的优越区位条件。随着东北亚经济、文化、交通等合作的深入开展。现已开辟吉林省珲春市至俄罗斯符拉迪沃斯托克、吉林省中朝图们江边境、中朝鸭绿江边境水上游，白城至蒙古国的草原风情游等精品跨境旅游项目。

（四）北方少数民俗旅游资源

吉林省自古以来就是少数民族发祥和繁衍生息之地，经历过肃慎、鲜卑、扶余、勿吉、女真、契丹各少数民族政权，同时，吉林省也是满族文化的发祥地和龙兴之地。除朝鲜族象帽舞、长鼓舞等文化外，吉林省的民俗资源多以关东风情、满族、蒙古族文化为主，其中松原蒙古马头琴音乐、满族秧歌与剪纸、查干湖冬捕习俗、满族说部等极具民俗旅游价值。

四、我国吉林省与韩国文旅产业合作必要性

（一）交通便利，两地文化交流增多

吉林省与韩国位置相近，交流频繁，航班次数也逐步增加。韩国航空公司增加了仁川到延吉的航班班次，韩国釜山航空于 2019 年正式加密釜山—延吉国际定期航线，由每周三班增至每周六班。同时，韩国航空公司已确定每周新增 22 个延吉对韩定期航班，增加首尔、釜山、清州航班的密度，并新增大邱、务安的定期通航点。

2019 年，吉林文化旅游推介交流会上，吉林省向韩国民众宣传具有吉林特色的文化旅游资源，同时，加强与韩国冰雪旅游资源、避暑休闲资源开发以及旅游

装备制造等领域的合作。同时已经连续举办了三届的珲春东北亚文化旅游美食节，吸引着世界范围的众多游客。另外，以特色小镇为依托，构建新型住宿行业。吉林省加大力度，确保铁路、民航全覆盖。同时，完善边境口岸建设，简化边境旅游出入境手续。在货币兑换方面，韩亚银行同吉林银行紧密合作，入股吉林银行后，开通吉韩银行卡，在结售汇汇率、汇款手续费、ATM 取现手续费等方面提供优惠政策。

（二）"一带一路"及东北亚地区合作的需要

为鼓励两国国民互访，中韩两国领导人于 2014 年 7 月共同宣布将 2015 年和 2016 年确定为"中国旅游年"和"韩国旅游年"。2015 年 1 月至 9 月，中国已接待韩国游客数量达到 329 万人次，同比增长 6.8%，可见"中国旅游年"已取得显著成效。同时，2016 年韩国各界为了迎接"韩国旅游年"，推出各种方案吸引中国游客，赴韩国游客数量也呈现井喷式增长。中国的"一带一路"倡议中，民心相通是重点。同时，文在寅总统提出"新北方政策"中，加强与中国东北地区的合作，从而与朝鲜、俄罗斯加强经贸合作。2022 年，中韩将迎来建交三十年，文化旅游合作交流必能继续深入。

（三）吉林省经济振兴需要

2020 年，习近平总书记在吉林视察时强调："打造好我国向北开放的重要窗口和东北亚地区合作中心枢纽。"吉林省和韩国两者之间的经贸、旅游、人文交流也日益频繁，文化旅游产业互补性高，旅游交流也加快了吉林省和韩国之间的人员流动、商业往来、资金流动、物流发展，推动了两地之间的经济发展。因此，韩国旅游产品开发可以提高吉林省旅游业的竞争力，推动吉林省的经济发展。中韩（长春）国际合作示范区建成后，中韩国际合作示范区将会被打造成为吉林省对外开放程度最高、经济活力最强的平台。吉林省通过加强与韩国文化旅游合作，通过依托生态冰雪、汽车工业、电影文化等特色自然文化旅游资源，支持示范区旅游企业与韩国等国际知名旅游企业合作，将成为东北亚区域竞争力强、影响力大的国际合作示范区。

五、吉林省于韩国文化旅游产品开发存在的问题

（一）产品同质化比较严重

韩国与中国吉林省同处于东北亚地区，而朝鲜族是吉林省第一大少数民族，尤其在吉林东部地区，以朝鲜族民俗文化旅游为主题的旅游资源比较多，其与韩国旅游文化产品较为相似。例如韩国江原道与吉林省的冰雪项目，延边朝鲜族民俗旅游与韩国京畿道龙仁市的民俗村旅游产品多为相似。这样的情况，导致吉林省与韩国各地区开展文化旅游合作时开发的空间性较小，需要寻找新的合作道路。

（二）旅游项目缺乏特色

韩国文化特色浓厚，艺术文化、饮食文化等成为韩国文化旅游新的载体。景福宫、东大门、济州岛民俗村、光州音乐节等，已成为城市的旅游品牌，吸引着来自世界各地的游客。但是，韩国传统景点无法吸引过多的吉林省游客，随着出国旅游的多元化以及其他国家对中国游客实行了更多的免签政策，导致吉林省的游客选择赴日本、东南亚旅行较多，而赴韩旅游人数呈下降趋势。

同时，成熟的游客对旅游产品的需求越来越个性化，游客希望通过购买个性的旅游产品获得特别的体验。吉林省赴韩游客选择自由行较多，而韩国旅游产品较为单一、服务质量参差不齐、购物环节安排过多、导游人员"文化味"少、代购消费浓厚，韩国旅行社为了完成大量游客项目，笼统设计，缺乏精品设计，从而导致赴韩游客数量递减。

（三）文旅宣传推介力度不够

吉林省游客由于对朝鲜族文化较为熟悉，导致多数游客只知韩国文化与吉林朝鲜族文化的同一性，而不知其差别性。长期以来，吉林省对韩国宣传手段陈旧，韩国旅行行业也在旅游推介上面力度不足。2019 年，吉林省文旅厅在韩国首尔举行吉林文化旅游推介会，取得了良好的效果。但是，韩国与吉林省文旅企业交流合作甚少，相关旅游管理者、策划者对各自民族传统文化认识不足，推介及开发

力度仅停留表面，难以通过特色文化旅游业来吸引游客。

（四）中韩文旅融合人才急需培养

吉林省与韩国旅游合作已经走过了近三十年的历程，韩国利用文化产业带动旅游观光业发展，而吉林省也将文旅融合，作为带动经济发展、提升人民文化内涵、增强对外交流的重要手段。所以，传统的对韩旅游管理者、开发设计人员、导游翻译，已经无法适应新的发展需要。新时期要求旅游管理者及从业者既要有国际视野，也要具备精湛的导游业务，同时更要在文化内涵建设下工夫。现在，吉林省高校在旅游类及朝鲜（韩语）类专业人才培养方面，急需一批文旅融合背景的复合型人才。

六、中韩文旅产业合作的对策

（一）韩国方面

1. 整合资源，开发优势项目

在中国赴韩游客减少的情况下，韩国旅游观光部门及企业应原有资源和基础上的创新开发。这类开发主要是利用韩国原有资源和开发基础的优势，进一步扩大和增添旅游活动内容和项目，以达到丰富特色，提高吸引力的目的。比如在海滨自然景观旅游中，增添一些水上运动项目如飞行伞、划艇、滑水等，可以突出原有资源的特色。

2. 创新形式，打造特色旅游产品

韩国原有的旅游项目，已被中国游客熟知，很难再吸引再次旅行。所以，要减掉陈旧的旅游项目，利用现代科学技术成果进行旅游产品开发。可以运用现代科学技术所取得的一系列成就，经过精心构思和设计，创造出特色的旅游活动项目，如"迪斯尼乐园""未来世界"等就是成功的列子。

3. 针对不同客户，开发对应产品

如针对未婚青年男女，可以开发以济州岛、雪岳山等自然风景区为主的观光旅行的婚游产品；为吸引中国30—40岁已婚的游客，可以开发家庭旅游产品。

目前韩剧在我国很受欢迎，可以扩大主题旅游的旅游领域，应进一步开发韩国饮食购物、医疗美容等主题旅游。

（二）吉林方面

1. 增加赴韩旅游产品的内涵

旅游产品竞争的最低层次是价格竞争，再上升一个层次则是质量竞争，最高层次的是文化竞争。旅行社在销售韩国旅游产品的过程中要涵盖韩国的地方文化、生活情趣，将销售人员培养成韩国文化的代表，用韩国的特色文化来吸引游客。因此，在设计和宣传韩国旅游产品的过程中要深入挖掘韩国文化，通过文化层次的竞争来获得客源。

2. 开发文化特色主题公园

将关东文化、民风习俗深入挖掘，开发既具有时代气息又有文化元素的人文景观。目前，吉林省文化旅游产品对境外游客吸引度不高，在主题特色公园建设、数量规模方面还需进一步发展。

3. 拓宽民俗文化旅游活动

吉林省作为目前中国最大的朝鲜族聚居地，与韩国在文化上有许多相通之处，很多民俗文化存在同质性。所以，在加大投入民俗文化旅游项目时，要充分利用满族、蒙古族等少数民族文化的优势，将民俗文化、非物质文化作为旅游产品进行宣传推广，以此展现东北的关东文化、迁徙文化等。

4. 打造精品研学旅游产品

二十世纪二三十年代，韩国许多爱国人士来到吉林，从事反对日本侵略者的武装斗争。他们与中国人民一道反对日本军国主义，在吉林等地留下了许多的英雄事迹。所以，要做好抗日遗址和历史名人故居的保护，开展对韩国少年儿童的研学教育精品路线。

5. 加大方便、快捷的跨境旅游建设

吉林省是东北亚的交通枢纽，也是中国跨境旅游发展的前沿。韩国游客来到吉林，不仅能欣赏关东美景、体验悠久的历史文化、品尝特色美食，同时也能饱览异国风景。吉林省要做好吉林省珲春市至俄罗斯符拉迪沃斯托克，吉林省中朝

图们江边境、中朝鸭绿江边境水上游，白城市至蒙古国的草原风情游等精品跨境项目，打造通关方便、手续简洁、住宿优良的跨境旅游产品。

参考文献

金淮:《中韩旅游共同转型与东亚旅游新格局》,《中国经贸导刊》2014 年第 23 期，第 45—46 页。

张百菊:《吉林省韩国旅游产品开发策略研究》,《理论观察》2016 年第 9 期，第 61—62 页。

崔哲浩:《韩国旅游业的发展及其借鉴》，延边大学博士学位论文，2002。

冯玉宝:《东北亚旅游产业合作模式研究》，吉林大学博士学位论文，2016。

我国吉林省冰雪旅游发展现状研究

李　俊　苏可为^①

摘要：冰雪旅游属于生态旅游的范畴，凭借其独特性和强烈的体验感吸引着广大游客。我国吉林省冬季时间长、降雪量丰富、雪质好，有开展冰雪旅游活动得天独厚的自然优势。而冬奥会的申办成功为吉林省冰雪旅游发展提供了新的契机。吉林省冰雪旅游在吉林省委省政府发布的《关于做大做强冰雪产业的实施意见》的指导下迅猛发展，但目前冰雪旅游产品同质化、冰雪旅游专业人才匮乏是吉林省乃至全国冰雪旅游产业发展面临的普遍性问题。基于此，通过研究吉林省冰雪旅游发展现状，挖掘吉林省冰雪旅游发展中存在的问题，进而提供解决对策，希望能够为吉林省冰雪旅游进一步发展提供一定的思路和参考。

关键词：吉林省；冰雪旅游；人才支撑

2018年9月5日，国家体育总局公布的《"带动三亿人参与冰雪运动"实施纲要（2018—2022年）》中提出，大力推广普及群众性冰雪运动，奋力实现"带动三亿人参与冰雪运动"目标。2019年，中共中央办公厅、国务院办公厅在印发的《关于以2022年北京冬奥会为契机大力发展冰雪运动的意见》中对普及冰雪运动、发展冰雪产业、实现冰雪运动跨越式发展等方面提出了一系列要求，为

---

① 李俊（1983.8—），吉林长春市人，硕士，吉林外国语大学副教授，主要研究冰雪旅游、旅游教育；苏可为（1996.10—），辽宁沈阳人，学士，《中国旅游报》吉林站记者，主要研究冰雪旅游、文化和旅游志愿服务。

"三亿人参与冰雪运动"的发展目标提供了行动指南。随着一系列政策措施的发布，在"体育＋旅游"的产业融合的背景下，冰雪"冷资源"转变为旅游"热资源"，这为吉林省进一步做大做强冰雪旅游产业带来了新的机遇。

一、我国吉林省发展冰雪旅游的优势

（一）气候条件得天独厚

我国吉林省位于北纬40℃至46℃之间的世界"冰雪黄金纬度带"，和欧洲的阿尔卑斯山脉和北美的落基山脉并称为"世界三大粉雪基地"，冰雪资源丰富。综合其气候条件、地形地貌、生态环境等因素，是我国最适宜开展冰雪运动和冰雪旅游的省份之一。具体来说，吉林省属于较为典型的温带大陆性季风气候，春夏秋冬季节分明，通常情况下每年的10月至来年的4月都属于雪季，雪季长且雪质好。而吉林省冬天的温度相对来说比较适宜，在零下7℃左右，雪量相对来说较大，这些条件都为吉林省冰雪旅游发展提供了良好的前提。

（二）冰雪旅游资源较为丰富

我国吉林省具有丰富的冰雪旅游资源，如冰雪渔猎民俗、冰雪温泉、吉林雾凇、各大滑雪场等。近几年，以"冰雪＋旅游、体育、制造、文化"的冰雪产业链条也逐渐完善。[①] 除此之外，得益于吉林省的气候优势，这里的冰雪期时间长，雪质优良，适合开展各种冰雪赛事活动，如滑雪、滑冰、雪地摩托、冰上速滑等；同时还可以开展各种冰雪娱乐活动，如狗拉爬犁、冰雪温泉、雪雕、冰雕、冰雪旅游节、雾凇冰雪节等，使游客在感受冰雪魅力的同时，还能参与到各种旅游项目之中，既有观赏性，又有体验性。

以冰雪旅游为主体，除了滑雪竞技外，吉林省不同区域还根据自身的特点凝练特色，走差异化冰雪旅游发展之路。例如长白山地区为"滑雪＋温泉＋森林"，长春市的主题为"冰雪雕塑＋滑雪"，吉林市的主题为"雾凇＋滑雪＋温泉"，通

---

① 孙丽薇：《吉林省冰雪体育旅游业的发展现状及对策研究》，吉林体育学院硕士学位论文，2015。

过对自身特色的提炼，对各自区域的冰雪旅游资源进行了有效的整合和开发。

（三）冰雪旅游基础设施较为齐全

近些年来，为了抓住冰雪旅游发展的机遇，吉林省每年都加大投入，加快有关冰雪旅游的基础设施建设。[①] 全省范围内建成了多个大型滑雪场和冰雪娱乐设施，而与之配套的相关设备也较为齐全，例如：长春市净月潭滑雪场、长春市莲花山滑雪场、吉林市北大湖滑雪场、长白山滑雪场、吉林省速滑馆等一大批综合条件设施较好的场馆，并形成冰雪旅游度假区。比较知名的有长白山万达度假区、吉林松花湖度假区等，满足了不同层次冰雪运动爱好者、冰雪旅游参与者的需求。

（四）客源市场潜力巨大

根据《2018—2019 年雪季吉林省冰雪旅游调查报告》显示，吉林省 2018年 11 月 1 日—2019 年 3 月 31 日期间，共接待游客 8431.84 万人次，同比增长16.08%；实现旅游收入 1698.08 亿元，同比增长 19.43%。从客源市场构成看，依托吉林省内和周边发达的交通网络，吉林、辽宁和黑龙江是核心客源市场；二级市场以北京、内蒙古、山东和河北为主；三级市场是以经济发达地区为主，其中，广东、上海、浙江、江苏、湖南等地游客占比相对较大。而另据预计，到 2021—2022 年的冰雪季，我国冰雪旅游人数将达到 3.4 亿人次，冰雪旅游收入将达到6800 亿元。[②] 我国的冰雪旅游发展正在步入繁盛时期，国家的大力支持、游客的热切期待，都为吉林省冰雪旅游发展带来了大好机遇。

二、我国吉林省冰雪旅游发展存在的问题

（一）缺乏统筹发展规划，资源浪费较为严重

在吉林省的冰雪旅游发展过程中，也可以看出一定的问题或者不足，其中比

---

① 赵畅：《吉林省冰雪旅游发展现状及问题分析》，《产业与科技论坛》2018 年第 8 期，第 27—28 页。

② 于秋时、李煜：《吉林省冰雪旅游产业升级发展 SWOT 分析》，《知识经济》2019 年第 31 期，第 69—70 页。

较典型的就是对于总体的冰雪旅游发展缺乏应有的规划和统筹安排。在具体的操作环节，其总体发展规划不够科学合理，缺乏长远化和规模化，对于市场需求并没有做精做细，市场调研力度不足，盲目做大，由此导致重复开发的问题比较严重，进而导致资源严重浪费。

（二）缺乏标准化的冰雪产业等级标准

从整体情况来看，在吉林省内有几十家大小不一的滑雪场，他们的功能和规模都参差不齐，而冰雪产业在等级评定标准方面比较杂乱，缺乏统一性和规范性。在这样的情况下，就会导致各个滑雪场的档次、功能、等级等相关情况有着巨大的差异，并没有进行精准明确的定位和划分。因此，滑雪者很难结合自身的技术水平去选择相对应的去处，初学者往往会进入到高端滑雪场，在这样的情况下，就会导致相关人员的安全存在隐患；如果滑雪高手进入低端的滑雪场则会不够尽兴，而这样的情况对于游客的兴致会造成影响。

除此之外，某些设施比较简陋、规模比较小的滑雪场，利用自身的低成本优势，往往利用低廉的价格和正规的滑雪场进行竞争，由此导致不公平竞争问题时有发生，这对于滑雪产业和冰雪旅游产业的良性发展会造成严重影响。

（三）服务质量和管理水平有待提升

当前，从整体情况来看，吉林省冰雪旅游发展过程中所呈现出的管理水平和服务质量相对来说都比较低，在服务配套方面并不够完善健全，并没有实现真正意义上的和国际接轨。通过调研分析可以看出，在吉林省内的旅游业，特别是冰雪旅游业中，投诉率最高的就是服务问题。可以看到，吉林省的冰雪旅游发展速度和服务质量并没有呈现出正比例的关系。而在实际的运行过程中，各类雪场的人员服务意识比较淡薄，滑雪场的相关从业人员也缺乏应有的文化素质和专业技能，甚至存在家庭作坊式的经营，并不能和国际优质快捷的服务要求实现接轨。另外，雪场对于从业人员没有全面系统的培训工作，培训、教育和考核等都没有形成持续性，使得各项服务和管理内容缺乏规范性，因此不能打造出一支优质稳定的服务队伍，这对整体工作的开展造成了严重限制。

三、我国吉林省冰雪旅游发展对策

（一）进一步广泛应用和推广冰雪旅游的本体作用引领模式

1. 打造世界级高端冰雪旅游目的地

吉林省政府和相关部门要不断祇招商引资，从根本上有效重点建设"两个大区"——长白山冰雪旅游度假区和吉林市冰雪运动，配备相对应的人力物力和财力打造出世界级的滑雪度假综合体，使长白山、北大湖、万科松花湖旅游度假区等地区得到转型升级，进一步改造和创新，形成国际级别的高山极限滑雪挑战地，同时在长白山地区要进一步探索和开发全新的旅游项目①，使其竞争力、影响力进一步提升，让游客能够在此处有全新的冰雪旅游体验。同时，要进一步创新把握市场的客观需求，针对冰雪旅游项目进行不断拓展和丰富，使冰雪消费的链条和产业链得到进一步的延伸。

2. 构建"冰雪＋温泉"康体养生度假目的地

目前，吉林省已构建起以通化、长白山温泉为代表的冰雪康体养生的体验产品。在 2020 年之前，要着眼"业态升级"机遇期，开发环长白山、长吉图以及延边冰雪温泉休闲娱乐度假集聚带；在长白山地区，根据万达等集团重点开发的项目构建相对应的"滑雪＋温泉"特色旅游度假综合体，实现综合效应，使冰雪产品进一步融合，实现优势互补，确保相关产业能够实现有效的融合，有针对性地进一步打造出长春国信南山、吉林神农庄园以及延边"温泉＋医疗＋康体"等综合体项目，使温泉企业融合运动项目，打造出自身的温泉品牌和体育品牌。

3. 充分实现休闲旅游度假等相关产品的融合

在实际的建设过程中，要重点打造长白山的世界冰雪旅游名片，推出长春东北亚最大的雪雕艺术园等冰雪观光产品。同时，融合科技手段，例如，利用虚拟现实技术和激光秀等，使科技冰雪旅游的吸引力进一步提升。除此之外，针对吉

---

① 刘培华：《吉林省冰雪旅游产业发展模式研究》，《北华大学学报（社会科学版）》2018 年第 6 期，第 135—139 页。

林市的雾凇体验馆进行积极有效的筹划和建设，使季节限制得到有效突破。引用更新的科技和设计手段，使冰雪演艺和娱乐项目充分融合，在最大程度上构成"滑冰玩雪"冰雪体验产品体系。

4.突出传统冰雪民俗文化特色

吉林传统冰雕、雪雕艺术源于民间，吉林冰天雪地中独特的渔猎文化，也早已经国务院批准列入第二批国家级非物质文化遗产名录。聚焦新时代，在旧旅游向新旅游的转变中需要更接"地气"，通过还原历史、增强体验等方式丰富游客的参与度和满足感。通过推出话剧、二人转等艺术作品，和追溯历史、特色鲜明的冰雪文创产品，丰富爬犁等特色民俗冰雪娱乐项目，使游客更加深度地了解吉林的冰雪历史，转变传统冰雪娱乐观念，在"学"与"玩"中感受吉林的冰雪之美。

5.突出区域协同带动作用，做强特色品牌

增强区域协同带动能力，将所属地区的优势冰雪旅游产品进行整合，形成合力，不断促进产业发展升级。在"西冰东雪"的产业背景下，突出以松原"查干湖冬捕"为代表的冰雪民俗体验特色，发挥吉林省粉雪资源的特殊优势，重点突出"冬之景""冬之乐""冬之情"，做优以长春、吉林市为代表的冰雪休闲体验游，做大以延边"珲春防川"为代表的图们江中俄朝边境冰雪风情体验游，做强以长白山为代表的高端冰雪生态和休闲度假体验游。

（二）打造冰雪体育基础作用模式

1.抢抓"冬奥时代"黄金机遇

2020年7月，习总书记视察吉林后，原吉林省委书记巴音朝鲁在吉林省文旅产业推进大会上落实总书记重要指示精神，要抓住"三亿人上冰雪"的重大机遇，推动冰雪旅游、冰雪运动、冰雪文化、冰雪装备等加快发展。要利用"冬奥在北京，体验在吉林"的品牌，广泛开展群众冰雪健身活动，使冰雪体育的基础作用得到充分的体现。在具体的操作环节，要结合实际情况，更有效的制定和设计全新的全民冰雪运动普及计划和大众冰雪等级标准，构建冰雪旅游和健身专家智库，充分体现出社会体育指导员的作用和价值，同时进一步吸引更多的体育运动员和

冰雪爱好者加入冰雪体育中来，针对相应的冰雪体育知识进行不断的培训和普及，充分强化冰雪运动的健身指导作用。

2. 开展"冰雪体育 + 旅游"赛事节庆活动

不断丰富长春瓦萨国际滑雪节、长白山国际林海雪地马拉松节等"冰雪体育 + 旅游"赛事节庆活动的内涵，切实提升群众的赛事意识、品牌意识，吸引更多游客特别是海外游客前来体验，不断丰富"冰雪体育 + 旅游"赛事节庆活动的影响力。尽可能争取国内外单项冬季冰雪体育项目，承办有关赛事，有效打造出各类体育精品赛事，使冰雪体育的魅力得到充分体现，从而使吉林省的冰雪旅游进一步实现可持续发展。

（三）落实冰雪核心产业人才支撑模式

1. 发挥吉林冰雪名人效应

吉林省作为我国冰雪运动项目发展的前沿阵地，肩负着我国冰雪项目发展的重任，培养出了周洋、武大靖、李坚柔等冬奥会冠军。吉林省始终致力于发展冰雪运动和培养冰雪人才，在 2007 年成功举办了亚洲冬季运动会，已连续四年举办"吉林雪博会"。要充分借助广播电视、互联网、文旅活动等渠道，宣传吉林冰雪人物的动人故事，为青少年树立起榜样效应。联合冬奥运动员等冰雪体育名人和校园学生重点开展冰雪体育进校园的系列活动，帮助青少年了解冰雪体育，感受冰雪文化，从而热爱冰雪运动。

2. 传播冰雪丝路文化

冰雪文化是冰雪经济的灵魂、是核心竞争力。要以吉林省为核心区，立足东北地区，着眼"一带一路"沿线的冰雪国家，在"冰雪丝路"的大背景下，开展广泛的合作与交流。通过传播"冰雪丝路"文化，促进东北亚 6 国在发展冰雪经济中和平合作、开放包容、互学互鉴、互利共赢，为培育具有国际视野的冰雪产业人才提供支撑。

3. 推广智慧冰雪旅游模式

要着重做好冰雪旅游产业的发展和核心产业的打造，对整体的冰雪旅游发展起到支撑作用，同时，要结合相应的科研院校进一步培养出产、学、研、用相结合的人才，实现第三方培训模式，构建冰雪人才体系，以此为吉林省冰雪旅游的良性发展提供人才基础。同时尽可能培养更多的复合型人才，进行智慧冰雪旅游项目的设计和开发，例如，利用 VR、5G、北斗卫星技术等，打造智慧冰雪旅游项目，使冰雪产业和旅游产业实现转型升级。

　　然而，在当前的吉林省冰雪旅游发展过程中仍然存在一定的问题。对此，要充分利用好吉林省的冰雪旅游资源优势，深度挖掘和融合相关产业，实现吉林省冰雪旅游产业的可持续发展。

中国—东北亚博览会与长春市区域中心城市形象互动作用的探讨①

王海燕　冀粉雨　李玉维②

摘要： 东北亚博览会是由东北亚区域六国共同参与并面向全球开放的国际性综合博览会，对长春市区域中心城市建设及形象提升起到至关重要的作用，因此对二者结合互动发展开展应用性研究十分必要。本文以中国—东北亚博览会发展以及长春市东北亚区域中心城市建设现状为研究出发点，重点探究中国—东北亚博览会与长春市区域中心城市形象互动作用，在此基础上，从不同层面有针对性地提出中国—东北亚博览会与长春市区域中心城市形象互动发展对策，从而加强二者之间的有效互动与促进作用，有助于东北亚博览会及长春市中心城市形象快速提升，进而促进吉林省、东北地区乃至东北亚区域各国的经贸发展。

关键词： 中国—东北亚博览会；长春市区域中心城市；互动作用

---

① 2020 年吉林省教育厅"十三五"社会科学重点项目"中国—东北亚博览会与长春市区域中心城市形象互动发展研究"（JJKH20201222SK）。

② 王海燕（1979.6—），吉林省长春市人，吉林大学管理学院在读博士，吉林外国语大学国际工商管理学院副教授，硕士生导师，主要研究东北亚区域博览经济与品牌发展；冀粉雨（1995.3—）。河南驻马店人，吉林外国语大学国际工商管理学院在读硕士；李玉维（1997.8—），四川达州人，吉林外国语大学国际工商管理学院在读硕士。

一、研究现状与目的

（一）研究现状

1. 国外现状与趋势

自 1851 年英国伦敦首次举办以城市为主题的万国世界博览会以来，经过 100 多年的积累和发展，西方发达国家，如美国、英国、法国、意大利、日本等国会展经济发展最快、实力最强、规模最大，诸多博览展会举办城市的形象得到重构。在这一进程中，国外学者做了大量的理论和实证研究，研究热点主要集中在博览展会的成长发展、博览展会对举办城市经济的影响方面，随后也逐步扩展到对举办城市文化、社会、环境等的影响方面。随着世界范围内中心城市的兴起，中心城市品牌形象作用尤为重要，因此，近年来国外学者也对博览展会对举办城市品牌形象的作用影响问题开展了密集的研究。

另一方面，伴随着博览展会经济在一些中心城市的快速发展，另外一些中心城市也开始注重发展当地比较脆弱的博览展会经济。这样，一些学者们开启了研究的新视角，开始对中心城市优势规模及内涵对促进博览展会快速成长发展方面进行了深入研究，也取得了一定的研究成果。

2. 国内现状与趋势

受国外博览展会业发展的促进，我国各级政府相关部门、相关企业及理论界学者们也充分认识到博览展会经济的重要性，因此也开始注重对这一领域开展研究工作。近年来，主要集中在博览展会业自身发展及品牌形成传播、博览展会经济与当地区域经济关系及博览展会品牌与举办城市竞争力关系等方面。如隋颖等（2014）以促进自身品牌发展为主要目的对中国—东北亚博览会营销策略问题开展了研究；陈艺匀等（2010）重点研究了会展业与重庆城市形象传播策略问题；艾险峰等（2011）研究了博览会对武汉市社会发展促进作用的问题；蒋丽玲等（2017）基于中国—东盟博览会与中国（广州）进出口商品交易会的比较，分析研究了政府主导型展会对举办城市的社会影响问题。

（二）研究目的

从以上研究情况可看出，目前国内这一领域的研究还主要是从博览展会到举办城市发展这一单向进行的，从举办城市到博览展会这一视角的研究还不多见，而关于博览展会与举办城市形象互动发展的研究更为鲜见，特别是把中国—东北亚博览会的成长与长春市区域中心的城市建设和形象发展结合到一起的应用性研究也是缺失的，这正是本文研究的目的与必要性所在。

二、中国—东北亚博览会发展现状的分析

（一）中国—东北亚博览会的创办

中国—东北亚博览会最开始的名称是"中国吉林·东北亚投资贸易博览会"。2012 年，国务院批准将"中国吉林·东北亚投资贸易博览会"改名为"中国—东北亚博览会"，让其成为国际性的综合博览会。从 2005 年到 2013 年期间，每年举办一次，自 2014 年开始，中央决定将包括东北亚博览会在内的全国大型涉外机制性展会活动隔年举办。中国—东北亚博览会是经国务院批准，由商务部、国家发展改革委、中国贸促会和吉林省人民政府共同主办，由东北亚区域其他五国的 8 个重要商协会和中日韩三国合作秘书处协办的国家级展会，也是世界上唯一由东北亚区域六国共同参与并面向全球开放的国际性综合博览会。

（二）中国—东北亚博览会的发展历程

2005 年，经国务院批准，第一届中国—东北亚博览会由商务部、国务院振兴东北地区等老工业基地领导小组办公室和吉林省人民政府共同举办。2006 年，吴仪副总理在第二届东北亚经济合作论坛上就促进东北亚经济合作提出"完善合作机制、拓展合作领域、增强合作实效"等三点意见，此建议加强并推动了东北亚经贸合作，提升了合作的规模、层次和水平。2007 年 9 月，国务院批准由商务部、国务院振兴东北办（现国家发改委）、吉林省人民政府在中国吉林长春国际会展中心共同主办首届东北亚经贸合作高层论坛。目前，东北亚合作高层论坛已成为东北亚博览会的主论坛。

从第一次举办至今，东北亚博览会已连续成功举办十二届。根据有关数据统计得知，历届以来，共有 100 多个国家和地区及国内 1007 位副部（省）级以上政要（其中副国级以上政要 54 位）参会，我国党和国家领导人吴仪、曾培炎、王岐山（两次）、李克强、汪洋（两次）等先后出席，并在东北亚合作高层论坛上代表中国政府发表主旨演讲。据统计，有超过 130 个国家和地区的 70 余万名客商前来参会、7000 余户参展商参加博览会，境外参展比例超过 50%。就第十二届东北亚博览会而言，其涵盖的人口总量已经达到 17 亿，体现了其人口基数大、消费和出口快速增长、市场潜力大的特征。东北亚区域的 GDP 总量占据了全球的 20%，是全球经济发展的重要区域之一。东北亚博览会的会展规模很大，吸引超过 10 万人参会，采购需求众多，极大地促进了当地和东北亚区域的经济发展。东北亚博览会已经成为世界著名的会展之一。

（三）中国—东北亚博览会的主要特征

1. 东北亚博览会是国际性区域展会

虽然东北亚博览会区域位置位于东北亚地区，但是其展会的范围是面向全世界的。以东北亚区域为基础，紧紧围绕东北地区现代制造业、农产品深加工、现代中药和生物制药、光电子信息等产业。此外，该博览会也会突出经贸特征，呈现东北亚地区特色、突出产业特点等，使展会让参会者得到更多的商业机会，促进各国和各行业企业之间的交流合作与共同发展。

2. 东北亚博览会是综合性展会

东北亚博览会是集商品贸易、投资合作、会议论坛、文化交流为一体的综合性展会。首先东北亚博览会的主要展示内容为国内外名（牌）、优（质）、新（技术）、特（色）、高（端）商品等，商品来源地主要是东北亚、东南亚、欧美等国家及港澳台地区、相关省（区、市）和吉林省。此外，组织参会者也会推介投资项目、发布合作信息，进行一些项目交流以及跨区域的商业活动。在博览会期间，组织者也会同时举办东北亚经济合作论坛、东北亚五国商务周（日）以及投资合作、经贸洽谈等方面专业国际会议，为参会的各界人士提供更高层次的交流合作平台。与此同时，博览会还会举办"相约东北亚"文艺晚会、东北亚（国际）书画摄影展、"东北亚文化艺术节"等一系列文化活动；邀请世界 500 强、跨国公司以及知名投融资机构的高管参加高尔夫球联谊赛，扩大交流、增进友谊；另外还举办东北亚博览会大型"音乐焰火"燃放等活动。

三、长春市东北亚区域中心城市建设现状的分析

（一）长春市东北亚区域中心城市建设的提出

2016 年，原长春市委书记王君正在首次提出要将长春市建设成东北亚区域性中心城市的目标。同年 7 月，中共长春市委十二届九次全体会议审议通过《深入实施创新驱动发展战略，加快东北亚区域性中心城市建设的若干意见》。[①] 同年 12 月，中国共产党长春市第十三次代表大会报告指出："未来五年始终突出建设东北亚区域性中心城市"，要加快推进长春参与区域发展、集聚资源要素、抢占发展先机、拓展发展空间。至此，长春市确定了建设东北亚区域中心城市的发展定位。

（二）长春市东北亚区域中心城市的发展历程

2017 年，为了进一步加快长春市东北亚区域中心城市的建设，长春市政府在 2016 年发展定位的基础上提出，在未来五年，长春将瞄准一个高于、一个前移、一个领先、一个率先、一个提升等"五个一"战略目标。"一个高于"指的是主要经济指标增速持续高于全省平均水平，经济发展在全省的首位度持续提升；"一个前移"指的是城市综合竞争力在全国同类城市中排名前移；"一个领先"指的是生态文明建设保持全国领先水平；"一个率先"指的是在全省率先全面建成小康社会；"一个提升"指的是党建科学化水平全面提升。2018 年，长春市政府提出了《长春市建设东北亚区域性中心城市国际指标体系》，该指标体系借鉴了国际标准，分别有以下三个层面：国际城市基本标准指标、区域中心城市服务功能指标、城市和市民获得性指标。三个层面又分为 30 个指标，每项指标又区分为三个等级，这样的详细的区分有利于相关部门制定发展规划和有关计划。2018 年，长春市发

---

① 清华大学建筑学院、长春市城乡规划设计研究院编《长春建设东北亚区域性中心城市指标体系研究及其现状水平分析》，《城市与区域规划研究》2018 年第 2 期，第 146—157 页。

改委围绕东北亚区域性中心城市建设大局，树立了"打先锋、站排头"的意识，对标高位持续改革战略，研究规划编制、政策制定、投资管控、物价调控等机制路径，重点激发社会经济的发展活力，这一系列措施都取得了积极成效。通过不断地发展，长春市东北亚区域中心城市建设已经取得一定的成效。十二届东北亚博览会的成功举办、城市交通环境大幅度提高、民生生活质量得到改善、加大对环境保护的投入等各方面，都是长春市建设东北亚区域中心城市以来的成果。据有关资料显示，长春市在经济繁荣中心、文化创新中心和幸福宜居方面已经具备了建设东北亚中心性城市的基础，相信通过不断的努力，在不久的将来，长春市一定可以建设成为东北亚区域性中心城市。

（三）长春市东北亚区域中心城市建设的成果

1.经济环境的改善

长春市东北亚区域中心城市的建设带来很多的招商引资机会，极大地促进了长春市经济的发展和经济环境的改善。长春市市贸促会促进了长春市外贸业的发展，在保持原有与韩国、日本等许多亚洲国家贸易交流的同时，长春市还积极开拓了非洲市场，丰富了长春市的外贸交易。此外，长春市贸促会还组织承办了农业对外投资合作暨"一带一路"国家双向投资促进会，多家企业代表与来自"一带一路"的15个国家进行了商业活动的交流沟通。同时，长春市政府非常重视长春市明星产业的发展。汽车、高铁制造一直是长春市的明星产业，在东北亚区域中心城市建设的大背景下，长春市的汽车、高铁产业蓬勃发展，最具代表性的"中国一汽"、"中车长客"不仅是长春市的名片，也是国家级的名片。

2.城市交通的改善

长春市东北亚中心城市的建设让长春市的公共交通得到了很大的改善。截至目前，长春市城市轨道交通运营线网已有5条线路，线网总里程达100.1公里，十字加环线的线网主架构已经形成，长春轨道交通已经步入了网络化运营时代。[①]长春市轨道交通的开通运营，加强了中心城区与南部新城、净月高新区、北湖等

---

① 单大维，张剑：《人大监督瞄准"地铁"长春市人大常委会聚力推动东北亚区域性中心城市建设》，《吉林人大》2017 年第 5 期，第 37 页。

区域的交通联络，更统筹了城际铁路、轨道交通、地面公交等多种运输方式的衔接，而且还促进了城乡公共交通服务一体化和均等化，很好地解决了城市周边群众出行难的问题，这一改善还增强了中心城区的辐射作用。此外，长春市还建设了经济圈环线高速公路，这一建设很好地起到了连接作用，"经济圈环线"通过缩短时间来缩小空间距离，紧密地将长春市与其他县市（区）之间的横向经济联系在一起，有利于地区和城市经济的发展。①

3. 民生的改善

通过推进长春市东北亚区域中心城市的建设，使得长春市的民生得到了一定的改善和提高。例如，"暖流计划"要坚持"雪中送炭"，进一步把计划的着力点，聚焦到中低收入群体的保障扶持上，真正让他们感受到党和政府的温暖。长春市政府更是提出，在具体工作中，要突出重点带动，积极实施就业优先战略，促进高校毕业生、农民工、退役军人等群体多渠道就业创业，全面提升就业增收水平。

四、中国—东北亚博览会与长春市区域中心城市形象互动作用的分析

（一）中国—东北亚博览会对长春市区域中心城市形象发展的作用

东北亚博览会的举办提高了长春市的国际知名度，为长春市的发展提供了很大的帮助。为了更好地举办东北亚博览会，长春市也在积极建设长春市东北亚区域中心城市。东北亚博览会的举办也成功促进了长春市东北亚区域中心城市的建设。在东北亚博览会的助力下，长春市的城市建设速度得到了的提高，轨道交通的里程数快速增长，功能区域的划分更加合理方便，城市环境得到明显改善。东北亚博览会也带动了其他产业的发展，大量的参展人员促进了长春市服务、旅游等产业的发展。博览会邀请的参展人员不仅只是东北亚地区的政要和客商，还邀请了欧美等国家的政要和客商，国内外参展人员规格的提升也提高了长春中心城

---

① 陈忠朋、高国刚、姜蕊：《长春市公共交通发展策略研究——建设"东北亚区域性中心城市"的公共交通发展之路》，《城市公共交通》2017 年第 9 期，第 49—55 页。

市的知名度。博览会上还聚集了资本、产品和信息，给参展人员提供了良好的交流平台，为长春市发展提供了良好的拉动投资，促进了产业发展的机会，由"制造"转变为"智造"，提高了中心城市的实力。东北亚博览会从最初的东北亚六国参与发展为以东北亚为主，有其他地区国家参加的国际性会展，提升了长春市中心城市的形象。长春市正在成为国际化的城市，影响力也在不断扩大。

（二）长春市区域中心城市建设对中国—东北亚博览会形象发展的作用

长春市区域中心城市的建设对于中国—东北亚博览会的形象发展和影响扩大也产生了积极作用。长春市地处东北亚区域地理几何的中心，将其作为东北亚区域中心城市建设能够推动经济的发展和加强国际的交流，为博览会形象发展提供了基础。长春市区域中心城市的建设为中国—东北亚博览会的开展提供了便利，特别是长春市制造产业向科技化、智能化发展，重点发展以先进装备制造、生物及医药健康、光电信息、新能源汽车、新材料、大数据为核心的新兴产业，打造世界级的研发生产基地，为博览会提供高质量的参展产品，不仅能提升长春市自身的实力与地位，也提升了东北亚博览会的形象，使得东北亚博览会能够作为我国具有国际性的和代表性的博览会面向东北亚地区的各个国家。东北亚博览会的参展范围能辐射到东北亚各个地区，也从东北亚走向了全世界，其不仅仅是东北亚地区的会展，更是全世界的交流和合作平台。

长春市区域中心城市的建设推动了中国—东北亚博览会的形象发展。目前，东北亚博览会的参会商规格在不断提升，第 11 届来自东北亚、东南亚、欧美、大洋洲、非洲等 116 个国家和地区境外客商近万名。第 12 届共有来自 109 个国家和地区的 3 万余名客商参会，国内外经贸代表团组共 218 个，世界 500 强企业 49家，大型跨国公司 82 家，央企 15 家，中国 500 强企业 14 家，民营 500 强企业 9家，副总裁以上 49 人，知名金融投资机构 51 家，国内外商协会 194 家，采购商314 家。参展的政要数量和级别也在提升，第 11 届有来自境外东北亚国家的 37位副（省）部级以上政要参会。第 12 届的境外政要中有副部（省）级以上政要43 人参会。国内政要方面，共 19 位副部（省）级以上政要参会。随着参展人员的增加，其展馆不断扩大，展位也在不断增加。第 12 届博览会展馆面积为 7.5 万平方千米，同比增长 20%；国际标准展位 3502 个，同比增长 26%；共有境内外 1337 户企业和机构参展，同比增长 43%。[①]博览会的交易成果斐然，第 12 届博览会对外贸易额约 7.3 亿元，签约项目 93 个，合同引资额 555.84 亿元。博览会的影响力日益扩大，第 11 届博览会共有 120 多家国内外媒体参与报道，而第 12 届博览会在规划期间就受到媒体关注，在开展期间的情况和展会结束后的成果均有大量媒体转播报道，详细介绍了展会的开展情况、参展情况、产品展示情况以及达成的各项协议和交易等。以上可以看出，中国—东北亚博览会的形象不断提升、影响不断扩大，已然成为国际性的展会。

五、中国—东北亚博览会与长春市中心城市形象互动发展的对策

（一）上级政府部门

若长春市要发展为区域中心城市，经济是其发展的基础，中国—东北亚博览会的发展则能够促进长春市的中心城市建设，中心城市建设能够为博览会的发展带来更便利的条件和更好的机会。建议国家应积极促进和推动长春市中心城市的建设，坚定其区域中心城市的定位，利用中国—东北亚博览会来扩大中心城市的辐射范围和增强其辐射作用。中国—东北亚博览会作为国际化会展，建议国家予以重视，展现国家对于博览会开展的期待与要求，督促国家的各个层级积极为发展博览会发力，重视中心城市建设，让博览会能够依托中心城市发挥出更大的国际影响力。国家应当制定统筹协调发展中心城市和博览会的政策，为发挥其相互促进作用提供机会，加快中心城市的建设，扩大博览会影响，使其互动发展能够发挥最大的成效。

从政府部门层面，建议国家发改委、商务部等部门鼎力支持长春市发展和博览会的开展。对于长春市的发展方向和空间给予指示，将中心城市的发展有机地融合到国家战略中去，配合国家的发展趋势大力推动中心城市建设，充分发挥其

---

① 刘馨蔚：《东北亚博览会助推区域经济"功不可没"》，《中国对外贸易》2019 第 9 期，第 13—16 页。

作用宣传和开展中国—东北亚博览会，提升博览会的质量和影响力。建议相关部门利用好博览会积极与其他各国进行交流，签订商贸合作协议，让其他国家认识到中国—东北亚博览会是各国之间加强交流、实现互惠互利的平台，通过博览会，各国能够有所收获，从而推动承办会展的中心城市建设和发展。在相关部门的统筹协调下，才能使得中心城市建设和博览展会相辅相成、互相成就。

从吉林省层面，建议省政府了解认识到中心城市建设的重要性、中国—东北亚博览会的作用以及两者之间的相互促进作用。建议省政府积极响应国家的号召，充分发挥其地理优势和历史优势，从各个方面来推动中心城市建设和博览展会的发展。① 省政府作为上级部门和中心城市的沟通渠道，建议结合中心城市的自身特点和特色，指导中心城市建设的执行和发展，敦促中心城市能够依托博览会来大力发展经济。省政府也应积极参与博览会的开展，让博览会能够展现出其所在城市的特有的亮点，将博览会与中心城市的文化、产业等相结合，发展成与众不同的博览会形象，进而促进中心城市建设快速发展和中心城市形象进一步提升。

（二）博览会主办方

吉林省贸促会作为主办方主导博览会的开展与发展方向，应对于往届的博览会进行经验总结，确定博览会的发展方向，在一次次开展博览会的工作中，不断修改其规划，利用已有经验将博览会与中心城市建设有机结合起来。如在会展中，为特色产业和文化做宣传，设计出更加简单又优异的活动环节，来体现本土特色，将中心城市的文化宣扬到国际中去，让世界看到能够代表中国长春的国际性会展。主办方应考虑到中心城市的经济、产业等情况，根据其今后的发展来制定博览会发展的目标及取向。博览会主办方还应考虑如何促进与各国的贸易往来，如何吸引各类参展人员。博览会中的贸易额和签订的合同不仅是博览会的成果，更是代表了中心城市的实力与吸引力。主办方不仅要参与制定会展活动，更要能够在会展中积极发挥自己的作用，大力争取签署备忘录和合作协议。

---

① 梁振民：《长春建设东北亚区域性中心城市的深远意义》，《长春日报》2017 年 1 月 16 日，第 6 版。

（三）地方政府部门

长春市政府要想建设好中心城市，必须意识到东北亚区域中心城市应能辐射到整个东北亚地区。想要达成这一点，长春市必须推开行政区划的大门，按照市场规律发展而不是切断区域内和区域间的经济联系，使中心城市的经济号召力和影响力扩展到更大的范围。博览会也能借助中心城市的影响力范围来拓展自身的形象。博览会的成功举办和形象扩张也能反过来推动中心城市的影响力范围扩大。长春市政府要完善中心城市圈内公路、铁路等基础设施的建设，在博览会举办期间展现其文明美好的城市形象和坚实的基础条件，让博览会的参展人员愿意再次到长春来，甚至在长春长期投资。

为了发挥中心城市的优势，长春市政府应该利用政府的职能促使中心城市区域内经济结构的互补互助，向加强中心城市的经济实力的方向倾斜，体现和强调中心城市的作用，从而更好地向其他地区展现博览会的形象。中心城市的建设要求长春市能够基于原有产业的基础上，积极发展新的产业，抓住"中国智造"的机遇大力推进新型工业化，不断提升产品生产标准、产品质量、技术含量和附加值，[①] 将产业向智能化发展，这样才能提升竞争力，才能在推介具有本土特色的产品，才能吸引更多的国家来参展、更多媒体来报道，进而才能扩大博览会的影响力、提升博览会的形象。

六、结束语

本文分别介绍了中国—东北亚博览会和长春市中心城市建设的主要发展阶段和成绩，分析了东北亚博览会与长春市中心城市形象提升的相互促进作用，并从上级政府、博览会主办方和地方政府三个层面探讨了博览会和中心城市形象互动发展的对策建议。笔者认为，博览会与中心城市形象提升是相互影响的，一方面良好的中心城市建设发展形象能促进博览会影响力及品牌形象提升；反之，举办知名博览会也会带动中心城市建设发展速度及质量进而提升其名声形象。上级政

---

① 蔡中为：《长春建设东北亚区域性中心城市的对策》，《长春市委党校学报》2018 年第 3 期，第56—59 页。

府、博览会主办方和地方政府应从博览会与中心城市形象相互促进作用角度针对性提出并实施对策建议，加快博览会和中心城市两者形象协调发展，进而促进吉林省、东北地区乃至东北亚区域各国的经贸发展。

文化与文学研究

在中国与日本之间：萧红的"黄金时代"书写与民族情怀表征 [①]

崔 丹 [②]

摘要： 萧红（1911—1942）一生颠沛流离，所经之处对其人其作影响颇深。这位作家一生辗转几地，日本之行（1936.7.16—1937.1.3）尤为显著，这段时光被她自诩为"黄金时代"，这期间的经历强化了作家对祖国与家乡的热爱之情、坚定了其作为知识分子的独立精神，加深其对中国国民性与日本国民性的理解。而这一切，也反哺了作家后期的人生与写作，使其认识到中国国民性的觉醒，并将其融入创作中。萧红以其人其作为代表，彰显了中国知识分子的民族情怀、独立风骨、公允态度与客观立场。

关键词： 萧红；黄金时代；民族身份构建

一、引言

萧红，中国抗战时期"沦陷区"女作家，"民国四大才女"之一，被誉为"20

---

① 本文系吉林省教育科学课题《新时代外语人才的爱国主义和社会主义核心价值观教育研究》（GH20517）的阶段性成果。

② 崔丹（1982—），女，辽宁省沈阳市人，英语语言文学博士，吉林外国语大学教授，硕士生导师，英语学院副院长，研究方向：英美文学与中西比较文学及文化研究。

世纪 30 年代的文学洛神",鲁迅称赞其为"中国当代最有前途的女作家"。自 1932 年执笔创作,至 1942 逝世搁笔,创作生涯不足十年,写出《生死场》《呼兰河传》《马伯乐》《家以外的人》等可圈可点的小说与诗歌名篇佳作,以散文式笔触、独特的敏感度、警醒与充满良知的精神风貌捕捉风起云涌的时代弦音。目前,学界针对萧红的研究已然汗牛充栋,学者分别从"传记研究""民族文学""女性书写""阶级压迫""疾病书写"等视角、批评范式与方法切入研究,研究成果较丰富,而在萧红的创作中,地方对其写作产生重要影响。

萧红出生在中国东北的呼兰县,一生辗转于哈尔滨、上海、武汉、临汾、西安、重庆、香港等地,在各地的离开或暂留皆有缘由,但每个地方皆对其创作风格、主题、情节及人物塑造方面产生重要影响。哈尔滨是萧红崭露头角之地,在此以"悄吟"为笔名发表《生死场》,此部作品也成为萧红的代表作。上海之行则使其与伯乐鲁迅相识,从思想上深入理性地认识到中国腐朽没落的反动统治阶级对人民的压迫,认识到日本军国主义对中国的侵略与戕害。之后,远赴日本,半年后反沪,又辗转重庆,期间创作了《逃难》《山下》。辗转抵达香港后,先生创作不断,故土乡情萦绕心头,流露笔端,主要作品有《马伯乐》《后花园》《北中国》等,《小城三月》是其最后一篇小说。诸地辗转一方面从整体上促进了萧红独特风格的形成,另一方面也体现出各时期写作的彼在性与独特性,而地方则成为萧红书写的特色。

但就其旅居日本近半年的这段时光,学界研究往往聚焦其经历本身的传记性,或一言以蔽之,或以史实考据式方式探讨其赴日的原因,或探讨其离日归国的原因,或考察其"童话"写作夙愿的完成。而日本之行对作家的思想和当时及日后的文学创作产生了怎样影响,至今看来,相关研究凤毛麟角、语焉不详,仅有葛浩文撰写的《萧红传》中简要评论了其旅日期间写的 5 个短篇,表现了萧红在日本的寂寥之情。[1]

日本之行正当其创作的蓄势之时,而此段旅程是萧红自诩的"黄金时代"。1936 年 11 月 19 日,萧红写道:

---

[1] 葛浩文:《萧红传》,复旦大学出版社,2011,第 58-61 页。

窗上洒满着白月的当儿，我愿意关了灯，坐下来沉默一些时候，就在这沉默中，忽然象有警钟似的来到我的心上："这不就是我的黄金时代吗？ 此刻。"于是我摸着桌布，回身摸着藤椅的边沿，而后把手举到面前，模模糊糊的，但确认这是自己的手，而后再看到那单细的窗棂上去。是的，自己就在日本。自由和舒适。平静和安闲，经济一点也不压迫，这真是黄金时代，是在笼子过的。从此我又想到了别的，什么事来到我这里就不对了，也不是时候了。对于自己的平安，显然是有些不惯，所以又爱这平安，又怕这平安。^①

这一"黄金时代"的内涵究竟为何？这段时光对萧红的思想与创作产生怎样影响？异国激发萧红强烈的思乡情怀与对国家经典文学的喜爱之情，使其认识到文人的独立性，感受到日本文化界对鲁迅的贬斥之情，也坚定了其渴望继承鲁迅先生遗志的信念。她感受到日本民间百姓的无奈与善良，因此，即使在备受日本军国主义侵略与压迫的抗战时期，萧红也能在日本问题上始终坚持公允态度与客观立场。例如，她冒生命危险帮助鹿地亘夫妇，并与日本进步作家绿川英子交下深厚友谊。虽然萧红对日本与中国的国民性持有否定的态度，但她还是重拾希望，尤其认识到中国下层民众忧国忧民的思想与实际行动，这与其前期写作中的悲观情绪背道而驰，以此表现其持有的人类命运共同体的情怀，这些皆融入她后期的作品创作中，形成其独特的写作风格。

二、思乡之情在心头

萧红在日本写给萧军的信中抱怨日本木屐的吵闹之声，"满街响着木屐的声音，我一点也听不惯这声音"（1936 年 7 月 26 日）。"同样的木屐之吵"在其接下来信中又以诗歌《异乡》表达出来："这是异国了，/ 踏踏的木屐声音有时潮水一般了"，可见，萧红对代表日本典型文化的木屐之声的被迫关注是增强其强烈异乡治国与异乡之人的源头与表征，并且也增强她对家国故土的眷恋之情。接着萧

---

① 萧红：《这就是我的黄金时代》，诚品读库，2017。萧红旅日期间邮寄给萧军的书信均出自本书，不再标注页码。

红写道"日里：这青蓝的天空，/ 好像家乡 6 月里广茫的原野，/ 但，这不是 / 这是异国了，/ 这异国的蝉鸣也好像更响了一些"。缺乏中国故土上家乡中的喧嚣与热闹，这实为其对故土的思恋之情。这份强烈执着的思乡至情得到强烈的情感表达。在 1936 年 10 月 29 日的信中，萧红表达了自己对家乡故土的热恋："不敢说是思乡，也不敢说是思什么，但就总想哭。"这种强烈的思乡之情引起是由于其远离故土，也是其生活寂寥的表征，是其短暂一生中鲜有的"平静与安闲"，而作为思想的行动，萧红渴望阅读中国文学文本，她手头有《水浒传》，并且她频繁地在信中表达自己渴望阅读唐诗的夙愿。在 1936 年 9 月 6 日的信中，萧红又一次催萧军邮寄唐诗，"唐诗我是要看的，快请寄来！精神上的粮食太缺乏！所以也会有病"。可见，萧红此时对唐诗的渴求并非仅仅为打发和排遣孤独时日，而是渴望精神上给养。三天后，萧红写信再次催促唐诗邮寄事宜，她想读唐诗，"读一读就像唱歌似的，情感方面也娱乐一下"。其急切之情及对唐诗的追寻也溢于言表。

同样，萧红对故土的眷恋之情也表现出其对中华民族共同地域的认同。她不断看《水浒传》，并且催促萧军邮寄唐诗，即彰显出作家对祖国文化的认同。正如本尼迪克特·安德森在《想象的共同体》中所强调的，共同的地域、共同的宗教、共同的历史与文化铸就了民族身份。的确，当个体与之认同并践行时，即为与国家身份相认同。

而且，萧红也并没有真的感受到"外国的月亮比中国圆"，她对日本具有客观的认识。在 1936 年 8 月 17 日，萧红写给萧军的信中作者这样写道："上面是有破船的，船上也有女人、孩子。也是穿着破烂衣裳，并且那黑水的气味也一样，像这样的河巴黎也会有！"信中"破船""破烂衣裳""黑水"皆凸显出日本穷苦阶层的辛酸苦辣与严重的环境污染问题，并且，这也表现出日本民众当时生活的困窘之态。而萧红言语中的"也有""也是""巴黎也会有"则令读者想到这些问题的共通性，即萧红对人类命运共同体的关注。

三、独立自我人格的形成

在日本，萧红凭借自己的稿费获得了一定程度上的经济独立。1936 年 8 月 17 日，萧红写信发至萧军，表现出其对自己经济独的欣慰之情，"我的稿费也可以够了。你怕不怕？我是和（你）开玩笑，也许是假玩笑"。从这充满揶揄玩笑的口吻中可体现萧红凭借自己的稿费实现了精神上的独立。虽不能说萧红从此过上殷实的生活，她也精打细算着自己的生活支出，但并非是那种在哈尔滨与萧军共同借债度日的窘境，而是根据自己的收入仔细盘算如何过有质量的生活。她能凭借自己的稿费来支付日常生活的开支，由此她可获内心的独立。而这与弗吉尼亚·伍尔夫在《一间自己的房间》中所强调的女性作家的独立性不谋而合。

并且，这种内心的强大也随着鲁迅先生噩耗的到来得以强固，获悉鲁迅先生噩耗，萧红因语言不通，几次托人求证，终于确定无疑，这噩耗虽令其每每回忆鲁迅先生的音容笑貌都悲痛不已，但同时也坚定其愿意继承先生遗志的信心。虽然萧红深知到墓地烧刊物是"洋迷信""洋乡愚"的做法，作为现代进步作家，萧红对此也深有认同。但即便这样，她也愿意如此做，可察其对鲁迅由衷的喟叹之情。此时，萧红也真切地感受到日语补习班教员对鲁迅的评价有失公允。萧红在《在东京》（原载于 1937 年 10 月 16 日武汉《七月》第 1 卷第 1 期）中记录了此段经历。当日本教员探讨鲁迅时，他这样评价，"我说……先生鲁迅，这个人没有什么，没有什么了不起的，他的文章就是一个骂，而且人格上也不好，尖酸刻薄"[1]。并且，萧红也看到了学员们的冷漠，教员讲庙会的故事、神的故事，学生们满堂大笑，"好像世界上并不知道鲁迅死了这回事"。这种表达突出萧红对教员的冷漠之情感到痛心疾首，其深层次是萧红认识到教员们对日本文化的关注、了解与接受冲淡了他们对中国文人与文化的认识与理解。正如萧红记载，日华学会开鲁迅追悼会，只有一位小姐去追悼，回来后招致全班耻笑，她感到脸红，走路轻手蹑脚，衣裳颜色也不调配，萧红认为这都是不调配的人。[2]

---

[1] 萧红：《商市街》，江西人民出版社，2019，第 203 页。

[2] 萧红：《黄金时代的他们：永久的憧憬和追求》，万卷出版公司，2014。

四、日本性格中的"菊与刀"

"菊与刀"经常用于形容日本人性格的隐喻表达。"菊"体现出日本人顺从的特性，而"刀"则为其内在思想的高度一致，是排外、绝对服从的表现。对此，萧红深有感触。人在异乡，有温暖也十分珍惜，萧红与民众的联系首先从房东开始，房东的友好给她留下美好印象。1936 年 8 月 27 日，先生信中描写房东孩子的可爱，"和房东的孩子很熟，孩子很可爱，黑的，好看的大眼睛，只有五岁的样子，但能教我单字了"。这是她对房东的正面印象。同时，房东会送她一些生活上的小礼物，如方糖、花生、饼干、苹果、葡萄，还有花。而且，据说有一次警察来找麻烦，女房东为了萧红曾拦挡了他们。

萧红充分感受到异国他乡的日本所具有的一种排外性。1936 年 9 月 4 日，萧红在信中纪录前一天她在路上看到的中国女性的尴尬遭遇，一个穿中国衣裳的中国女人在街上拦车，递给车夫纸条，要坐车，却被拒绝，遭到耻笑，她感同身受地写到，"她也一定和我似的是个新飞来的鸟，到现在，我自己也没坐过任何一种车子"。虽然萧红与那位中国女性素未相识，但在异国他乡，同一族裔同胞的尴尬遭遇令她感同身受也无可厚非，虽然不能说是日本国民的排外，但这一经历也是其亲眼看见，是他国异乡之人在保持自身民族特性（特意强调一个穿中国衣裳的中国女人）和融入他国文化之间的矛盾彰显。这也是一种身份认同问题的彰显。

萧红一方面看到了日本对以中国为代表的异己民族存有强烈的排斥情绪与行为，另一方面，她到现日本近四个月仍未乘坐过车子，足见其在日本尚未真正融入其中。并且，她感受到日本的"守旧"特征，要求国民整齐划一。1936 年，萧红上日语补习班，正逢当天下雨，她穿购买雨鞋，却为男士款式，在路上遭到耻笑，她感受到日本人的严苛，由此谈及日本女人的服饰，"假若衣裳你不和她穿得同样，谁都要笑你，日本女人穿西装，啰里啰唆，但你也必得和她一样啰唆，假若整齐一些，或是她们没有见过的，人们就要笑"。萧红从女性的角度感受日本国民性的集体性特征，整齐划一，缺乏自由，这与之后的对日本人的评价前后互证，她称日本人的灵魂是病态的灵魂："一点自由也没有，他们没有声音，只有工作，民族的病态。"并且，她也将此与中国国民性相比较，认为而这如出一辙，以此可鉴萧红批评中国国民缺乏思想自由。那么萧红所谓的自由究竟是什么？对此，林贤治在《漂泊者萧红》中对自由有过这样的论述：

> 自由的价值在于自由本身，自由并不代表财富，权利和荣誉，恰恰相反，它完全可能为后者所扼杀。自由首先是一种自主权，而这种自主权是属于精神上的，是对于改变现状的行动的渴望。即使客观环境拒绝向自由主体提供行动的条件，这些条件也将因自由精神的激发而被创造出来，就是说，改变现实的可能性因此得以敞开。自由就是找到自己，由自己支配自己，在这个意义上说，自由是可以把握的。但是实际上，个人权利是受制约的，世界充满变数，因此，自由只是一个梦想，一个欲求的目标，一个给人以慰藉的永远的乌托邦。[①]

由此可知，萧红心中的自由是精神上的自主权，对自我主观与客观现状之间矛盾，希望以行动改变现状的渴望。她渴望支配自己，但世界充满变数，因此她的自由是渴望而不可即的。

五、文学与人生

日本是萧红灵感迸发的地方，1936 年 8 月 31 日，萧红写信给萧军，表达雷声带给她灵魂的震撼，"从前我对着这雷声，并没有什么感觉，现在不然了，它们都会随时波动着我的灵魂"。她从容、有计划、有抱负地写作，既写短篇，多则计划写满 10 页稿纸，又立志写长篇。而且，她一个半月的功夫写了三万字，那就是《王四的故事》，其他还有《孤独的生活》《红的果园》《牛车上》《家族以外的人》和诗歌《沙粒》。事实上，萧红的日本之行对其后期的写作所产生的影响也不容小觑。

日本之行对萧红而言，则为闭关之行。孤单、寂寥是其在日生活的主体感受。

---

① 林贤治：《漂泊者萧红》，人民文学出版社，2009，第 27 页。

在诗歌集《沙粒》第 16 首中，萧红写道："人在孤独的时候，/反而不愿意看到孤独的东西。"[1] 书写家乡与地方是萧红一贯的笔墨风格，她以书写家乡排遣思想之情的一剂良药，而这寂寞也流露在其字里行间。在《家族以外的人》中，萧红点明，秋末时节，他们寂寞了长久的时间。接着，萧红又描写了公园的景象，没叶子的树和凉亭都在招呼着叙述者"我"，她跟随同行人进关老爷庙，这些典型有关家乡与中国文化的描写都衬托其对家乡与祖国深沉的热爱。而这份对祖国与家乡的深沉之爱体现在其日本之行后写的《给流亡异地的东北同胞书》（或称《东北流亡者》）中，她号召东北流亡同胞为"失去的土地上的高粱，谷子，努力吧！为了失去的土地上的年老的母亲，努力吧！为了失去的地面上的痛心的一切的记忆，努力吧！"[2] 萧红一如既往地坚持地方式家乡书写，将对祖国的深沉之爱与对土地与人民的热爱融为一起，透露出其身为知识分子的思想主张、行为准则与书写主题。

事实上，日本之行深化了萧红对自己民族和日本民族国民的深刻认识。她认识到抗战的团结性，认识道抗战时期国共精诚合作的重要性。萧红回国后于 1939 年春歌乐山创作《滑竿》（收入散文集《萧红散文》，1940 年重庆大时代书局初版）中刻画了四川轿夫的"国难当头、匹夫有责"的形象十分生动。

萧红在写作中也反思自己所认识的国民性，就中国人缺乏思想自由这点上，其写作与认识上的矛盾也展现出萧红对国民性的深入反思。在旅日之后的萧红笔触中，读者可以察觉其逐渐认识到知识分子的虚伪和普通底层人民对家国重任的担当及其发挥的重要作用。在写于 1936 年 12 月 12 日的《永久的憧憬和追求》中，萧红记录了父亲与祖父由于两匹马终夜的争吵，父亲由于租金而强行留下租客的两匹马，祖父劝说父亲，"两匹马，咱们是算不了什么的，穷人，这两匹马就是命根"[3]。从中可察祖父对穷人的同情怜恤之情。虽然，学界对《马伯乐》的研究"麟角凤距"，往往认为这部作品缺乏革命性与大众性，但却真切地凸显出《逃难》中何南生的虚伪，口口声声贬斥中国民众的愚钝，而自己却是一个不折

---

① 林贤治:《漂泊者萧红》，人民文学出版社，2009，第 71 页。
② 萧红:《商市街》，江西人民出版社，2019，第 212 页。
③ 萧红:《商市街》，江西人民出版社，2019，第 196 页。

不扣的伪君子。萧红借叙事者之口评价了以何南生为代表的知识分子，"何南生一向反对中国人，就好像自己不是中国人似的，抗战之前反对得更厉害，抗战之后好了一点，不过有时候仍旧来了他的老毛病"。[①] 类似的，《滑竿》中的轿夫自言，"整天忙生活，连报纸也不常看（他说过他在军队常看报纸）……整天忙生活对与国家就疏忽了"。在萧红眼中，即使如同生活在尘埃里的滑竿轿夫也愿意肩负国家使命，正如作者所写，"对于滑竿，我想他俩的肩膀，本来是肩不起的，但也肩起了。本来不应该担在他们的肩上，但他们也担起了"。这是萧红以比喻的修辞表达对其肩负重担的敬仰之情。

结语

萧红本人曾表达，"作家们写作的出发点是对着人类的愚昧"。但事实上，萧红除了看到国民身上的"愚昧"之外，也看到了国民性中积极的一方面，看到了集体主义精神中彰显出来的英雄主义精神。的确，萧红虽然描写了一个个卑微的个体，但个体却形成了集体，而这一集体主义精神的认识、塑造与表现正体现出这些所为所写展现出中国知识分子在大是大非面前的沉着、严谨与冷静，以及其切身感受的国民性。

---

① 萧红：《生死场》，江西人民出版社，2019，第31页。

我国吉林省少数民族文学作品在韩国的译介与传播[①]

——以金仁顺作家的作品为主

李正实[②]

摘要：本文着眼于我国吉林省少数民族文学作品在海外的传播与发展，借用韩国 RISS、DBPIA、E—ARTICLE 等搜索系统，从译介与传播两个方面梳理了吉林当代少数民族作家金仁顺文学作品在韩国的译介及传播轨迹，归纳分析了其在韩国的译介特征与传播现状，同时探讨了金仁顺文学作品在韩国学术界以及媒体界的研究与传播情况，以此总结目前少数民族文学作品在韩国的传播过程中面临的问题与困惑，分析出当前所存在的不足及其原因，并有针对性地提出了吉林当代少数民族文学作品对外传播的对策与措施，旨在对吉林当代少数民族文学"走出去"提供借鉴和参考。

关键词：少数民族文学；译介；传播

一、引言

我国吉林省是分布着满族、朝鲜族、蒙古族、锡伯族等 49 个民族的多民省

① 2020 年吉林省民族事务委员会课题一般项目：《当代吉林少数民族文学作品在韩国的译介与传播研究》（JM-2020-18）。

② 李正实（1968.12—），女，吉林省舒兰市人，博士，吉林外国语大学韩语系教授，研究生导师，主要研究为中韩语言对比、中韩翻译学。

份。在吉林省的文学发展历史中，少数民族作家作品一直占有相当的比重，涌现出大批具有代表性的作家作品。尤其是改革开放新时代以来，吉林省的少数民族创作更加活跃，反映时代变迁的优秀原创文学作品层出不穷，呈现出了多元化的繁荣发展态势。目前，在2529名吉林省作家协会成员中，少数民族作家比例约占13%。其中担任吉林省作家协会主席的朝鲜族作家金仁顺的长篇小说《春香》曾获得全国少数民族文学创作"骏马奖"，《纪念我的朋友金枝》获得"人民文学年度优秀奖"。此外，金仁顺作家的作品还曾获得过"春申原创文学奖""中国小说双年奖""庄重文文学奖""全国第八届戏剧节剧目奖"等荣誉奖项。

与吉林"近在咫尺"的韩国深受儒家文化的影响，历来对中国文学自然产生很多交集。1992年中韩建交以来，韩国对中国文学的关注掀起了一个高潮。韩国对中国文学作品的译介也日趋高涨。大量的中国文学作品被译介到韩国，对中国文学及文化在韩国的传播起到了推广作用。

金仁顺作为朝鲜族作家，自21世纪以来在韩国受到了文学界的重视。金仁顺的很多中短篇小说作品被翻译并在韩国出版。金仁顺的作品语言朴实自然但又精致唯美，在韩国的传播过程中，韩国媒体的积极报道使她在韩国的知名度逐渐提升，因此，其在韩国文学界和学术界有着不小的影响力。

本文借用韩国RISS、DBPIA、Yes24、E-ARTICLE等搜索系统，从译介与传播两个方面梳理了吉林少数民族作家金仁顺文学作品在韩国的译介及传播轨迹，同时探讨了韩国学术界的研究情况，分析出当前所存在的不足及其原因，并提出了对外传播的对策与措施，旨在对当代吉林省少数民族文学"走出去"提供借鉴和参考。

二、金仁顺作品的译介情况

2014年，在韩国出版的小说集《绿茶》共收录了《绿茶》《桃花》《城春草木深》《月光》《仿佛依稀》《芬芳》等六篇中短篇小说。这六篇小说都是金仁顺具有代表性的作品。这部短篇小说集由韩国的GEULNURIM出版社编辑出版。GEULNURIM出版社是2005年成立的中型出版企业，出版了《韩国小说全集》

《韩国文化产业丛书》《文化艺术丛书》《世界文学选》等重要的文学、文化书籍，在文学及文化领域的出版界占有一席之地。

2019 年在韩国出版的小说集《僧舞》里共收录了《高丽往事》《盘瑟里》《伎》《小城故事》《未曾谋面的爱情》《僧舞》《秋千椅》《爱与离别》《谜语》《城春草木深》等十部金仁顺的作品，是由韩国"文艺园"出版发行的翻译作品。"文艺园"全称为"韩国女性文艺园"，它是 1982 年成立的以文学为基础进行出版、文化艺术、讲座等活动的团体组织。出版了《首尔文学大奖获奖作品集》以及赵延东、조연동、이태혁、柳英爱等韩国诗人的诗集等，在韩国文学出版界占有一席之地（见表 1）。

出版社对于金仁顺的作者介绍是"中国代表 70 后的女作家""文如其人，人如其文""作品朴素而又精致"，并称她的作品里有两大鲜明脉络，一是民族文化特色鲜明，二是丰富的想象力与女性特有思绪的巧妙融合。这种文学创作的特性给读者留下了深刻的印象。

《绿茶》中短篇小说集的译者 Tae Seong Kim 毕业于韩国外国语大学中文系，并以研究台湾地区的文学获得韩国语外大的博士学位，现在韩国湖西大学、韩国梨花女子大学、韩国外国语大学等高等学府担任专兼职教授，并创办了"汉声文化研究所"，致力于中文教育、中国文学翻译及中韩文化交流等研究活动。翻译成果包括铁凝的《大浴女》、刘震云的《手机》《塔普》、林贤治的《鲁迅的最后十年》、虹影的《饥饿的女性》、阎连科的《我与父辈》、余华的《十个词汇里的中国》等 90 多部中国作家的作品，并在韩国出版。

《僧舞》小说集的译者 Shin Jin-Ho 是韩国延世大学中文系毕业的文学博士，现在延世大学、明治大学等担任教授一职。他的著作有《中国文学史理解》《中国现代文学史》《中国现代文学批评史》等。译著有《中国当代文学 60 年》、老舍的《茶馆》、郭沫若的《豕蹄》、夏衍的《法西斯的细菌》、陈白尘的《升官图》、孙甘露的《信使之函》、刘醒龙的《天行者》等几十部作品。

两位译者 Tae Seong Kim 和 Shin Jin-Ho 都是韩国的大学中文系教授，并且热衷于中国小说的翻译及研究。所以其翻译的金仁顺的小说译本质量较高，在忠实于原文思想的同时，较准确完整地表达了原文信息，并符合韩国语言文化表达习惯，语言优美流畅。但是这两本小说集的销量却极其有限。

表 1　金仁顺作品在韩国的译介

作品		翻译者	出版社	出版日期
《绿茶》	《绿茶》	Tae Seong Kim Tae Seong Kim Tae Seong Kim	GEULNURIM 出版社	2014.08
	《桃花》			
	《城春草木深》			
	《月光》			
	《仿佛依稀》			
	《芬芳》			
《僧舞》	《高丽往事》	Shin Jin-Ho	文艺园	2019.04
	《盘瑟里》			
	《伎》			
	《小城故事》			
	《未曾谋面的爱情》			
	《僧舞》			
	《秋千椅》			
	《爱与离别》			
	《谜语》			
	《城春草木深》			

三、金仁顺及其作品的传播情况

金仁顺在韩国媒体界得到关注最早是从 2007 年开始的，2007 年仅一年关于金仁顺的采访报道就达到 8 篇。之后，金仁顺在 2012 年因《春香》作品获得第十届"骏马奖"之后，在韩国媒体界的关注度逐渐又达到一个高潮，2017 年的报道达到 9 篇，2018 年达到 5 篇，2019 年达到 7 篇。可以说金仁顺作品在韩国的传播过程中，韩国媒体的报道起了非常积极的作用。韩联社、文化日报、世界日报等媒体单位对金仁顺以及她的作品进行了大量的报道。其中韩联社报道最多，占 8 篇。这些媒体的报道使金仁顺在韩国的知名度逐渐提升，在韩国文学界和学术界有着不小的影响力（见表 2）。

表 2　关于金仁顺及其作品的韩国媒体报道一览表

序号	题目	作者	媒体名称	时间
1	季刊"大山文化"冬季号出刊……	Park-Byung Hee	亚洲经济	2019
2	一位局外人，对故事创作的流露——与中国吉林省作者协会金仁顺主席的对话	Hong-Jung Sun	大山文化	2019
3	文学翻译院，同胞文人的国内首次交流活动	Lee-Seung Woo	韩联社	2019
4	在异国绽放光彩的海外同胞文学的世界	Kang-Gu Yeol	世界日报	2019
5	国内—同胞文学家历史性的首次交流活动	Gang-hyeon	文学新闻	2019
6	文化有超越差异和争斗的力量	Kang-Joo Hwa	国民日报	2019
7	韩国文学翻译院，展望韩国文学整体面貌的交流活动"沟通与和平的平台"开幕	Kim-Sang Hoon	News Paper	2019
8	用文学来分享隐约的共鸣……2018 首尔国际作家节	Kim- So Hee	—	2018
9	畅谈文学和时代……国内外 30 位作家齐聚一堂	Li- Mina	韩联社	2018
10	刺痛作者心灵的"难民·性别"，现在还存在吗？	Lee-Seul Gi	首尔新闻	2018
11	一起听孔智英、李仁辉等著名作家的秋夜朗读会怎么样？	Cho-Eun Jung	CBS No cut News	2018
12	深秋里——聚集在首尔的世界作家们的谈话	Cho-Yong Ho	世界日报	2018
13	朝鲜族作家金仁顺："越写越能真切感受到'韩国的根基'"	Choi-Hyun Mi	文化日报	2017
14	韩方代表洪正善教授："人与文学的'关系'越来越深"	Choi-Hyun Mi	文化日报	2017
15	与病态的世界奋战吧——"文学的搬运工们"	Choi-Jae Bong	韩民族日报	2017
16	11 年中韩文学友人们"徜徉在两国文学海洋中"	Kwon-Young Mi	News1	2017
17	共享中韩两国文人友谊的"第 11 届中韩作家会议"开幕	Kwon-Young Mi	News2	2017
18	文学是清醒的——超越萨德矛盾的交流平台	Cho-Yong Ho	世界日报	2017
19	作为边界地区生存的作家来说，是福气	Cho-Yong Ho	世界日报	2017
20	韩中作家齐聚一堂，"中韩文学家大会"开幕	Lee-Joon Sam	韩联社	2017
21	出席"中韩文学家大会"的中国代表作家集体接受采访	Kim-Yeon Jung	韩联社	2017

续表

序号	题目	作者	媒体名称	时间
22	中韩交往 10 年的"文学友情"长存	Choi-Jae Bong	韩民族日报	2016
23	作家金仁顺的采访	Ahn-Eun Joo	大韩中国学会	2015
24	金仁顺:"我是'70 后作家',重视个人经验"	Choi-Jae Bong	韩民族日报	2015
25	为了"釜山—上海文化共同体"的沟通·联合·探索	Park-Jin Sook	釜山日报	2015
26	"资本主义在作家精神世界中的影响力不大。"——出席东亚大学"大韩中国学会"活动的中国朝鲜族小说家金仁顺	Lee-Jae Chan	釜山日报	2015
27	朝鲜族作家金仁顺:"朝鲜语是安慰和轻抚"	Hwang-Yoon Jung	韩联社	2014
28	韩国,作为主宾国参加"北京国际图书展"	Ko-Young Min	海外同胞新闻	2012
29	中国作家金仁顺出席"中韩文学家大会"	Kim-Yeon Jung	韩联社	2007
30	中韩作家们的船上朗读会,金仁顺的朗读	Kang-Young	韩联社	2007
31	中国的代表作家们蜂拥而至	Lee-Joon Sam	韩联社	2007
32	中韩 44 名代表作家:"学习对方的文学书籍吧"	Kim-Ji Young	东亚日报	2007
33	22 位中国作家讲述的中国文学现实	Kim-Yong Ho	NEWSIS	2007
34	举行记者座谈会的金仁顺代表作家	Lee-Myung Geun	NEWSIS	2007
35	22 位中国代表作家来访韩国	Lee-Moon Young	首尔新闻	2007
36	39 位中韩代表作家探索"近代和我的文学"	Han-Yoon Jung	京乡新闻	2007

四、金仁顺作品的学术界研究情况

中韩建交以后,中国作家文学作品在韩国的关注度逐渐达到了顶峰。除了媒体界,在韩国学术界的研究活动也日趋活跃。中国文学在韩国的译介活动也日益增多。金仁顺从 1996 年开始发表作品,关于她作品的研究最早是从 2009 年开始的。根据在韩国 RISS (Research Information Service System) 上的调查结果显示,韩国学术界共发表了与金仁顺文学作品有关的学术研究成果 19 篇论文,其中学术期刊论文 11 篇，学位论文 8 篇（见表 3、表 4）。

从研究的内容上来看，韩国学术界研究最多的是关于金仁顺 2009 年出版的《春香》作品，共有 10 篇论文从不同的角度对《春香》作品进行了对比分析及研究。《春香》作品如此受关注是因为有两方面的原因：一是因为《春香》作品获得了第十届全国少数民族文学创作"骏马奖"；二是因为这部作品是对韩国著名的古典名著《春香传》的再创作，她大胆地对春香的故事进行了重新演绎，在许多方面发生了颠覆性的改变。除此之外，对金仁顺的作品《他人》《绿茶》《纪念我的朋友金枝》等作品，以及金仁顺作家的写作特征、小说中女性意思解读等方面进行了研究。

从期刊来源来看，11 篇期刊论文全部来源于《国文学研究》《中语中文学》《人文论业》《国际语文》《中国文学》等韩国的核心期刊 KCI，受众颇多，学术影响广泛。从学位论文来看，第一篇研究金仁顺文学的学位论文出现于 2009 年，是韩国外国语大学中文教育专业徐希娃发表的《金仁顺小说〈绿茶〉研究》。截至目前，韩国学术界中与金仁顺作家及作品相关的硕士论文有 6 篇，博士论文 2 篇，共计 8 篇。从研究者的构成来看，他们中既有韩籍学者，也有中国留学生及学者，他们为金仁顺文学作品在韩国的传播做出了重大贡献。

表 3　研究金仁顺文学的期刊论文一览表

序号	论文题目	作者	期刊名	时间
1	金仁顺《春香》，春香的主体性确立和成长叙事	Noh Jung-eun	中语中文学	2016
2	《春香传》在中国的接受与研究现状	Jo Seong-Jin	国文学研究	2016
3	《春香》与《李梦龙》的人物变容考察——以中国女作家金仁顺的《春香》为中心	Zhao Jihong	人文论业	2017
4	外国作家对《春香传》的批判与同人作品	Cha-Choong Hwan	国际语文	2020
5	金仁顺戏曲的前卫因素及主题意识研究——以《他人》为中心	Park-No Jong	中国人文学学会学术大会发表论文集	2019

续表

6	金仁顺小说创作的民族特征论	Li Guangzai, Zhang Lu	韩国（朝鲜）语教育研究	2018
7	金仁顺小说《春香》里卞学道和香丹人物变化的考察	Zhao Jihong	韩国（朝鲜）语教育研究	2020
8	Study on Female Consciousness of Jin Renshun's Short Stories：Study on Female Consciousness of Jin Renshun's Short Stories	Jin Yan	中国文学	2014
9	金仁顺中短篇小说的女性意识解读	Jin Yan	中国文学	2014
10	经典的解构与重构——龙贤重的《白雪春香传》与金仁顺的《春香》比较研究	Jin Yan	语文论丛	2015
11	《春香》的创作方式与《盘瑟里》	Cha-Choong Hwa	语文研究	2020

表4 研究金仁顺文学的学位论文一览表

序号	题目	作者	高校及专业	时间	学位
1	"70后"作家金仁顺的小说研究	孙明霞	全北大学 中文教育专业	2018	硕士
2	金仁顺小说《绿茶》研究	徐希娅	韩国外国语大学 中文教育专业	2009	硕士
3	金仁顺的《纪念我的朋友金枝》中韩翻译研究	刘璐	檀国大学 中韩口笔译专业	2018	硕士
4	金仁顺《春香》人物研究	赵继红	庆星大学 中文专业	2018	博士
5	金仁顺小说的创作立场及创作特征研究	曹雪娇	建国大学 中韩比较文学	2015	硕士
6	《春香传》在中国的接受研究	Hao Qingshan	建国大学 国语国文专业	2011	硕士
7	古典《春香传》的现代戏仿小说研究	Zhu Yin Shu	亚洲大学 国语国文专业	2018	博士
8	《春香传》与《春香》的比较研究	陈海洋	亚洲大学 国语国文专业	2015	硕士

五、少数民族文学作品在韩传播问题及对策思考

通过上面的统计可以看出，虽然金仁顺的文学作品在韩国的媒体界受到很大的关注，学术界对于金仁顺文学作品的研究也较多。但是不可否认的是韩国的普通读者对于金仁顺作品的阅读和认识极为有限。韩国的普通读者对金仁顺并不熟悉。可以说，她的作品对于那些不是研究者的一般读者不具备多少影响力，因此她的两本译著《绿茶》和《僧舞》的销售量极其有限。那么，面对当前中国文学迫切需要"走出去"的时代要求，今后如何能够推动中国少数民族文学作品在韩国的传播呢？笔者认为有必要采取以下几个方面的措施。

第一，政府机构应加强扶持力度。近几年国家不断加强中国文学"走出去"，并出台了一系列扶持政策。地方政府应在财政方面对文联、作协、民委等部门提供财力支持，启动少数民族文学作品的翻译工程，鼓励译者和学者翻译出版书籍，推动当代优秀文学作品在韩国的传播。

第二，推动作家、译者、学者的紧密交流。据韩国书店销售部门统计，大学的研究者、学生是文学作品主要的读者群体。特别是各大学的中文系、文学系等专业的教授和大学生是中国文学作品的主要读者及研究者。让中国的作家们多走出国门，去韩国的一些大学做讲座或参加座谈会等，与韩国的读者和学者进行面对面的交流。反过来，以大学为立足点邀请韩国一些大学的教授、学者和译者来国内进行面对面的交流。通过这种定期的对话与交流，加深韩国学者对吉林少数民族作家及其作品的进一步认识和了解，为推动中国文学作品在韩国的传播创造有利条件。

第三，积极推进对韩出版以及发行机构的建设。出版发行渠道亦是中国文学在韩国传播的一个制约因素。单靠韩国市场以及韩国出版社的推介是不可能取得显著效果的。因此，需积极推进对韩出版发行机构的建设，积极开拓韩国图书市场，构建中国少数民族文学作品的对韩翻译、出版、宣传、销售等完整环节的输出模式，为韩国读者了解中国文学创造有利条件。

第四，创新宣传推广模式，拓展与韩国的交流与合作。继续扩大作家同韩国

大学等学术界的交流同时，鼓励吉林当代少数民族文学作家积极参加在韩国举办的国际书展、读者见面会、朗读会等图书推广方式，增加同普通读者之间的交流，增强他们对吉林少数民族作品的认知，并进一步了解韩国读者的喜好、需求、接受情况，等。此外，作家的获奖信息、电影的上映信息等也是传播推广的重要内容。例如，金仁顺作品获"骏马奖"奖、电影《绿茶》上映等信息对其作品的关注度有着密不可分的关系。

总之，随着中国的改革开放，随着中国文学"走出去"政策的不断加强、中国当代文学在海外传播的不断扩大，越来越多的吉林少数民族作家作品走向世界，形成一道独具特色的风景。但是，当代吉林少数民族文学作品在海外传播中面临的问题与困境也不容忽视。本文在分析和梳理这些问题的基础上，探索和研究吉林当代少数民族文学译介的有效途径，让吉林当代少数民族文学在海外传播过程中能够准确定位，让更多的少数民族优秀作品走出国门、走向世界。

参考文献

周磊：《山东当代文学在韩国的译介与研究》，《民族翻译》2018 年第 1 期。

杨欧：《民族文学创作成为吉林特色》，《人民日报海外版》2019 年 7 月 3 日。

孙海一、王润：《中国当代文学对外译介中面临的现实问题及出路》，《福建茶叶》2019 年第 2 期。

杨镇源：《翻译价值论研究》，电子科技大学出版社，2017。

夏太寿：《中国翻译产业走出去》，中央编译出版社，2011。

中日文化共情与后疫情时代中日关系的共振^①

——基于日语专业大学生对汉诗"山川异域，风月同天"的认知

肖传国　　刘冰洁　　魏永泽^②

摘要：通过微信和 QQ 等平台，以日语专业大学生为对象，就"汉诗'山川异域，风月同天'与中日关系"进行了问卷调查，在此基础上就后疫情时代中日文化共情及中日关系的共振模式进行了考察。面对疫情，中日两国国民感情良性互动，守望相助，吴越同舟。文化共情是促进中日民心相通的重要桥梁和路径，因此要传递和弘扬中日间交流互鉴的文化基因，一边从历史文化的相近基因中挖掘精神认同，一边从当代多层级的交往互动中增加共同认知，使政府自上而下的顶层设计与民间自下而上的呼应联动产生良性互动，形成合力，才能促进两国民众的相互好感度不断提升，从而增强中日关系的温度、热度和浓度。

关键词：文化共情；中日关系；"山川异域，风月同天"

2020 年初，新型冠状肺炎肆虐九州大地，举国上下团结一心抗击这场灾难，同时也有很多国家本着人道主义精神对我国伸出援手，捐赠物资。其中，与我国

---

① 2019 年吉林省哲学社会科学规划基金：《日本主流报刊涉华新闻的话语建构及我外宣应对策略研究》（2019B176）。

② 肖传国（1963.2—），男，山东邹城人，吉林外国语大学东方语学院教授、博士、博士生导师，院长，主要从事日本政治文化、东亚安全研究；刘冰洁（1996.3—），女，河南焦作人，吉林外国语大学在读硕士生；魏永泽（2001.6—），吉林外国语大学在读本科生。

一衣带水的近邻日本在捐赠物资时附送的一首诗"山川异域，风月同天"①，在网络上引起了不小的轰动，感动了不少中国人。

这句古诗反映了中日文化交流史的一段佳话。1300 年前，崇敬佛法的长屋王在布施给唐朝众僧的千件袈裟上绣着四句偈语："山川异域，风月同天，寄诸佛子，共结来缘。"鉴真和尚听闻此偈，很受触动，决定东渡日本，弘扬佛法。

中国大学生是如何认知该古诗的，通过这一事件如何来认知中日关系，在美国单边主义盛行、"美国优先"以及中美关系紧张的国际环境下中国如何定位并发展中日关系？这是我们必须深思、认真研讨的问题。基于此，笔者以日语专业本科生为对象，通过微信及 QQ 等平台，采取自愿的方式在线填写调查问卷——关于"山川异域，风月同天"古诗和中日关系的问题，以对疫情后中日关系共振进行思考。

一、本次问卷调查的基本情况

本次调查所使用的软件是长沙冉星信息科技有限公司旗下的在线问卷调查、投票平台——问卷星，具有便捷高效，功能强大的优点，目前其用户已覆盖国内 90% 以上的高校和科研院所。本问卷共 13 题，其中包括 9 道单选题，2 道多选题，2 道填空题。内容有以下几个部分：一是对日本文化的认知，包括是否读过这首诗、读后感受与原因、是否因此对日本文化产生兴趣以及在此之前是否了解过中日古诗互鉴；二是对日本的认知，包括读过这首诗后对日本国家的印象变化、对日本的好感度；三是对中日关系的看法，包括民间交流、两国关系前景、两国友好的理由、基础及建议、对日本加入"一带一路"倡议的想法。

调查问卷的填写时间为 2020 年 3 月 20 日—2020 年 3 月 31 日。本次共收回问卷 1176 份，其中选择题有效率为 100%，第 12 题有效率为 98.21%，第 13 题有效率为 88.86%。该调查涉及地域广，共有来自全国 30 个省自治区，北起黑龙江省，南至海南省，东起沿海省市，西至新疆。受访学校多，主要包括吉林外国语

---

① 根据记载鉴真事迹的历史典籍《东征传》，"山川异域，风月同天"这句古诗出自《绣袈裟衣缘》，作者是日本奈良时代政界的重量级人物长屋王（684—729）。

大学、解放军信息工程大学、海南大学、河南科技大学、大连外国语大学、湖南科技学院等几十所高校。

二、问卷调查结果的解读

（一）对日本文化的认知

关于对本首诗的认知设置了一些问题，包括是否读过这首诗、读后感受与原因、是否因此对日本文化产生兴趣以及在此之前是否了解过中日古诗互鉴。调查结果如表1：

表1　对日本文化认知的调查结果 ①

序号	问题	答案	数量	占比
第1题	在这次抗击新冠肺炎疫情之前，你看过这首古诗吗？	看过	372 人	31.63%
		没看过	804 人	68.37%
第2题	你看过这首古诗后的感觉是什么？	感动或非常感动	1045 人	88.86%
		没感觉或装腔作势，无病呻吟	131 人	11.14%
第3题	如果你看过这首古诗后感动，其原因是什么？	共情	784 人	66.67%
		暖心	732 人	62.24%
		真诚	537 人	45.66%
		文字优美	624 人	53.06%
		中日友谊的历史佳话	417 人	34.46%
第4题	读过这句古诗后，是否对日本文化产生了兴趣	是	841 人	71.51%
		否	335 人	28.49%
第7题	在此之前，你对中日之间古诗的互相借鉴有过了解吗？	了解过	558 人	47.45%
		没有	618 人	52.55%

根据第7题可知，有接近一半的同学（47.45%）对中日之间古诗的互相借鉴有过了解，但根据第1题结果可知，受访的1176名学生中仅有372名学生在此

---

① 本文所有表格均是笔者根据调查数据而制成。

之前读过这首古诗，大部分（68.37%）学生是没有读过这首诗的。如果说放大到所有大学生群体的话，这是一个相当不错的数据，说明目前我国部分大学生对中日古代文化交流的了解率已经很高，但放在日语专业的学生身上来看，就稍显不足。其原因有二：一是可以看出日语语言文学专业学生对日本文化和中日古代文化交流的了解还不够。许多同学只是学习了语言知识，而忽略了学习语言很关键的一部分——文化学习。而文化学习和语言学习是相互促进的，了解对象国的文化可以促进语言的学习，同时也是得到多元化思维来充实自己的好办法。第二就是结合第4题的数据，读过这首诗后大部分同学都对日本文化产生了兴趣，体现出大部分同学其实对日本文化是感兴趣的，对中日文化的交流也是期待的，但目前各学段的学校对中日文化的教育力度不足，如果加大力度宣传，那么更早了解这首诗并对日本文化产生兴趣的同学就会更多。

中日友好发展的历史历经千年，文化交流也在不断进行，这些流传至今的文化既是我们中华民族的财富，也是中日友好的根基。推进两国文化交流活动无论是对中日两国的关系，还是对增强我国文化自信都是至关重要的，我们理应加大两个民族间文化的交流，为两个民族的未来点亮明灯。

第2问的调查数据可以看出，近百分之九十的同学在读过诗后表示感动，极少数同学持否定态度。至于感动的原因，大部分同学认为是产生共情、暖心，也有超过半数的同学认为该诗文字优美。在中国抗疫的艰难时期，这首由中日文化共通的符号——汉字组成的诗，深深温暖了多数阅读过该诗的国人的心，也印证了汉字在推动中日关系方面所发挥的重要作用。同时，根据数据可以看出，文化共情以及中日古代文化是宣传中日文化，夯实中日关系基础的有效方式。

（二）对日本国家形象的认知

除此之外，还进行了对日本认知方面的调查，包括是否因这首诗对日本国家印象发生改变和对日本人的好感度两个方面的内容。调查结果如表2：

表2 对日本国家形象认知的调查结果

	问题	答案	数量	占比
第5题	你看过这首古诗后对日本的国家印象有无变化?	有	793人	67.43%
		无	383人	32.57%
第6题	你看过这首古诗后对日本人的好感度如何?	非常好或比较好	1149人	97.7%
		比较差或差	27人	2.3%

从表2数据可以看出，多数人读过这首诗后对日本的国家印象发生了转变，且大多数人对日本人抱有一定的好感度。这说明文化对人的影响来自特定的环境。在中国抗疫的危难时刻，这首带着中日共同文化符号的汉诗，与雪中送炭般的救援物资一起，如春风般温暖了危难中的中国人心，在精神及物质上给予中国人民以巨大鼓舞。从这里可以看出，文化共情的确是改善中日关系的有效捷径。

（三）对中日关系的看法

对中日关系的看法方面主要包括：对两国民间交流以及两国关系前景的看法，两国友好的理由、基础及建议，对日本加入"一带一路"倡议的想法。结果如表3：

表3 对中日关系看法的调查结果

	问题	答案	数量	占比
第8题	你对中日民间交流是否期待?	非常期待或比较期待	1138人	96.77%
		不期待	38人	3.23%
第9题	你对两国关系前景的乐观程度如何?	非常乐观或比较乐观	1112人	94.56%
		不乐观	64人	5.44%
第10题	你认为中日必须友好相处的理由是什么?	经济利益	961人	81.72%
		和平发展	1048人	89.12%
		合作共赢	1072人	91.16%
		友谊	611人	51.96%
		其他	98人	8.33%
第11题	你希望日本加入"一带一路"倡议吗?	非常希望或比较希望	1073人	91.24%
		不希望	103人	8.76%

　　而根据上述调查结果显示，对中日民间交流的态度中非常期待或比较期待的人数占了相当大的比例（96.77%），以及近 95% 的人对中日关系前景持乐观态度。这在一定程度上显示出大学生对中日民间交流的期待以及发展中日关系的期望。良好的民间交流能推动中日关系的友好发展，也会成为推动日本加入"一带一路"倡议的民意基础。习近平在中日友好交流大会上曾讲过："中日友好的根基在民间，中日关系前途掌握在两国人民手里。"①

　　关于中日必须友好相处的理由，选择"合作共赢"的最多，为 91.16%，其他较多的分别为经济利益（89.12%）和和平发展（81.72%）。在对于对日本加入"一带一路"倡议的态度，选择"非常希望"及"比较希望"的为 91.24%。也就是说，支持日本加入"一带一路"倡议的人占大多数。加入"一带一路"倡议，对中日双方来说是一个合作共赢的机会。这不仅会拉动日本的经济贸易增长，同时也会增强中国的国际影响力，提高中国的经济发展水平，是一个双赢的倡议。然而在关于中日友好相处的基础方面，得到的答案各异，且差距较大。共回收答案 1176份，21 份答案完全不合实际删去，故得到 1155 份有效答案，即 98.21% 有效率，分类具体如表 4：

表 4　第 12 题"你认为中日友好相处的基础是什么？"的调查结果

主题	人次	主要内容
国家利益	417	互利互惠；战略利益相同；合作共赢；人类命运共同体；双方共同的利益；共同的发展目标；领土争端
文化共通	392	文化共情；文化认同；文化交流历史悠久、文化根源、共同的儒家文化基础；汉字等共同文化符号；两国民心所向；中日古代文化交流
经济贸易	350	经济互通；经济利益；经济合作；经济互相依赖
交往态度	247	互不干涉内政、互相尊重；彼此真诚、坦诚相待、信任；相互理解；抛弃成见；和平共处五项原则；秉承和平的观念相处
历史认识	196	日方应该正视侵略的历史、承认历史；希望得到日方道歉；放下历史隔阂，放下恩怨，提出"知错能改者，善莫大焉"；日本领导人不做参拜靖国神社等伤害中国人民的事情

①《习近平出席中日友好交流大会并发表重要讲话》，人民网，http://politics.people.com.cn/n/2015/0523/c1024-27046351.html。

续表

主题	人次	主要内容
地缘政治	59	中日两国是一衣带水的邻国，远亲不如近邻；与美国的关系；中日韩三国联手，摆脱美国控制
上层动态	30	政府间相互促进；政府及媒体正确引导舆论
其他	27	双方加强交流、求同存异、人民素质的提高等

如表4所示，"关于中日友好的基础"，排在前五的答案分别是："国家利益"（417人）；"文化共通"（392人）；"经济贸易"（350人）；"交往态度"（247人）；"历史认识"（196人）。从这个顺序可以看出，中日友好符合双方的国家利益，是互惠共赢的关系。两国良好的政治关系会拉动两国的经济贸易。发展中日关系，需要"文化共情"和"心灵相通"的文化支撑，这是中日关系行稳走远的社会基础。当然，国与国的关系，和人与人的交往一样，"交往态度"至关重要。庄子曰："真者，精诚之至也。"人与人之间的交流要真诚，国与国之间的交流也是如此。

对于中日友好发展的建议，有效答案共1145份，有效率为88.86%。结果如表5：

表5　第13题"列举三条你对发展中日关系的建议"的调查结果

主题	人次	主要建议
文化交流	698	1. 加强文化活动。增进文化交流合作；举办中日文化交流活动（共同举办文化节），发展文化产业，融合两国文化的文创产品，实行文化方面的"走出去"与"引进来"（加强中国文化向日本的输出，让中国艺术作品走进日本，同时也要引进日本影视、音乐作品）等。 2. 拓宽交流方式。加强两国人民沟通，以民促官、扩大民间交流；合作举办娱乐活动、创新民间交流形式。 3. 强化教育合作。增加互派留学生项目，鼓励学生留学；加强校校交流；组织学生去日本参观；重视中日古典文学文化方面的交流；重视高校日语专业。 4. 其他。增加日本孔子学院；推动旅游业发展。
认知态度	493	双方应该友好交流，互相尊重、互相信任、真心相待、大气坦诚；双方要宽容，拿出诚意；两国都应该正确认识历史和现在的中日关系，客观辩证看待两国发生的摩擦；摒弃偏见，增加对对方国家的了解；日本要改变民众对中国的看法，中国也应该客观看待日本；互不干涉内政、互相尊重主权和领土完整、互利互惠、合作共赢、友好协商敏感问题。
经济贸易	328	增进经济往来，加大经济合作，企业互动；加速中日韩自贸区建设，打造东亚经济文化圈；加强贸易往来，建立合资企业等。
历史认识	317	日方必须正视、尊重、直面历史；抵制极端民族主义；不计前嫌。

续表

主题	人次	主要建议
上层建筑	180	领导人真诚交流,夯实中日友好政治基础;日本根除军国主义;官方进行友好往来,恪守中日四个政治文件的原则;妥善解决靖国神社问题及原则性问题;双方政府制定两国友好发展的措施。
舆论导向	64	政府和官方媒体做好宣传工作,正确引导舆论;日方停止以"亲美"为背景的丑化中国的宣传;加大自媒体平台在日本对中国的宣传(推特、ins);规范两国新闻媒体,客观报道对方国家新闻,开设关于对方国家的节目等。
其他	146	互相借鉴;求同存异;开放网络;提高国民素质。

在该部分中给出的建议非常多,涉及面很广,比较集中的答案分别是对文化交流、认知态度、经济贸易和历史认识方面的建议。

文化交流方面的建议可以分为三种:一是加强两国的文化交流活动,"引进来"和"走出去"相结合,吸收和接纳对方文化,宣传本国文化。将中国文化"走出去",推广我国艺术作品走进日本,发展我国文化产业。文化作为一种精神力量对社会的发展产生深刻的影响,将日本文化"引进来",可以增强我国人民对日本文化的认知,适当改变我国人民对日本的偏见,而将我国文化作品推广到日本,同样拥有改变日本人民对中国看法的力量。二是拓宽中日交流的方式。加强两国人民沟通,以民促官、扩大民间交流、创新民间交流形式。三是强化教育合作。所提建议有:在大学各学段设置相关课程了解对方文化、增加互派留学生项目、鼓励学生留学、加强中日间的校校交流、组织学生去日本参观、重视中日古典文学的传授、重视高校日语专业的发展等。

其次,在相互认知态度方面,不少同学认为,中日两国都应该正确认识历史和现在的中日关系、客观看待两国发生的摩擦,要客观、理性地看待对方。也有不少同学认为,中日两国都应该继续加强经贸往来。随着经济全球化的不断发展,世界经济虽然逐渐演变为"一荣俱荣,一损俱损"的局面,但是依然有"小团体经济"的存在,中国应该加强东亚经济之间的合作,以对抗美国的制裁。

另外,很多同学也提到了历史认识。村上春树曾经表达过,历史问题很重要,大家要懂得历史,也只有这样,东亚文化圈才会有共同基础,才能形成伙伴关系。① 中日之间的历史问题是中华民族的伤疤,也是一个非黑即白的问题。日本

---

① 林少华:《小孤独》,作家出版社,2017,第25页。

若想真诚与中方友好发展，在历史问题方面应该承认错误，真诚道歉。另一方面，中国人民也应抵制极端民族主义。

三、后疫情时代中日关系的共振路径

首先，进一步催化和升华中日文化共情。中日文化共情是夯实两国关系的社会民意基础。"山川异域，风月同天"这首既有文艺范儿又极具治愈性的古诗，尤其引人注目，成了全中国媒体的热点高频词，多次在媒体上刷屏，火遍大江南北，感动了无数国人。1300 年前，鉴真大师被该诗作者日本长屋王子的一片赤诚所打动，毅然克服千难万险，东渡扶桑，弘法传经，传播大唐文化。真诚和共情，是昔日鉴真法师决心东渡弘法的重要缘由，也是今日打动我们心灵、使我们为之泪奔的原点。这首古诗如此温馨，跨越了地域和时代，在中日两国产生了群体共振和文化共情——灾难使得中日国民的心贴得更近。面对疫情，国民感情良性互动，守望相助、吴越同舟，这是夯实两国关系的社会民意基础。

国民的良性互动和民意，与"一带一路"倡议的建设理念存在某种契合。[①]"一带一路"要行稳致远，离不开"民心相通"的文化支撑和社会基础这一保障；民心相通，是"一带一路"建设的重要内容和内涵，而文化是促进民心相通的重要桥梁和路径，也是使"一带一路"倡议从愿景变为现实、从理念化为行动的鲜活载体和隐形动力。正如习近平主席化用《韩非子·说林上》中所说的那样，"国之交在于民相亲，民相亲在于心相通"。要做到民心相通，需要绵绵用力、久久为功，积极促进人缘相亲，大力推动文缘相通。

其次，需要政府和民间凝聚合力，上下联动。要增进民心相通，政府主导固然重要，但民众参与必不可少，只有政府的自上而下的顶层设计与民间自下而上的呼应联动，产生良性互动，形成合力，才能使"一带一路"倡议在国民心中落地生根，在实践中开花结果。普通百姓、企业家、专家学者、媒体记者、大学生等众多民间人士是民心相通的主体，没有广大民众的广泛参与和底层推动，民心

---

① 肖传国:《"一带一路"倡议与日本"印太构想"的竞合关系》,《世界知识》2020 年第 4 期，第 31 页。

相通就成了无源之水、无本之木，不可能持久。要加强中日青年文化交流，就要制定有效的交流策略。比如，打造中国文化城或者日本文化城，让中日两国的青年通过这些浓缩的文化建筑，更快、更直观地了解中日文化；举办中日青年诗歌交流会，让两国青年在互相往来中更加深刻的了解彼此文化中诗歌的发展方式、内容及具体含义。因此，应增进地方、民间、智库、媒体之间的人文交流，增信释疑，拓宽心灵沟通的渠道。

再次，传递和弘扬中日间交流互鉴的文化基因。应学会一边从历史文化的相近基因中挖掘精神认同，一边从当代多层级的交往互动中增加共同认知，使两国民众的相互好感度不断提升，使中日关系更有温度、热度和浓度。厚重的文化基因具有强大的韧性和穿透力，它在平时以潜移默化的方式润滑两国民众的交流，在关键时刻以一种无可抗拒的力量慰藉人们的心灵，所以应善于在历史传承中建构未来，在历史的"回响"中汲取智慧。中日之间在茶文化、书法文化、汉诗等方面同脉相承，文化认同是双方民众心灵沟通的基础，是互通的历史文化纽带。历史传统中一旦渗透优秀的文化基因，将潜移默化地产生强大的力量，释放出无穷无尽的能量，并将在两国交往中源源不断地释放出来，因此，要从传统文化的继承、挖掘和创新中培育、呵护、蓄积璀璨炫目的共性文化。

另外，中日在进行交流时，应使用"移情"的方法对中日之间的友好情感加以培植，即将心比心，换位思考，这样互相之间便更容易理解和沟通，对敏感问题处理起来就比较简单，不会有意戳痛对方的痛点，也不会使矛盾激化。这样更容易打破文化阻隔和心理壁垒，使双方的理解大大深化，情感更易接近。

四、结语

中日友好是历史的必然，这既有文化传承的成分，也有地缘逻辑的现实需要。在逆全球化潮流、民粹主义等持续发酵的今天，中日两国之间民心相通的战略重要性显得尤为突出，更需要抛却零和博弈的冷战思维，同怀开放包容之心。中日两国都到了历史发展的新阶段，必须从大局观和长远视野来审视中日关系，拉伸中日关系的强度，找到符合当今时代特点、切实可行的实践路径。厄恩斯特·哈斯（Ernst B.Haas）认为，合作只有得到深层次的意识形态或哲学信念的支持才能持久。① 中日关系要平顺、稳定发展，深层次的民心联通是必不可少的。深化人文交流互鉴，是促进民心相通、相连的重要途径。以开放包容、欣赏的心态看待彼此，以理解化解误解，以包容消除偏见和隔阂，搭建民心相通之桥，推动情感共鸣、理念共通，避免中日关系进入"恶化—改善—再恶化—再改善"的循环怪圈，夯实两国民意基础，为中日关系固本强基。

中日关系来到了一个新的"拐点"。"拐点期"会有很多变数，但也是重构关系的"窗口期"。因此，中日两国应"风物长宜放眼量"，从时代与文明的高度谋划中日关系，增加中日关系的战略稳定性和前景确定性。本次抗击疫情中中日两国国民的良性互动，可以成为中日关系走向健康发展、稳定成熟的新拐点。

---

① Ernst B. Haas，*Beyond the Nation-State: Functionalism and International Organization*，Stanford: Stanford University Press, 1964, p323-325.

俄罗斯民族性格中的"философствование"现象

宋洪英 ①

摘要：俄罗斯民族喜欢进行哲理思考，喜欢进行形而上的哲学分析和探讨，философствование 是俄罗斯民族性格的特点之一，上到贵族下到平民都喜欢进行形而上的哲学探讨，对此，俄罗斯的经典文学作品均有描写。因此，弗兰克指出，俄罗斯对生命最有哲学的认识、最深刻最重要的思想是在文学作品中表达出来的。俄罗斯民族性格中的 философствование 在很大程度上都具有形而上的特点，以及伦理道德性质和宗教色彩。

关键词：形而上的哲学议论；伦理道德；宗教

一、引言

关于俄罗斯民族性格中俄学者都有过不少论述，如俄国诗人丘特切夫（Ф. И. Тютчев）曾这样说："Умом Россию не понять, Аршином общим не измерить: У ней особенная стать — В Россию можно только верить（俄罗斯并非理智可以悟解，普通的尺度无法对之衡量：它具有的是特殊的性格——唯一适用于俄罗斯的是信仰。——刘文飞译）."

---

① 宋洪英（1974.9—）：女，四川威远县人，吉林外国语大学教授、博士、硕士生导师，主要从事语言文化学、翻译研究。

无论是民族性格，还是民族中的个体性格，其性格特点都会通过行为得到体现。在俄罗斯人的行为中有一个比较有民族特色的性格特点：喜欢进行形而上的哲学探讨，俄语中的 философствовать，философствование 便是用来描写这种现象的。

但关于俄罗斯人喜欢进行形而上的哲学探讨却论述较少，实际上这一现象在俄罗斯人的行为中却比较普遍。在搜集语料的时候，笔者曾对俄语语料库（национальный корпус русского языка）中出现的与 философствовать 有关的各种形式进行了粗略统计，发现有一千三百多条，这从侧面反映了这一现象的普遍性。因此，本文试图通过对俄罗斯民族性格中的 философствование 现象进行分析，以期揭示俄罗斯民族性格中的某些特点。

二、俄罗斯民族的 философствование 现象概述

每个民族都有其自身的特点和精神面貌，这就是民族性格。民族性格可以通过各种不同的形式得以体现：行为、言语、音乐、绘画、雕塑、文学作品等。对于俄罗斯民族性格的特点，中俄学者都进行过论述，例如俄罗斯民族性格的矛盾性或二律背反性、两面性（双重性）等[①]。在俄罗斯民族性格特点中，有一些是其民族性格中最基本的元素，决定着俄罗斯民族性格的基本面貌，杨洁、李传勋将其称为"民族性格基质"，其中就包括"崇尚精神价值"[②]。俄罗斯民族性格中的这一基质为俄罗斯民族性格中的 философствование 现象提供了生长土壤。

俄罗斯民族性格的精神性中将对思想的理解看作一件重要的事情，而所有的事情、思想或话语都同道德理想联系在一起。俄罗斯哲学关注的焦点始终是关于生活的意义问题、关于人在地球上的作用和人类的命运问题、关于上帝和灵魂的问题，等等，更主要的还在于这些问题始终困扰着每一个思考着的俄罗斯人[③]。霍

---

① ［俄］别尔嘉耶夫：《俄罗斯的命运》，汪剑钊译，云南人民出版社，1999，第 3 页；荣杰：《俄罗斯民族性格和文化》，《俄罗斯中亚东欧研究》2005 年第 1 期，第 68 页。

② 杨洁、李传勋：《俄罗斯民族性格基质及其表征》，《俄罗斯东欧中亚研究》2014 年第 5 期，第 19 页。

③ Вьюнов Ю. А.: Русский культурный архетип (М.: Наука: Флинта, 2005), p104.

鲁日指出，俄罗斯的学术界认为，俄罗斯文明文化的有机体及其历史存在开始于罗斯受洗，这也是俄国哲学的开端①，因此，俄罗斯的哲学思辨总是与基督教（东正教）联系在一起。俄罗斯人爱哲理思维，这是俄罗斯民族性格的一个特点，对同一种现象，当别的民族在分析其表现形式和实用价值时，俄罗斯人却往往在思考其哲学含义和抽象价值，就像别尔嘉耶夫（Н. А. Бердяев）所指出的那样："Русскому народу свойственно философствовать. Русский безграмотный мужик любит ставить вопросы философского характера — о смысле жизни, о Боге, о вечной жизни, о зле и неправде, о том, как осуществить Царство Божье（思考哲理是俄罗斯民族的特点。没有文化的庄稼汉也喜欢提出哲学性质的问题：关于生活的意义，关于上帝，关于永恒的生命，关于恶与不公正，关于如何实现上帝的王国）."②

在俄语中，与哲学和哲理有关的词除了 философия, философский 外，还有 философствовать (философствование)。философствовать 与 философия 是同根词，本义指"议论哲学问题、思考哲理"，口语中也引申来表示人"发表空洞的议论、高谈阔论"等意思，后一种意思经常用于文学作品中，这里我们需要注意的是，表示"闲谈、闲聊"之意时，俄语中有 болтать, разговаривать, толковать 等词，但这些词都没有"形而上的议论"这层含义，而 философствовать 除了"空谈、闲聊"的意义之外，还含有"进行形而上的议论"之意，因而本文中我们将之表述为"进行形而上的哲学探讨（议论）"。философствовать 所表达的这种含义与下文中霍鲁日所说的"俄罗斯谈话"具有类似性质。

俄罗斯人喜欢形而上的哲学探讨，这是俄罗斯哲学形成的基础。如前所述，俄罗斯的哲学起步并不早，始于罗斯受洗，成型于十九世纪白银时代。霍鲁日认为，俄罗斯民族有两个天赋，其中一个是交往的天赋（дар общения），而且这种交往是紧张而深刻的、深入内在的，是心灵的交往，具有非理性的、存在的、深刻的特征，对这种交往还有一个专门的表达叫"俄罗斯谈话"③。俄罗斯哲学的雏

---

① ［俄］霍鲁日：《俄国哲学的产生》，张百春译，《俄罗斯文艺》2010 年第 1 期，第 58 页。

② Бердяев Н. А.: Русская идея (М.: Издательство АСТ, 2000), p32.

③ ［俄］霍鲁日：《俄国哲学的产生》，张百春译，《俄罗斯文艺》2010 年第 1 期，第 62—63 页。

形就产生于这种谈话中，产生于各种私人谈话以及私人小团体和沙龙的讨论中，这些小团体和沙龙通常是一些文学性的小组。① 因此，也有研究哲学的学者认为，俄国哲学产生于文学，因此，不难理解为什么俄罗斯文学作品中总会涉及哲学主题，总夹杂着哲学讨论和描写。

三、俄罗斯文学作品中的 философствование 现象

俄罗斯作家对于俄罗斯人喜欢进行形而上的哲学探讨，从不同的角度进行了描写。俄罗斯人乐于进行这种谈话，作家们也用 философствовать 来指称这一行为。例如，阿·托尔斯泰在《русский характер（俄罗斯性格）》中描写道：即使是在硝烟弥漫的前线，俄罗斯人依然对爱的哲学进行讨论。进行形而上的哲学探讨已经成了俄罗斯人民族性格的特点之一。在另一部描写俄罗斯战争的巨著《жизнь и судьба（生活与命运）》中，同样充满了这样的哲学探讨，甚至出现了 философская дружба（哲学友谊）这样的说法，指的是为了崇高理想而结成的友谊，是一种理性的、具有共同哲学观点和思辨意识的友谊。在苏联二战时期，即便是集中营中这样的环境下，也依然有 философствование 这样的情况发生。

当然，这不是说中国人或其他民族的人就不进行哲学探讨了，但是相比较之下，俄罗斯人的这一特点更为突出，基本上已成为一种民族特点。俄罗斯人自己也说 "давайте пофилософствуем" "Мы философствуем"，这就意味着他们要进行形而上的哲学探讨了。

философствовать 与汉语中的 "聊天" "侃大山（或神侃）" "喷喷（河南方言）" "摆龙门阵（四川方言）" 等都不一样，汉语中上述种种的话题可能也会涉及关于人生、情感等问题，但一般只停留在宣泄和娱乐的层面，通常不具有形而上的哲学探讨意味。而且，中国人也不热衷于讨论宗教类的问题（除了少数宗教信徒），而这恰恰又是俄国人 философствование 的特点，"在有钱人和贵族的客厅里，一小群一小群的人聚集起来听取一个知识分子，或者到俄国旅游的外国人对宗教的哲学解释。一般老百姓呢，则在墓地、森林、火车站、市集、小酒馆，

---

① ［俄］霍鲁日：《俄国哲学的产生》，张百春译，《俄罗斯文艺》2010 年第 1 期，第 64 页。

以及农民简陋的小屋里无拘无束地谈论宗教"①。

　　几乎每一部俄罗斯的文学巨著都对俄罗斯民族性格中的 философствование 现象有描写，这里我们选取《大师与玛格丽特》中的 философствование 现象进行分析，这部小说中俄罗斯人民族性格中的 философствование 现象比较具有代表性。俄罗斯人喜欢形而上的哲学探讨，这在小说的开篇就有直接的体现。那就是杂志主编柏辽兹（Берлиоз）就宗教与耶稣的问题向诗人伊万（Иван）发表他的鸿篇大论：

　　"……并不是基督徒们首先想出了这个新花样，他们只不过用同样方法创造了一个自己的、实际上并未存在过的耶稣而已。因此，您的诗也就该把重点放到这方面来……"。柏辽兹的男高音在冷清清的林荫道上空飘悠、回荡着。他的宏论一步比一步玄远，一层比一层深奥，除非异常饱学而又不担心弄坏自己脑子的人，没有谁敢钻进如此奥秘的学术领域。

　　不独如此，诗人和主编甚至还与魔王沃兰德（Воланд）就谁是人和世界的主宰这一问题进行了形而上的哲学讨论，魔王认为是上帝主宰着人的命运和这个世界，而诗人和主编则认为人自己是主宰，后者的世界观与苏联时期的意识形态有关，与苏联时期的无神论宣传有关，就像柏辽兹所说的那样："我们不信上帝"、"我们是无神论者"。如前所述，喜欢讨论宗教问题是俄国人 философствование 的一个显著特点，而且从整体上看，《大师与玛格丽特》本身就是一部宗教小说，作者自己就是在运用手中的笔向读者就什么是善和恶进行形而上的哲学探讨。

　　在作者的笔下，不光作为知识分子代表的作家和诗人喜好进行形而上的哲学探讨，就连魔鬼也不能免俗，在《大师与玛格丽特》中，魔王沃兰德就关于耶稣与上帝、关于人、关于信仰、关于善恶等问题发表了自己的看法。例如，当别尔利奥兹和伊万在谈论上帝和耶稣是否存在的问题时，沃兰德对他们说"耶稣是存在的"，并且这不需要任何证据和理由。关于男人，他说：

① 赫克：《俄国革命前后的宗教》，高骅、杨缤译，学林出版社，1999，第5页。

男人不喝酒，不打牌，不结交漂亮女人，不喜欢桌边聊天，他身上必定隐藏着某种不好的东西。这种人不是身患重病，就是对周围的人怀恨在心。当然，也有例外。[①]

关于信仰，他说：

一切理论都是相对存在的，其中也包括这样的理论：一个人信仰什么，他就会得到什么。

关于善恶，他说：

照你说，你似乎不承认影和恶。劳驾你思考一个问题：如果不存在恶，你的善有什么用？如果地上的影子都消失了，大地会是什么样子？影由物和人而生。例如我这把剑的影子。凡树木和诸生物皆有影子。难道你妄想剥光地球，扫除一切树木和生物，去欣赏一个光秃秃的世界吗？你真蠢。[②]

撒旦舞会结束后，当魔王问玛格丽特有什么要求、有什么话说时，玛格丽特高傲地拒绝了，玛格丽特的这一举动受到了魔王的赞赏，他认为就该这样，他说：

您永远不要乞求任何东西！永远不要，特别是向那些比您强大的人乞求。他们会自己向您提出来，并能给予您一切！

而这又暗合了俄语谚语所传递的价值观：Лучше слава богу, нежели дай бог（成功后向上帝谢恩比开始时求上帝保佑好）。当然，上述这一切并非真的就是魔鬼的观点，而是作者布尔加科夫借助魔王沃兰德之口表达自己的关于世界、关于人生、关于善恶和上帝的看法。

---

① ［俄］布尔加科夫：《大师与玛格丽特》，高惠群译，上海译文出版社，2005，第 231 页。
② ［俄］布尔加科夫：《大师与玛格丽特》，高惠群译，上海译文出版社，2005，第 400 页。

正如弗兰克所指出的那样，俄罗斯的文学是最深刻、对生命最有哲学认识的文学，最深刻最重要的思想在俄国不是在系统的学术著作中表达出来的，而是在文学作品中表达出来的。①

四、俄罗斯民族 философствование 现象的民族文化特点

（一）形而上的特点

俄罗斯民族性格中的 философствование 现象的典型特征之一就是谈论形而上的话题，如前所述，这些话题包括生活的意义、生命的价值、善与恶、宗教与信仰等，这些形而上的话题几乎是每一部俄罗斯文学巨著都会涉及的，例如上文提到《大师与玛格丽特》《生活与命运》，以及托尔斯泰的《复活》《战争与和平》，陀思妥耶夫斯基的《罪与罚》《被欺凌与侮辱的》，屠格涅夫的《父与子》《贵族之家》，冈察洛夫的《奥勃洛莫夫》，等等，囿于篇幅，难以一一穷尽。

形而上的话题具有无形、理性、宏观、超经验等特点，因而使得一般人在进行 философствование 时显得空洞而不接地气，正是因为这一特点，философствование 在某些特定的语境中具有贬义甚至不赞的意味。除了形而上的特点，философствование 的主题还具有道德伦理特点。

（二）道德伦理特点

俄罗斯人形而上的哲学探讨许多时候是带有道德伦理色彩，或者说他们探讨道德伦理问题时带有鲜明的形而上的特点。例如，在《大师与玛格丽特》中，有一段耶书阿（Ешуа）与本丢·彼拉多（Понтий Пилат）的对话，前者向后者阐述"世界上没有恶人，都是善人"

等关于人性与人类社会秩序的哲学观点，并对人与比自己强大的人打交道时的行为准则提出了看法。

俄罗斯人的伦理道德观念更多的是来自丰富的民间传说和习俗，而不是宗教。按照赫克的观点，宗教对俄国人来说首先是敬拜和冥想，教会不是对民众进行讲

---

① 弗兰克：《俄国知识人与精神偶像》，徐凤林译，学林出版社，1999，第 4 页

道和教导的地方，而是敬拜的场所，道德与一个人的宗教生活没有什么关系。[①]
俄罗斯的民间流传着许多反映伦理道德观念的古谚语，这些民间广为流传的关于
伦理道德的谚语常常会被俄罗斯人在进行形而上的哲学议论时引用，也会被作家
写入自己的作品中。

（三）宗教性特点

赫克指出，英国人或美国人迟早会谈体育运动；法国人谈女人；而俄国人，
特别是老百姓则会谈宗教和上帝的奥秘。[②] 这句古谚里反映了俄罗斯人民族性格
特点之一：在进行形而上的议论时俄罗斯人喜欢谈论宗教和上帝。这在《大师与
玛格丽特》中也有体现，例如，马太（Матвей）在耶书阿行刑前对总督彼拉多说：
"旧信仰的圣殿会坍塌，新的真理圣殿将建立"（第一章第二节）；沃兰德在舞会
上对已故的莫文联主席柏辽兹说："一个人信仰什么，他就会得到什么"（第二章
第二十三节）。如果再从小说本身的特点来看，实际上是作者利用手中的笔在谈
论着上帝与魔鬼，谈论着俄罗斯人热爱的宗教主题。

在俄罗斯不光老百姓在谈论宗教和上帝的奥秘，更多的时候是俄罗斯的文学
家和知识分子承担起了与宗教和上帝对话的职能，这使得俄罗斯的文学和哲学都
附着上了一层宗教的色彩：文学作品中的人物或早或晚大多会谈及宗教和上帝的
问题。

而俄国的哲学则总离不开对宗教的研究，"许多俄国思想家毕生研究包罗万
象的基督教世界观。俄国哲学的最大特点记载于此……俄国哲学的发展，完全是
为了用基督教精神解释世界"[③]。

赫克进一步指出，对上帝和神性真理热切的思慕与寻觅、喜欢不幸和受苦的
人、对社会底层的崇敬和同情、宽恕精神、对不公正待遇顺从和不反抗，以及对
神圣象征主义和审美神秘主义的忠诚，宗教首先就是敬拜和冥想，所有这一切构
成了俄国人心灵的宗教特性。[④] 怜悯是俄国人虔敬感的真正表现，在俄国，社会

---

① 赫克：《俄国革命前后的宗教》，高骅、杨缤译，学林出版社，1999，第 10 页。
② 赫克：《俄国革命前后的宗教》，高骅、杨缤译，学林出版社，1999，第 5 页。
③ ［俄］洛斯基：《俄国哲学史》，贾泽林等译，浙江人民出版社，1999，第 517 页。
④ 赫克：《俄国革命前后的宗教》，高骅、杨缤译，学林出版社，1999，第 10 页。

关系主要受自觉的怜悯感支配，俄国人喜欢痛苦和受苦的人，他们的基督始终是受苦的基督；老百姓一般不用罪犯这个字眼，而是用不幸的人（несчастный）来代替。① 他们相信，只要虔诚地信仰上帝，真诚地忏悔，灵魂就会得救。这些特性也会反映到他们的 философствование 中来。陀思妥耶夫斯基则在《卡拉马佐夫兄弟》里这样写道：

> 尽管我们有罪孽，不诚实，易受诱惑，但无论如何，世上某处总还有一位圣者和高人；他有真理，他知道真理；那么真理在地上就还没有灭绝，将来迟早会转到我们这里来，像预期的那样在整个大地上获胜。②

五、结语

俄罗斯民族性格中的 философствование 现象是一个毋庸置疑的客观事实存在，它存在于俄罗斯人的心中，反映在他们言语和行为中，是俄罗斯民族性格的一种具体体现形式之一。总体上看，俄罗斯民族 философствование 的主题具有形而上的特点，涉及伦理道德和宗教信仰。俄罗斯经典文学作家对俄罗斯民族性格中的 философствование 现象有着深刻的了解，他们在自己的作品中对此均进行了描写，本文仅摘取了极有限的几部文学作品进行分析，对于俄罗斯人民族性格中的 философствование 现象也仅论及了笔者所了解的部分，挂一漏万，旨在与同行切磋。

---

① 赫克：《俄国革命前后的宗教》，高骅、杨缤译，学林出版社，1999，第7页。
② ［俄］陀思妥耶夫斯基：《卡拉马佐夫兄弟》，耿济之译，人民文学出版社，1981，第36页。

勃列日涅夫时期战争主题文学创作的转变

——以维索茨基战争主题行吟诗为例[①]

孙佳文　杨海云[②]

摘要： 二十世纪四五十年代以后，战争主题在苏联文学中一直占有重要地位，依照创作时期及战时经历出现两大有代表性的作家群体——"前线作家"（писатели-фронтовики）和"战争之子"（дети войны）。该主题在这两代作家的创作中发生了重要的转变。弗拉基米尔·谢苗诺维奇·维索茨基（Владимир Семёнович Высоцкий，1938—1980）作为勃列日涅夫时期"战争之子"艺术家的代表，其战争题材的行吟诗体现了二十世纪六七十年代这一主题文学创作的主要特征：在创作中更注重普通人以及小人物的形象刻画，以战争为视角对其真实的精神世界进行探索，展现了人对战争被动及消极地接受，从而表达出宿命论的意识及忏悔宽恕的人道主义思想。

关键词： 维索茨基；战争主题；勃列日涅夫时期；创作转变

苏联勃列日涅夫时代（1964—1982），占据了苏联约四分之一的历史，它上

---

① 天津市 2017 年度哲学社会科学规划项目"勃列日涅夫时期的文化艺术与知识分子"（TJSL17003）。

② 孙佳文（1981.6—），吉林人，博士，天津外国语大学滨海外事学院俄语系，副教授，研究方向俄罗斯文学、比较文学；杨海云（1964.7—）内蒙古人，博士，天津师范大学外语学院教授，研究方向：俄罗斯语言与文化，俄罗斯历史与文化。

承赫鲁晓夫的"解冻"时期，下启戈尔巴乔夫激进化改革，是"苏联走向衰亡的关键性转折时期"。在勃列日涅夫执政时期，矛盾与危机的表现是多层面的，社会矛盾往往会引发精神危机，也就更需要时代"歌手"或"先知"。弗拉基米尔·谢苗诺维奇·维索茨基（В.С.Высоцкий，1938—1980）在20世纪六七十年代的苏联，是当之无愧的时代精神先锋，其成就及民众的接受度体现了他在这一时期苏联人民精神世界中的领袖地位。

一、维索茨基及其行吟诗创作

与十九世纪俄国文化的大集成者、时代先知——普希金不同，维索茨基的身份相对比较难以定义。从经典的哈姆雷特扮演者，到行吟诗人，再到被民众最广泛接受的歌手，他在戏剧、电影、音乐等多方面都取得了杰出的成就。他由于出演戏剧《哈姆雷特》成为"七十年代世界上最优秀的扮演哈姆雷特的演员之一"。自二十世纪五十年代起，维索茨基投身影视剧表演，扮演过几十个荧屏角色，荣获意大利多尔米纳民族电影节"卡律布狄斯"奖，并被追授苏联国家奖金。维索茨基的行吟诗歌主要以私下演唱的形式出现，因为未获准公开发行，人们使用普通的录音机相互转录他的演唱，后来，官方默许他举办个人音乐会。从1958到1980年的二十二年中，维索茨基共举行过一千一百六十九次演唱会。截至1998年，维索茨基六十周年诞辰，在俄罗斯、乌克兰、乌兹别克等国已有十二条街道以维索茨基的名字命名，俄罗斯境内建有八座维索茨基纪念碑，1974年俄罗斯天文学家发现的一颗小行星也以维索茨基的名字命名。1980年7月25日维索茨基逝世，当时媒体并没有对维索茨基的去世进行报道，但是将近一半的俄罗斯民众涌上街头，大家手里的鲜花把灵车淹没了，以至于寸步难行。著名的说唱歌手巴斯塔（Баста）访谈中称其为"俄罗斯最伟大的诗人"。维索茨基生前只有一部作品得以发表，即1981年出版的诗集《神经》。他的作品普遍被认为是民间歌谣，著名女诗人阿赫马托娃把他的歌曲称作"俄罗斯街头民歌的天才之作"。

维索茨基的文学创作主要体现在他的行吟诗当中。行吟诗兴起于赫鲁晓夫时代文学"解冻"以后，作为二十世纪五六十年代产生的新的艺术流派，行吟诗被称作"音乐诗朗诵",属于诗歌的范畴。其创作普遍具有较高的自由度,短小精炼、语言朴实、内容多样,既颂扬时代英雄,也运用诙谐的语言及潜台词反映揭露时代的黑暗面。行吟诗无论从内容还是形式都更加贴近民众,反映人民内心的世界,被视作时代代言人的文体。维索茨基的行吟诗开创了一条前所未有的新路,在语言、修辞、题材、表现手法等方面均有自己的风格。二十世纪六七十年代维索茨基的行吟诗真实地再现了苏联在短暂"解冻"之后转入停滞时期的社会现实,成为这一时期文学文艺创作的一张名片。他的诗歌当时大多改编成歌曲,在剧院表演弹唱,在塔甘卡剧院工作的前期,他的行吟诗歌是"剧中不可或缺的一部分而不是硬插上的节目"。维索茨基的行吟诗与戏剧电影融为一体,通过荒诞的故事情节讽刺社会现实。他的行吟诗涉猎题材广泛,包括生活、战争、犯罪、友情、童话等,代表作有《兄弟墓》《惩戒营》《朋友之歌》《朋友之歌》《猎狼》《登山队员》组歌等。1978 年 2 月 13 日,苏联文化部正式授予维索茨基特级流行歌手称号。

二、维索茨基战争题材行吟诗创作手法及特征

在维索茨基数百首行吟诗作品中,战争主题创作有着重要的地位及意义。从二十世纪六十年代开始,特别是在塔甘卡剧院工作的十几年间,维索茨基创作了大量战争题材的诗歌,其中广为流传的有五十多首。维索茨基的行吟诗从语言风格、表达手法、立意视角等方面都表达出独特的特点。

(一)真实的全景化战争图景

维索茨基在自己的创作中努力展现一个真实的全景化的战争图景,从人物形象到人所处的环境中一切真实的存在都力求真实再现。他的笔下有平民英雄,而也有伪英雄,更多的是小人物。他的歌曲也被称作"歌小说"或是"诗小说",用行吟诗短小的体量讲述完整的真实故事。诗人总是试图将他的作品创作成"小说"和"让事件就发生在那里"。

首先,在全景化战争图景中,人物形象始终是最重要的元素。与以往战争主

题作家着重展现人性之美有所不同，维索茨基笔下刻画了许多真实，但直观形象并不美的人物。他们有的粗糙、简单，没有什么文化见识，甚至有点可笑。有唱歌走调的士兵，没见过莫斯科大楼的农民，甚至逃避战争的胆小鬼，但这确是战争中真实的形象。

> 他总是不合时宜地沉默，
> 荒腔走板地哼歌，
> 自己总爱起早，
> 也老是不让我睡觉，
> 而昨天，他没从战场上回来。
>
> ——摘自《他没从战场上回来》

> "去睡觉，你不是神，早上要战斗。"
> 这次，我起来了，
> "躺下！"跟着两个词都没变格。
> "瞪着俩窟窿干吗！"
> 突然又问："怎么，莫斯科真的有五层的大楼吗？"
>
> ——摘自《我的老班长之歌》

最有代表性的是在诗歌《谢廖沙·福明》中所塑造的消极的青年形象，讽刺地抨击了苏联当局的丑陋及腐败。诗歌中叙述者本人就"像个地痞""喝酒，夜半歌声"，重要的是，他们"都不喜欢福明"。大家都被征兵入伍，而谢廖沙·福明的教授父亲走了后门。战斗中福明"坐着，满不在乎"。然而，最后战争结束了，福明却成了英雄。

> 但是终于结束了战争，
> 仿佛卸下了千斤重担在肩上，
> 我见到了谢廖沙·福明，

而他却成了苏联英雄。

——摘自《谢廖沙·福明》

此外，维索茨基注重战争场面与环境的真实再现。环境除了战场，还包括其中的一切元素，时间、山川、大海、山谷、城市等。描绘了这一时间和空间中的包括苏军、敌军、民众等一切生命。一方面诗人笔下再现了真实的战争的残酷，同时诗人将真实的战争场景和环境元素赋予人的思想内涵及生命意象。"帮助我们的高山""山谷的回响""寡妇的哭喊""坠落的星辰"都是诗人笔下的"主人公"，也是人的命运表达。诗人对战争场景的描写通过隐喻、象征等写作手法，寓情于景、借景抒情，表达了诗人对战争、命运等问题的理解与思考，以及对时政的批判。

在永恒的火焰中，
你看到燃烧的坦克燃烧俄罗斯小屋，
燃烧的斯摩棱斯克和燃烧的国会大厦，
一个士兵的燃烧的心脏。

——摘自《兄弟墓》

有多少战士的尸体躺在路旁，
谁数过，谁数过？
而当局只报告敌人的伤亡。

——摘自《有多少战士的尸体躺在路旁》

（二）真实的心理及人性刻画

战争中真实的心理及人性刻画，客观地展现了人与战争的关系，展现人对战争的本能感受和理解是维索茨基作品主要的特点之一。在其诗歌中渗透了普通人在战争中的被动及"无可奈何""听天由命"的情绪。这是战争的另一种残酷，即人无法选择命运，因为战场上人的生命要听从命运的安排。在一场音乐会上，维索茨基说："我写了许多战争主题歌曲，也经常会问自己为什么。我努力刻画处于生死边缘的人，在死亡降临的最极端的时刻……我更感兴趣永远的话题：背叛，希望，忠诚，善恶……"可以看出，人面对生死的心理及信仰生动地反映在维索茨基的诗歌中。

> 当我们饮下子弹，
> "万岁"卡在了嘴里。
> 我们七次夺得了高地，
> 七次又失去。
> 我们非要死咬不放么，
> 不可以绕过去？！
> 但是，看吧，一切已成定局，
> 所有人命运和路都在这高地上交叉成十字。
>
> ——摘自《高地》

> 又一颗星星坠落了——我猜想。
> 活着走出战场！
> 我匆忙地把命运，
> 和这愚蠢的星捆绑在一起！
>
> ——摘自《星辰》

在维索茨基的诗歌中表达出宿命论意识及宽恕的人道主义思想。他认为，在生命面前没有敌我，每个战场上的人都在用生命博弈，这是所有人的"舞台"。所以维索茨基清晰地指出，"战争中没有一条命是自己的"，所以战争的最终结果就是宽恕和遗忘。

> 当四周不再轰响，不再燃烧，不再哭嚎。
> 当我们的战马疲惫不堪，

当我们的姑娘脱下武装换红装，

那时，也许，

没有宽恕，没有失去，没有遗忘。

——摘自《新时代之歌》

（三）第一人称视角

维索茨基战争主题的诗歌很多都以叙事诗的形式，并以第一人称进行创作，让听众相信"一切就是这样"。诗歌中有故事的起因、人物的形象与思想表达，让读者认识这个人，甚至会去推测这个人的命运。维索茨基行吟诗的语言平实诙谐，用讽刺和笑声战胜官方文化和限制。在其创作之初，作品尚处于一种尝试的模仿的状态，体现了讽刺文学和都市歌谣的特点。二十世纪六十年代中期，维索茨基文学创作日渐成熟，形成了自己诙谐张扬的个性。在叙事中运用全景化展现细节、使用第一人称视角着重刻画人的真实心理和精神世界，这一手法不仅在战争主题创作中，在其行吟诗整体写作中也始终是重要的特征。

三、"前线作家"和"战争之子"文学作品中战争题材创作对比

维索茨基对战争主题的青睐不是个体现象，纵观苏联时代文学及艺术创作格局的发展历程，自二十世纪四五十年代以来，二战题材的文学作品一直保持着热度，但是也不可避免地在内因与外因的促使下发生着变化。对一个历史现象客观的思考通常要摆脱固有认知的局限，以真实的体验洞察其本质，同时以貌似不合时宜的表达冲击被公众接受的思想意识。在此过程中形成两个特别的创作群体——"前线作家"和"战争之子"，这两个群体某种程度上主导了这一题材的创作发展趋势，也体现了这一主题文学创作的转变。

（一）两代作家战争情结及对文学创作的影响

首先，战前苏共的文艺政策得以调整，在战争阶段及战后初期富有成效，文艺创作表现出极大活力，反映强烈的战斗热情，作家、艺术家们恢复了自觉创作的愿望，特别是那些直接奔赴战场的"前线作家"创作了大量振奋人心的作品。

例如肖洛霍夫的《学会憎恨》（1942）、阿·托尔斯泰短篇的小说《伊凡·苏达廖夫的故事》（1942—1944）、西蒙诺夫的长篇小说《日日夜夜》（1943—1944）、法捷耶夫的《青年近卫军》（1945）等作品都成为战争时代经典之作。这一时期诗歌、小说、音乐各种体裁的作品获得了苏联政府和民众极大的认同和支持。作品的创作主题和倾向比较接近，展现战争残酷画面的同时，表达出坚韧乐观的民族性格，对英雄的塑造和崇拜成为这一时期战争题材作品的主要宗旨。

战后，特别是二十世纪五六十年代亲赴过战场的许多前线作家开始从人道主义及人类命运的角度开始对战争进行反思。如：伊曼纽尔·卡轧克维奇《奥得河的春天》（1967）、亚历山大·特瓦尔多夫斯基《路旁人家》（1946）、涅克拉索夫《在斯大林格勒的战壕里》（1953）、肖洛霍夫《一个人的遭遇》（1956）、鲍里斯·瓦西里耶夫《这里的黎明静悄悄》（1969）等。这些作品开启了对战争主题更客观更人性的视角，他们更多的展现了俄罗斯民族性格：坚贞、隐忍、爱国、忏悔和宽恕。在他们的作品中体现了强大的人民性，文学创作回归精神探索，这一创作理念直接影响了到后面的"战争之子"们。

以维索茨基为代表的这批战争之子大部分出生在二十世纪三十年代，并没有机会上前线，但是他们却成为第二次世界大战的亲历者。战后，这批幸存下来的战时儿童在苏联政治经济高速发展又动荡的局面中逐渐成熟，他们经历了苏联作为战胜国，实现了大国崛起，同样经历了高度集中的工业化时代背后带来的种种矛盾以及斯大林改革之后所带来的冲击。他们以自己独特的经历形成异于常人的洞察力和思维，成为勃列日涅夫时代继"前线作家"之后又一个时代"先知"作家群。这批"战争之子"艺术家群体中，如：弗拉基米尔·维索茨基、瓦西里·舒克申、安德烈·塔尔科夫斯基、安德烈·沃兹涅森斯基等都成为二十世纪苏联文化的名片。

维索茨基对于战争主题的选择其自身家庭因素及成长经历非常具有代表性。维索茨基出生于1938年，祖父和表姐都是诗人，而父亲参加过苏联卫国战争，是名副其实的"战争之子"。值得一提的是他的叔叔阿列克谢·弗拉基米尔诺维奇是一位作家，也和父亲一起上了前线而且表现英勇，三次获得了勋章，叔叔的妻子在战争中失去了一只手臂。维索茨基非常尊敬他的战斗英雄叔叔，很多对战争的理解都源自他的叔父。而后，维索茨基结识了白俄罗斯的导演维克多·杜洛维，杜洛维算是真正的战争"受害者"，他的父亲是个游击队员，回家探亲时遭到伏击，在小维克多眼前被枪杀了。维索茨基毫不犹豫地许诺给他的电影《我来自童年》写歌，对此他说："剧本是斯帕利科夫写的，但是他不幸牺牲了，而电影是我的好朋友维克多·杜洛维拍摄的。不需要翻译和导游，如果你想看看白俄罗斯的话，就看看维佳拍的，他爱自己的祖国，可以向你展现她的一切……"。

维索茨基本人也是非常爱国的，尽管他的创作中有很多用诙谐的语言讽刺当时国家的种种弊端。但是，他本人曾清晰地在信息表中填写：最喜欢的歌曲是《大国，崛起》。在与听众对话中，他强调过一点："为什么我一直关注战争题材，大家都不再感兴趣这个题材了，而我还是一条道跑到黑。第一，这是无法淡忘的，战争永远令人激情澎湃，这是伟大的胜利，该永远铭记。第二，我出生在军人家庭。最后，我们都是战争岁月里活下来的孩子，对于我们这些是永远难以忘记的，我们自己未能上前线，是我们心中的痛。"

由此可见，维索茨基所代表的"战争之子"们由于共同的经历，在创作这个主题时，会形成一种精神上的团结，正如斯帕利科夫\图罗夫和维索茨基的类似经历及命运。这使他们的作品中融合了对那个年代激情的向往，未能亲临战场的遗憾、对苦难的思考以及对祖国本能的爱，一系列复杂的情感使这批作家的创作思想发生转变。

（二）"战争之子"战争主题文学创作思想的延续及转变

"前线作家"和"战争之子"在创作中心思想的表达方面存有共性，着重体现对战争的反思，突出战争对于国家人民的身心伤害。但这两个创作群体由于所处的年代有十余年的差距，思想意识有明显的转变。作为对于被反自然的战争剥夺了童年、没有亲临战场、人格无法在相应的阶段成熟和完善的"战争之子"们，处于距离战争二十多年后社会矛盾尖锐的二十世纪六七十年代，其作品的批判性以及对精神世界的探索和生命的理解成为主要的特色。

有别于"前线作家"，在二十世纪六七十年代"战争之子"的作品中，突出表达着战争本身对于人的影响，尤其战争对人性道德的摧残，对心理产生的裂变，从这一角度出发，战争中的受害者是每一个人，无是论敌人还是我军。除了维索茨基，同为"战争之子"的著名导演安德烈·塔尔可夫斯基 1962 年创作的电影《伊万的童年》也深刻地体现了这一观点。小主人公伊万作为主角，突破既往苏联儿童影片中儿童的天使式、政治概念式形象，而是描绘伊万在战争中所承受的巨大的压力，用其早熟而又不失纯真的眼睛目睹战争的残酷，表达了其精神世界的"战争"。这种 12 岁儿童伊凡与外部世界的冲突抗争，至死无法妥协，也是精神世界与现实生活的博弈。

在文学创作领域中，"战争之子"们是在他们的父辈——"前线作家"作品中形成的关于这一主题的创作理念与思维，同时他们的作品通过真实的描写刻画具有更强烈的反战情绪和对消极人性的讽刺和批判。比如，维索茨基战争主题诗歌传承并延续了肖洛霍夫等"前线作家"关于战争中"人的命运"这一主题。以肖洛霍夫《一个人的遭遇》为代表，这部作品被看作是解冻文学的信号，从人道主义角度对战争进行反思，表达出反战思想；瓦西里耶夫经典作品《这里的黎明静悄悄》《和平惊叹号》中所塑造的战争中的普通人，是战争苦难中盛开的人性之花。无论牺牲的女兵，善良隐忍的妇女都表达着人性之美，反衬战争的残酷。而在维索茨基的创作中，人对战争被动消极的接受，对生死的听天由命，以及并不美好的人物形象体现了这一主题的改变，维索茨基认为真实的战争牺牲的不只有高尚的"平民英雄""英雄母亲""无数优秀的英雄儿女"，还有懦夫、叛徒、无数认命和来不及认命的普通人。他用诙谐和嘲笑的语言表达着心中的敬意和惋惜与不平。例如，在诗歌《他没有从战场归来》中，作者没有沉痛的哀悼与愤怒的控诉，仅从普通士兵日常生活场景，以第一人称出现的讲述者"我"习惯性地喊了声"朋友，来抽个烟——回答我的一片寂静"，因为"他没从战场上归来"表达了对战友的缅怀、对生命的遗憾。维索茨基《谢廖沙·福明》中，明明有着教授父亲可以走后门儿，最终却成了苏联英雄的福明，比起瓦西里耶夫《和平惊叹号》中一心想成为战斗英雄最终却遗憾死去的十七岁热血少年更具有代表性和批判性。

四、结语

勃列日涅夫执政时期，自 1964 年 11 月 7 日纪念十月革命胜利 47 周年举行隆重红场阅兵以后，1965 年 5 月 9 日红场举行了卫国战争胜利 20 周年大阅兵，这是第一次在胜利日当天举行阅兵，举国震动。更值得一提的是，1967 年 11 月 7 日，红场最大规模的一次"怀旧"主题大阅兵中，检阅军人身穿二战时期军装，重现战争辉煌景象。勃列日涅夫时代军事实力本身就十分强大，几次纪念卫国战争的大阅兵以及大力的宣传体现了其政治理念，同时也让"卫国战争"这段辉煌的历史重回民众视野，这对这一时期的文艺创作也产生重要影响，战争题材的创作仍然占有重要的地位。但是民众内心的反战情绪及对现实社会状况的不满使作品更具有批判性。以维索茨基为代表，二十世纪六七十年代作为《战争之子》的一批艺术家在战争主题的创作中，更加淡化战争表象的残酷，尤其二十世纪七十年代以后出现了一些文学艺术作品，甚至成为"没有战争的战争片"，比如《没有战争的二十天》，以一个人的视角，深入人的精神世界。理解人与战争真正的关联，从而寻求生命的解脱，是这一时期战争主题创作的主要思想。

参考文献

徐葵:《勃列日涅夫年代：苏联走向衰亡的关键性转折时期》,《东欧中亚研究》1998 年第 1 期。

余一中:《弗·谢·维索茨基》,《外国文艺》1995 年第 4 期。

俄罗斯第一频道纪录片《弗拉基米尔·维索茨基:"对我微笑着，却折断了我的翅膀"》,2018 年 1 月 27 日。

我国东北文化中的俄罗斯文化元素及其成因分析[①]

费丽敏[②]

摘要：俄罗斯文化兼具东西方文化的特点，从地理位置看，四分之三的领土位于亚洲，在我国的东北地区有很深的影响。本文论述了中国东北地区的建筑、饮食、教育、语言和旅游所受的俄罗斯文化的影响。建筑方面主要分析了具有俄式风格的建筑；饮食方面分别从饮品和食品方面的影响进行阐述；教育方面分析了俄国教育工作者来中国东北地区为教育所做出的贡献及影响；语言方面主要分析了现在日常生活仍然使用和文学作品中的俄语外来词；旅游、贸易方面介绍了东三省的俄罗斯风情体现和中俄贸易的发展情况。并分析了这些影响的成因。

关键词：俄罗斯文化；东北文化；影响；原因

一、俄罗斯文化特点

文化作为经济软实力，在国与国之间的交往中占据着不可忽视的重要地位。俄罗斯横跨欧洲和亚洲两个大洲，这就让俄罗斯自民族受到欧洲文化和亚洲文化的共同影响。俄罗斯的国徽上是双头鹰，给人的感觉是它一直在进行抉择，时而看向西方，时而看向东方，也就是说，俄罗斯一直在对欧亚文化进行整合、取舍。

[①] 2018 年吉林省教育厅"十三五"社会科学项目"东北文学作品中的日、俄朝等外来词汇与作用研究"（JJKH20190398SK）。

[②] 费丽敏（1980.9—），女，吉林省永吉县，硕士，吉林外国语大学中东欧语学院俄语系副主任，副教授，硕士生导师，主要研究俄语语言文学。

俄罗斯是一个典型的东正教国家，有着历史悠久的东正教文化，其社会生活的方方面面都渗透着东正教的影响。

二、我国东北文化中的俄罗斯文化元素

（一）建筑

一个城市的建筑对其所在的城市的街区景观具有重要的影响。城市的建筑与城市的形象紧密联系。一座城市的建筑风格是该城市的灵魂所在。东北地区，尤其是黑龙江的哈尔滨市的建筑受俄罗斯文化影响最大。哈尔滨的中央大街、圣索菲亚大教堂、俄罗斯风情小镇、伏尔加庄园等都是显著的俄式建筑。

1. 中央大街

中央大街上的建筑风格为欧式建筑和仿欧式建筑，这里汇集了文艺复兴风格、巴洛克风格、折中主义风格及现代多种风格的市级保护建筑，形成了一条建筑的艺术长廊。1924 年 5 月，俄国工程师科姆特拉肖克作为设计监工，为这条大街铺上了方石块，而中央大街街道上方石块的形状大小很像俄式小面包。

2. 圣·索菲亚教堂

哈尔滨圣·索菲亚教堂位于中国黑龙江省哈尔滨市道里区透笼街 59 号，是一座典型的拜占庭式东正教教堂，这座教堂的设计者是俄国建筑设计师科亚西科夫。整座教堂为庭式建筑，中央一座主体建筑有个标准的大穹窿，采用红碑结构，巍峨宽敞。圣·索菲亚教堂作为独具异国情调的人文景观，推动了哈尔滨的城市多元文化建设，吸引了国内外众多游客，促进哈尔滨市与其他城市及国家的友好往来，对城市经济的发展有着巨大的推动作用。

3. 俄罗斯风情小镇

哈尔滨的建筑里面有很多都是带有俄罗斯风情的，在这样风格的建筑中，俄罗斯风情小镇就是其中一个。这个小镇就是俄罗斯的风格，里面的很多建筑和食物都很有特色，小镇里面有着 27 座俄罗斯风格的住宅。小镇的内部分为五个部分，分别是旅游商品、文化展览、民俗风情、俄式饮食、特色表演等部分。每一

个部分都是很有特点的，能让人们感受到俄罗斯的魅力。

4. 伏尔加庄园

伏尔加庄园位于哈尔滨市香坊区成高子镇阿什河畔哈成路 16 公里处，占地面积 60 多万平方米，是一个以俄罗斯文化为主题的园林，这座庄园处处洋溢着俄罗斯风情。这里我们可以看到圣·尼古拉大教堂、太阳岛上的帆船形状的"米尼阿久尔"餐厅、"凡塔吉娅"俱乐部、伏尔加宾馆、普希金沙龙、巴尼亚洗浴中心都是典型的俄式建筑。此外，一些在俄罗斯境内早已消失的老式建筑，如巴甫洛夫城堡、奥尔洛夫马房、圣彼得堡渔村等，在伏尔加庄园再现风姿。伏尔加庄园于 2012 年 6 月 1 日正式营业，其中建了 30 多座经典的俄式建筑，在中国形成了世界上独一无二的俄式建筑群。

5. "木刻楞" 建筑

受俄罗斯人影响，黑河市里常见的一种被称作是"木刻楞"建筑，这种房子是俄罗斯族典型的民居，具有冬暖夏凉，结实耐用等优点。房子多以粗长圆木叠罗或用宽度不等的长条木板钉就成墙壁，外面涂刷绿色油漆，门窗为玻璃、门窗楣上雕有图案；房屋跨度比较大，室内常镶有地板，房子里有厨房、居室等多个房间。

6. 街道

1898—1925 年期间，哈尔滨的南岗、香坊等地修建的街道多用俄文命名，例如高加索街（现西三道街）、哥萨克街（现高谊街）、罗蒙诺夫街（现河曲街）等，以及沿用至今的果戈里大街、透笼街等。

（二）饮食文化

中国和俄罗斯虽然相邻，但是两国却有着不同的饮食文化。两国的饮食文化源远流长。由于地缘因素，俄罗斯的饮食对东北地区影响较大，其中，最大的是哈尔滨。哈尔滨的西餐带有浓郁的俄罗斯风格，现今很多西餐菜肴都已融入百姓的日常生活中。经过多年的融合，哈尔滨形成了独特的俄式西餐。如果去哈尔滨的华梅西餐厅、马迭尔西餐厅、波特曼西餐厅和露西亚西餐厅，就可以深刻地感受到俄罗斯风情。并且，东北居民的日常饮食中也能看到许多俄式菜肴。

1. 俄式西餐

（1）华梅西餐

华梅西餐厅位于哈尔滨中央大街的中部，西七、八道街中间，俄国的犹太人楚吉尔曼创办了这家餐厅。它以俄式西餐为主，内部装饰具有典型的俄式风格，棚顶的水晶吊灯璀璨夺目，这也影射了俄式宫廷的奢华。每天都有人排队到华梅西餐厅门口买正宗的俄式面包和冰棍雪糕。

（2）马迭尔西餐厅

马迭尔西餐厅中我们可以看到纯俄式大菜，口味以酸、甜、辣、咸为主，而烤乳猪、罐牛、罐羊、烤奶汁鳜鱼、软煎马哈鱼仍然保留着最原始的口味。

（3）波特曼西餐厅

波特曼西餐厅坐落在中央大街西七道街，在马迭尔后门的旁边，挨着巴拉斯美食城，在餐厅就餐时可以欣赏文艺演出。这家餐厅的奶汁杂拌、罐虾、罐羊、罐牛味好量足，煎鹅肝、煎马哈鱼、果木牛排都会让人折服。

（4）露西亚西餐厅

露西亚西餐厅中俄文书、老照片、老烛台俯拾皆是，是人气较旺的餐厅。与其说在此吃俄餐，不如说是在这品文化。

2. 日常饮食

（1）饮品

对俄国人、俄罗人而言，酒文化占据着非常重要的地位。1900 年，俄商乌鲁布列夫斯基为满足在华俄侨生活的需要，在哈尔滨开办了啤酒厂，这是成了中国的第一家啤酒厂。如今，哈尔滨啤酒在全国乃至全世界闻名，每年夏天在中央大街的啤酒广场上举办的"啤酒节"。"克瓦斯"起源于俄国，已有一千年的历史。克瓦斯（俄语是 квас），意思是"发酵"，它是一种酒精低度的饮料，是用面包干发酵酿制而成，颜色近似啤酒，颜色略呈红色。由于其中酒精含量只有 1% 左右，儿童也可以饮用。该饮料后来传入我国的东北地区和西北地区，广受欢迎。

（2）食品

红肠、面包、鱼子酱、红菜汤等食品已成为东北居民日常饮食的重要组成部分。红肠原产于俄罗斯，是一种用猪肉、淀粉、大蒜等材料加工制作而成的香肠，其味道醇厚、鲜美，中东铁路修建后引进中国，成为东北的哈尔滨、佳木斯、七台河、满洲里等地特产。列巴,是面包的音译,是俄国人传统的主食。早年由于俄罗斯每个农庄只有一个面包烤炉,所以每个家庭会定期到面包炉烤面包。平时在家里只吃储存的面包,这样面包烤的就特别大。俄罗斯人将列巴带入哈尔滨,受到哈尔滨地区人民的欢迎。俄罗斯里海南北两岸的鱼子酱最负盛名。众所周知,里海是欧洲和亚洲的内陆交界处,也是鲟鱼的故乡,渔民将春秋捕鱼并取卵制作鱼子酱。俄罗斯渔猎鲟鱼的历史最早,12 世纪俄罗斯的鱼子酱已在全世界远近驰名。红菜汤来源于乌克兰,俄语叫 борщ,是一种以甜菜为主要材料,保留甜菜基本颜色——红色。最为知名的要数莫斯科红菜汤,做红菜汤时除了要放主料甜菜,还会加牛肉、洋葱、西红柿等材料,所以俄语中不说喝汤,用"吃汤"来表达。

(三)教育

俄罗斯人一直非常重视教育,这对我国东北的教育也有一定的影响。1898 年 12 月 6 日俄国人创办了第一所小学,为将来的教育发展起了至关重要的作用。这所学校的第一位教师斯捷帕诺夫 1898 年到东北,并且在那儿度过了他的一生,为东北的教育事业做出了重大贡献。到 1902 年,学生数目从最初的 11 名达到 207 名。这就是东北第一所俄式学校的情况。1903 年 11 月,第一所中俄学校成立了。这所学校的教学是用汉语和俄语两种语言进行的。最初学校只有 20 名中国学生。学生们在学习俄语方面进步非常快。当时东北地区吸引了大批很有水平的俄国教育家和教师,他们中的许多人把自己的一生献给了中国东北的教育事业。哈尔滨男子商务学堂和女子商务学堂也有中国学生。1920 年成立的哈尔滨中俄工业学校,也就是现在的哈尔滨工业大学,培养了很多知名的中国和俄国工程师。俄国人在哈尔滨不仅创办了公立学校,也创办了各类私人学校,以招收更多的华人子弟入学。俄国人在东北地区开办了最早的女子学校,这对于提倡男女平等、提高妇女的受教育水平等方面起到了一定的积极作用。

现在哈尔滨、长春、沈阳和大连的各大高校几乎都有开设俄语专业。而且每年各大高校都会同俄罗斯高校互派留学生到双方学校去学习,充分体验异国的语言环境、风俗习惯、风土人情等,高校俄语专业的学生接受语言环境的熏陶,对专业的学习有很大帮助。黑龙江各大城市的中学、长春的个别中学开设的外语语种为俄语。可见，俄罗斯对东北地区教育影响之深。

（四）语言

很多俄语的音译词被东北人熟练地运用到日常生活中。中东铁路沿线的地方语汇中吸收了不少俄语词汇，有些词汇现在仍然使用。比如，不少人把连衣裙称为"布拉吉"（платье），礼帽称"施俩巴"（шляпа），皮制上衣称"宾夹克"（пиджак），面包叫"列巴"（хлеб），俄式凉菜叫"沙拉"（салат），饮料叫"格瓦斯"（квас），葵花子叫"斜米子"（семя），野果"雅格达"（ягода），士兵叫"骚达子"（солдат），警察局称"笆篱子"（полиция），火车车厢称"瓦罐"（вагон），机器称"马神"（машина），底小头大的桶称"维得罗"（ведро），等等。其中，许多词汇成为汉语中的外来语。

东北作家的作品中，俄语音译词也经常出现。比如萧军的《下等人》中有"唔德克"（водка，俄国底层劳动者常饮的酒名）、"巴金克"（ботинка，俄国皮靴）；罗烽的《狱》中有"素波"（суп，菜汤的通称），"沙巴卡"（собака，狗），"亚邦斯克"（японский 日本人）。东北作家笔下的东北人，语言中常夹杂着大量俄文词汇。

（五）旅游、贸易

东北地区与俄罗斯地缘关系密切，人文环境相近，自然环境和生态条件具有较高的一致性。改革开放以来，为了拓宽中俄贸易关系，东北地区和各个交界地的市政府积极推进中俄旅游贸易，促进中俄全方位的文化交流，发展日新月异。东北三省接待入境旅游者和实现旅游外汇收入不断提升。近些年，俄罗斯由于国家实施的旅游免签证及其他相关旅游优惠政策而成为东北地区一级境外客源市场，接待国际旅游者人数逐年递增，客源市场发展稳定并逐步扩大。

1. 吉林省

吉林省的延边地区有着优越的地缘优势，这里是中朝俄三国边界。提到吉林的国家级风景区防川，会听到"一眼望三国"的表述，也就是说在此可以看到俄罗斯、朝鲜和中国。延边是重要的国内外窗口，对贸易的发展有着重要的作用。

现如今国家级珲春边境已经形成了经济技术合作区与中俄互市贸易区。中俄贸易往来近年不断加深，中俄的交流也日益加强，尤其是与俄罗斯远东地区的交往日益密切。

2. 辽宁省

辽宁的大连旅顺是一个美丽宁静的小镇，当年俄罗斯的入侵，给这座小镇带来了灾难，同时也推动了旅顺的经济发展。旅顺博物馆、中苏友谊塔和俄罗斯小镇中都能感受到俄罗斯的文化。旅顺博物馆凭借着其悠久的历史和深厚的艺术感享誉中外。博物馆内的文物藏品和资料中，俄罗斯文化的收藏物比较有特色、纪念价值。旅顺博物馆门前的中苏友谊塔是中苏友谊的见证。2016 年中俄生态宜居示范基地——俄罗斯小镇揭幕暨签约仪，为旅顺俄罗斯旅游文化发展带来了新的契机。

东北地区在积极加大旅游产业开发的同时，扩大了中俄的旅游、贸易的联系，促进了当地经济的增长，但是在旅游产业开发方面，有待继续加强。

三、东北文化受俄罗斯文化影响的原因

（一）地理位置

俄罗斯位于欧亚大陆北部，地跨欧亚两大洲，是世界上面积最大的国家。俄罗斯将近四分之三的国土位于亚洲部。中国的东北地区与俄罗斯的远东地区位置较近，哈巴罗夫斯克和佳木斯隔江相望，布拉戈维申斯克和黑河隔江相望，黑龙江省的东宁、绥芬河、黑河，吉林省的珲春是中俄交界的城市。

（二）中东铁路的修建

中东铁路的修建，让与铁路工程修建有关的俄国工作人员及其家属大批涌进了黑龙江地区，他们分布在中东铁路沿线城市，在哈尔滨聚集的人数最多，哈尔滨成为著名的国际商埠，最多时俄国人就有 16 万，犹太人 7500 人，据说占了当时哈尔滨总人口的一半还要多。他们在哈尔滨建立了面粉厂、酿酒厂、制油厂、糖果厂等，促使了哈尔滨当地的工业迅速发展。铁路开通后，哈尔滨市的商业也

得到了飞速发展。各类店铺和贸易机构如雨后春笋般相继创建，为哈尔滨的对俄商业贸易发展创造了极为有利的条件。

（三）东正教教堂的修建

东正教教堂是随着抵达哈尔滨的俄国筑路工人和护路队在黑龙江流域产生的。哈尔滨的第一座东正教教堂是圣尼古拉东正教堂，此后，一座座具有异国风情的东正教堂在哈尔滨相继修建完成，至 1931 年止，在哈尔滨市共建成了 40 多座东正教教堂。

（四）俄侨对俄语和文化的保护

在华的俄侨对其祖国有着执着的爱，即使在异国他乡，也没切断与其祖国的联系，他们为俄语和俄罗斯文化的传播做出了积极的贡献。俄罗斯人非常重视教育。在华的俄侨始终坚持用俄语教学，他们希望通过对俄语的学习从而深入了解俄罗斯的民族文化和传统，这不仅保护了俄语的传承，又加大俄罗斯传统文化的传播。他们带来的很多先进的科学技术，为中国的人才培养提供了保障。大量有关俄罗斯及中国的俄文出版物不断问世，传播了俄罗斯文化，在一定程度上有利于中国人接触、了解和学习有关俄罗斯的各方面的知识，为两国人民在文化领域的交流和合作奠定了坚实的基础。

结语

以上我们谈了中国东北文化中的俄罗斯文化元素。东北地区的建筑、饮食、教育、语言、文学作品和旅游贸易都受到过俄罗斯文化的影响，促进了两国的文化的交流。在谈积极影响的同时，也分析了其影响的原因：地理位置的接近，中东铁路的修建，教堂的修建，以及俄侨对俄语和文化的保护。

参考文献

祁学俊:《俄罗斯文化对黑河文化的影响》,《黑河学刊》2001 年第 3 期，第

87—91 页。

李晓莹:《浅析俄罗斯文化对中国东北地区的影响》,《西伯利亚研究》2009年第 4 期, 第 83—85 页。

杜伟东、徐晓颖:《旅顺俄罗斯文化旅游资源对当地会展旅游影响分析》,《现代商贸工业》2018 年第 1 期, 第 13—15 页。

郭宇春:《浅谈俄罗斯文化在中东铁路沿线的传播》,《西伯利亚研究》2020年第 3 期, 第 91—96 页。

张金秋:《在华俄侨的母语保护及文化传承》,《哈尔滨学院学报》2019 年第 11 期, 第 86—88 页。

"一带一路"倡议背景下中俄两国影视文化交流合作路径分析

李春莉①

摘要：本文通过系统整理了中俄影视文化交流合作历史、现状与发展前景，分析了"一带一路"倡议背景下中俄影视文化交流的历史使命、现实价值与发展路径。中俄影视文化交流虽存在一些问题，但是在"一带一路"倡议下，中俄影视文化交流发展前景将会更广阔。在"一带一路"倡议背景下，我国应从利用政府助推的作用、社会组织间的交流、高校人才培养的平台这三个方面出发，使中俄影视文化交流合作持续发展。

关键词：一带一路；中俄影视；合作路径

中俄文化交流源远流长，在推动两国全方位合作发展、促进人民相互理解中发挥了重要作用。习近平同志在十九大报告中提出："中国积极发展全球伙伴关系，扩大同各国的利益交汇点，推进大国协调和合作，构建总体稳定、均衡发展的大国关系框架，按照亲诚惠容理念和与邻为善、以邻为伴周边外交方针深化同周边

---

① 李春莉，博士研究生，吉林外国语大学中东欧语学院俄语讲师，硕士生导师，研究方向为比较语言学、翻译学。

国家关系,秉持正确义利观和真实亲诚理念加强同发展中国家团结合作"①。电影作为一种艺术表现形式,能直接反映出一个国家的文化风貌特征,蕴含各国思维的电影作品可以将"一带一路"沿线各国多姿多彩的历史文化和民族精神展现出来。近年来,随着"一带一路"倡议的提出与推进,中俄两国的电影合作也有了进一步拓展。注重"一带一路"背景下中俄影视文化的发展状况,对发挥"一带一路"的战略作用有着重大意义。

一、中俄影视文化交流的现状与前景

(一)中俄影视文化合作有着良好的基础

中俄两国文化底蕴厚重,两国间的文化交流源远流长。早在二十世纪二十年代,俄罗斯的电影史学家就曾对中国的电影业发展产生了浓厚的兴趣。电影史学家塔洛波夫关于中国电影发展一书中,记载了中国电影业的发展以及二十世纪二十年代拍摄过的故事片。1924 年初,第一部俄罗斯纪录片《列宁的葬礼》在中国上映,此后很多俄罗斯电影在中国上映,至此中俄电影产业合作的序幕被拉开了。中华人民共和国成立后,中俄两国间影视交流迅速发展,合作更加具体,领域也更广泛,并一直持续到今天。影视文化交流已经是中俄关系中重要的组成部分,同时也是巩固两国关系和增加两国人民相互了解的重要工具之一。

1. 中俄两国高层领导对两国影视交流合作的重视

影视文化交流作为中俄两国人文交流的重要的构成元素,从苏联解体后,在中俄两国政治外交关系持续改善的背景下,中俄两国之间影视交流合作深入发展,且一直保持稳定发展的态势。从两国高层领导的重视度来看,早在 1992 年 12 月中俄两国政府签署了《中华人民共和国政府和俄罗斯联邦政府文化合作协定》,之后签署了《中华人民共和国和俄罗斯联邦睦邻友好合作条约》,中俄两国影视领域代表团进行了多次互访,两国影视交流与合作卓有成效,规模、层次、水平

①《习近平提出,坚持和平发展道路,推动构建人类命运共同体》,中华人民共和国中央人民政府网,www. politics.people.com.cn/n1/2017/1018/c1001-29594634.html。

不断提升。

　　中俄影视文化交流是人文交流合作机制框架下的交流合作，基于对人文交流的重视，两国政府于 2000 年 12 月在中俄总理定期会晤机制框架内成立了中俄教文卫体合作委员会。2007 年 7 月，该委员会更名为中俄人文合作委员会，下设教育、文化、卫生、体育、旅游、媒体、电影、青年八个领域的合作分委会和档案合作工作小组。2008 年，中俄电影合作小组更名为中俄电影合作分委会，并召开分委会会议，之后每年定期召开。在这两个组织的领导之下，从成立至 2019 年两国总理和委员会主席共主持了二十次会议，其中电影合作分委员举行了十几次会议，中俄双方每年互办电影节、电影展，并参加对方电影节，联合拍摄了多部影视作品，中方也积极鼓励支持其他形式的电影交流项目。此外，2014 年，经国家民政部同意，在哈尔滨注册成立中俄电影文化交流中心；2018 年，成立了国家广播电视总局批准的中俄电影文化交流平台；2019 年，共同启动了 "2019 年中俄电视周暨视听中国·俄罗斯" 活动。随着中俄两国高层领导对中俄影视文化交流的重视与推动，中俄两国在影视文化合作中取得了丰硕成果，为中俄全面战略协作伙伴关系迈向更高水平做出了重要贡献。由此可见，影视文化交流已成为人文交流的重要一环。

2. 中俄影视交流合作总体发展势态较好

　　电影、电视剧是促进民心相通的载体和手段，因为影视剧反映着国家的民族精神及社会状态，是文化交流的重要载体。影视作品的输出与合作创作两国人民喜爱的电影，可以促进两国文化的交融和创作，更有利于促进中俄影视人文交流发展空间的拓展。在两国高层领导的引导下，中俄影视交流获得了较好发展。2010 年，中俄两国合作拍摄电视连续剧《猎人笔记之谜》，这是一部由中欧主流商业制作播出媒体出巨资向中国制作公司专项订购的一部电视连续剧。至此，中国电视剧走向走出国门。从 2013 年以来，中俄关系深入发展，中俄影视文化交流获得较快发展。例如，2013 年，俄罗斯知名导演费多尔·邦达尔丘克拍摄的战争主题电影《斯大林格勒》在中国上映；2015 年，在圣彼得堡叶利钦总统图书馆，中俄两国举行了中俄合拍大型电视剧《晴朗的天空》签约仪式。仅 2015—2016 年就引进了俄罗斯电影《斯大林格勒保卫战》《这里的黎明静悄悄》《夺命地铁》

《烈火凌云》《他是龙》等影片①；在 2016 年北京的电影节上，重映了由俄罗斯著名导演邦达尔丘克执导、讲述二战著名的斯大林格勒保卫战的宽荧幕电影《斯大林格勒》；2017 年 3 月，在中俄两国合作拍摄的大型纪录片《这里是中国》在俄罗斯 RT 电视台播出。"一带一路"倡议后，中国市场上不断涌入俄罗斯电影。同时，中国的影视业人士对俄罗斯文化的热情也高涨起来，俄罗斯的元素在中国影视作品中频频出现。如 2018 年中国上映的刑侦剧《莫斯科行动》，剧中很多场景都是在俄罗斯拍摄的，紧接着在 2018 年上海国际电影电视节上，俄著名导演兹维亚金采夫的作品《利维坦》参加了电影节展映，2018 年中俄两国元首倡议举行中俄媒体论坛上华策集团同俄罗斯两大传媒公司达成了战略合作，华策影业联合国内相关企业同 CTC 传媒合作推出中俄合拍《战斗民族养成记》电影版更是中俄交流合作推进深入展开的见证。两国在庆祝中俄建交七十周年的会议上，启动了"2019 年中俄电视周暨视听中国·俄罗斯"活动，举办了节目洽谈和项目推介会，共同打造电视和网络视听媒体交流机制化、品牌化合作平台。

（二）中俄影视交流合作存在的问题

1. 两国电影在与欧美影视作品竞争中处于劣势

二十世纪九十年代，欧美大片强势占领着中俄电影市场，除了几部有名的中国现代影视作品外，俄罗斯观众对现代的中国影视作品一无所知，一是因为关贸协定的限制，俄罗斯影片输入量受限制；二是政府的资助远不足用于发展电影业。再加上 2002 年俄罗斯颁布了电影业改革的法令，导致俄罗斯电影艺术商业化，电影拍摄质量降低，不仅在中国失去市场，在欧盟也失去了市场。这一时期虽然中国的电影业发展势头较好，但是由于电影产业的缺乏优秀的人才，电影产业公司在向国外输出影片方面缺乏经验，导致中国影片无论从观众喜爱度和发行量上在俄罗斯市场处于劣势。

2. 两国作品的题材和文化的差异阻碍了两国影视合作交流发展

从两国电影产业合作大门打开以来，政府极力推动两国的影视合作，但是由于两国人民的历史和文化背景的差异，电影产业的合作仅限于双方相互邀请演员

---

① 《"一带一路"：中国影视发展新机遇》，搜狐网，www.url.cn/s/AsQSzQ2。

参演，或是提供拍摄场地，或是播出合作。中国引入的俄罗斯关于二战背景的影视作品很有意义，但这类历史战争题材由于两国历史和文化背景的不同，并没有吸引中国的观众；而中国输入俄罗斯的电影，除了李小龙和成龙的功夫片受俄罗斯观众青睐外，关于"文化大革命"以及八九十年代农村题材的作品在俄罗斯的反响并不理想。

二、"一带一路"的倡议为中俄影视文化交流与合作带来了新的价值与机遇

（一）中俄影视文化的合作为各国树立了国际文化交流的典范

在当今，欧美影视在中俄两国依然占据着主导的地位，这种局面阻碍着中俄两国影视文化的传播。"一带一路"倡议旨在主动发展与沿线国家的经济合作伙伴关系，共同打造政治互信、经济融合、文化包容的利益共同体、命运共同体和责任共同体。这推进了俄两国影视文化交流合作的进程，使影视文化交流合作迈上了新的台阶。在版权交流、影视作品发行、创作摄制、影视人才培养等方面的深度合作促进了中俄两国电影从业者之间互动交流，两国对中俄影视产业发展进程的积极参与和探索为中国文化的在世界传播树立了典范，加深了"一带一路"沿线国家对中国影视文化的理解与认同，推动了中国影视文化在世界上的发展。

（二）为中俄影视文化赋予了全新的时代内涵

影视文化交流为两国民心相通架设桥梁，在"一带一路"民间外交中起着重要作用。在 2013 年"一带一路"倡议提出之前，中俄影视方面的交流主要是为增进两国人民的相互了解，特别是要克服两国在经济发展过程中产生的障碍，从而促进两国的经济发展，巩固和发展两国的睦邻友好关系。"一带一路"倡议提出之后，中俄关系提升为"新时代全面战略协作伙伴关系"，人文交流是这一重大战略构想的重要内容，中俄人文交流合作成为新型大国关系的典范，影视文化交流作为中俄人文交流机制的重要组成部分，在"一带一路"背景下中俄影视文

化被赋予了全新的时代内涵。中俄两国以电影节为媒介，以影视领域的稳健合作经验为根基，拓展着影视文化交流的领域，已由中俄两个国家之间的影视文化交流上升为国际上多国的交流，真正地促进了民心相通工程的建设与发展。

三、"一带一路"倡议下中俄影视文化交流新路径

为促进两国影视文化交流合作，我国应从利用政府政策效应、服务手段和功能，加强地方社会组织间交流，高校人才培养的平台这三个方面出发，以保障两国影视文化交流合作的持续发展。

（一）利用政府政策效应，服务手段和功能

中俄两国之间的影视交流最先是依靠国家的政策的支持与指导，但随着"一带一路"倡议推进，中俄两国影视文化在产业化的道路上越走越远、越走越宽。在今后的两国影视文化交流合作时，要充分利用好"一带一路"倡议的政策优势，加强中俄政府层面的影视文化宣传与影视职能部门的互访学习，中俄双方主流影视媒体应加强合作力度，充分利用互联网和新媒体技术在自己国家的媒体平台上宣传对方国家的历史、文化、风土人情与地方风俗习惯，使观众在了解对方文化的基础上观看影视剧，这样才能使观众对电影、电视剧的内涵产生共鸣。

（二）扩展地方社会组织之间的交流与合作

具有鲜明的时代特征的影视剧才是优秀的影视剧，能够呈现时代特征的重要元素是展现地域特色。因此，我国一定要充分发挥地方媒体、民营影视企业和新媒体机构的作用，组织促进地方区域人文领域交流的交流活动，为地方电影从业者之间的交流打造平台和渠道，借助电影节、电影周、中俄地方交流年、中俄边境文化季等平台，展出具有地域特色的影视作品，增强两国人民对地域文化的理解。电影界要在打造专业的影视基地、创作摄制、文旅融合、文创开发等方面，开展全方位、深层次互动交流合作，共同推动两国影视交流合作与发展，为中俄影视文化交流深入民间奠定基础。

（三）利用高校人才培养的平台

目前我国对俄语人才需求加大，但是懂俄语的同时又懂影视文化的人才却少之又少，因此我国应适当增设俄语专业和影视专业相结合的专业、俄语专业和网络新媒体专业相结合的专业，加大了解影视文化交流的复合型人才的培养力度，提升影视剧的语言翻译水平，使影视剧能更加精准地向两国民众传播两国的文化，让两国观众对国家形象有更新、更深的认识。同时，两国高校应多互派留学生学习对方影视艺术专业，为两国学生搭建平台，增加影视人才的培训项目，使两国学生可以在历史、政治、文化方面进行深层次的沟通与交流，为两国影视合作深度发展打下坚实的基础。

参考文献

李芝芳：《惊人相似的中俄电影》，《大众电影》2007 年第 7 期。

李湘艳：《当代中俄电影合作研究》，《理论观察》2014 年第 7 期。

吴江：《中俄电影合作的开端及战略意义》，《中国电影报》2012 年。

经济与社会发展研究

中韩汽车产业发展史比较研究

——以中国一汽和现代汽车为例

张璟曦 [①]

摘要：本研究以中国第一汽车集团有限公司和韩国现代汽车集团为例，从初创阶段、成长阶段、战略转型阶段和飞跃阶段四个阶段对两个汽车公司的发展过程进行阐述，接着从创建背景、运营模式和市场策略方面对中国一汽和现代汽车进行比较。

关键词：中国一汽；韩国现代汽车；发展史

中国第一汽车集团有限公司（简称"中国一汽"）前身为第一汽车制造厂，1953 年在中国吉林省长春市动工兴建，中国一汽在 2020 年的世界 500 强排行榜上排名第 89 名。现代汽车公司是现代汽车集团的核心企业，公司成立于 1967 年 12 月 29 日，总部设在韩国首尔，现代汽车在 2020 年的世界 500 强排行榜上排名第 84 名。从汽车产业的发展过程来看，同样作为汽车工业的后来者，中国和韩国在很多地方都存在相似之处。本文将以中国一汽和韩国现代汽车为例，从初创阶段、成长阶段、战略转型阶段和飞跃阶段，对两个汽车公司的发展过程进行阐述和比较。

---

① 张璟曦，女，吉林外国语大学高级翻译学院，副教授，博士。

一、初创阶段

新中国刚一成立就决定发展自己的汽车工业。[1] 据《我的汽车生涯》中记载，斯大林曾向毛泽东提出"汽车厂代表现代机械工业的最高水平，你们建一个汽车厂，就可以带动整个机械工业和钢铁、化工、建筑等其他行业向前发展"。1949年12月毛泽东赴苏联访问，在参观斯大林汽车厂时他对随行人员说"我们也要有这样的工厂"[2]。1949年之前，尽管中国未能发展出具有真正制造能力的汽车工业，但已能通过进口部件组装汽车，形成了相关的零件配置产业。因此，当时中央政府本打算利用已有的汽车修造厂和配件制造厂发展汽车工业，后来取得了苏联的援助，转而开始建设全新的第一汽车制造厂。

1953年7月15日，毛主席亲笔题名的第一汽车制造厂在吉林省长春市动工兴建，1956年建成并投产。一汽从破土动工到建成投产，组装出第一辆汽车仅用了3年的时间。这种大规模、高质量的建厂速度，创造了当时建设同样规模汽车厂的世界纪录，同时也向世界宣告中国不能生产汽车的历史正式结束。[3]

1956年7月13日，第一辆国产解放牌汽车CA10驶下装配线，它结束了新中国不能制造汽车的历史。1958年5月12日，中国第一辆国产轿车——东风轿车在一汽诞生，东风轿车开创了中国轿车工业的纪元。紧接着1958年8月1日，第一辆红旗高级轿车试制成功这在当时的世界轿车中都是罕见的，可以说，红旗高级轿车创造了世界汽车工业历史的一个奇迹。从此，红旗成为国家领导人和国家重大活动的国事用车。

韩国最早从事汽车生产的公司是1944年12月创建的起亚汽车公司，现代汽车的创始人郑周永在1940年经营着A-do Service汽车修理厂，直到1966年都还没有进军汽车产业。由于二战后政治局势动荡，1950年6月25日韩国战争爆

---

① 《中国汽车发展史》，《驾驶园》2016年9期，第80页。

② 关云平：《中国汽车工业的早期发展（1920—1978）》，博士学位论文，华中师范大学，2014年，第35页。

③ 董林颖、滕启、徐晓燕等：《中国长春第一汽车厂厂史的调研》，第三届中日机械技术史国际学术会议第297页。

发，所有车辆都转为服务战争，长达三年多的战争使全国土陷入"焦土化"。直到 1955 年韩国才出现第一辆国产车——意为"第一次出发"的"始发"牌汽车，由国际车辆制造股份有限公司生产，这标志着韩国汽车工业的诞生。后来这辆"始发"牌汽车获得总统奖，得到了韩国工商部的资助，被用于出租车车型的生产。[①]1962 年，日本尼桑旗下的蓝鸟牌汽车在韩国的新国汽车组装工厂生产，这标志着国外乘用车在韩国 KD 组装（散件组装）时代的开始。于是新进工业公司被选为国内唯一的综合汽车组装工厂。[②]

韩国政府在 1964 年发布《汽车工业综合培养计划》，表示无法继续承受新国汽车等公司 SKD 组装（半散件组装）带来的外汇负担，将目标定为扩大发展国内零部件工业以提高国产化率。1966 年，新进工业公司与日本 TOYOTA 技术合作，为 KD 组装生产做好了准备。新进工业公司改名为新进汽车，开始生产小型乘用车 Corona（科罗娜），它在进入韩国国内市场的同时瞬间聚集了关注度，特别是响应了旺盛的出租车需求。1967 年，新进汽车开始组装丰田汽车的中型车型（皇冠 Crown）并开始投放到市场上销售。皇冠汽车是丰田汽车自主开发的车型，主要用于私家车或政府用车。新进汽车在 1966 年进口了日本的柴油发动机，生产大型公交车，成为名副其实的韩国唯一的综合汽车生产商。[③]直到这一时期韩国汽车的国产化率依然没有提高，汽车制造仅仅停留在 SKD 阶段。

现代在进军汽车产业时制定的首要任务是促进与先进国家汽车品牌的技术合作，并于 1967 年 12 月向工商部提交了汽车生产工厂建设许可申请书和计划书。其中提到，现代不仅会响应目前韩国国内对汽车的需求，还会积极带动韩国经济的出口产业。政府在申请书提交的一周后即给予了批准，要求现代汽车与福特汽车合作，在 1968 年 5 月之前完成汽车工厂建设。于是，获得政府许可的两天后现代汽车公司创立，自此成为新进汽车的竞争对手，同时也走在汽车国产化的领

① Choun-Wook Kim, "The History of Korean Automobile Industry-3", *Journal of the Korean Society of Automotive Engineers 21(3)*, 1999, p.6-7

② Choun-Wook Kim, "The History of Korean Automobile Industry-4", *Journal of the Korean Society of Automotive Engineers 21(4)*, 1999, p.12-13.

③ Choun-Wook Kim, "The History of Korean Automobile Industry-4", *Journal of the Korean Society of Automotive Engineers 21(4)*, 1999, p.13-14.

先位置。[①]

二、成长阶段

在这一时期，一汽有乘"东风"展"红旗"制造国产轿车等创举，同时也遇到大环境的两次大的干扰。在这个阶段，一汽尽管遇到许多干扰和挫折，但各方面的工作仍有一定的发展。例如，原来工厂只生产解放牌 CA104t 载重车一个品种，1957 年之后一汽坚持科技进步，不断进行技术改造，将装载质量从 4t 提高到 5t，发动机功率从 66kw 提高到 85kw，1958 年一汽职工还试制出了国产第一辆 CA71 型东风牌轿车，同年 7 月又试制出红旗牌 CA72 型高级轿车。之后，一汽根据国防建设需要在 1958 年又试制出 CA30 型解放牌三轴驱动军用越野车，到1966 年末年产量已达到 4104 辆。[②]

在这个时期里，一汽出汽车、出人才，为全国汽车工业和机械工业的发展培养输送了一大批干部和技术骨干，完成了包建二汽的任务，还承担了一些援外项目。

处于成长时期的现代汽车和福特汽车签约开始生产组装车型。现代汽车厂组装的车型为福特汽车主流车型 Cortina（跑天下）的最小车型 1500cc 级。1968 年11 月 Cortina 被生产出来第二年 1 月就投入市场销售，由于和新进汽车的 Corona（科罗娜）相比更加稳重，但是性能并不占优势，因此比起用于家用车，现代把销售对象更偏重于出租车。1969 年 5 月现代生产出中型乘用车福特 20M，成为能够和新进汽车 Corona（科罗娜）—Crown（皇冠）系列一决高低的一款车型。[③]

在这个时期，汽车数量的增加导致韩国外汇负担严重，因此韩国政府不得已开始抑制汽车生产。现代汽车在当时的汽车领域并不处于领先地位，再加上韩国

---

① Choun-Wook Kim, "The History of Korean Automobile Industry-5", *Journal of the Korean Society of Automotive Engineers 21(5)*，1999，p.7-8.

② 董林颖，滕启，徐晓燕等：《中国长春第一汽车厂厂史的调研》，第三届中日机械技术史国际学术会议，第 298 页。

③ Choun-Wook Kim, "The History of Korean Automobile Industry-5", *Journal of the Korean Society of Automotive Engineers 21(5), 1999, p.8.*

产福特汽车销量并不高，处境非常尴尬。

三、战略转型阶段

在这一时期，我国的国产小轿车大量涌现在中国市场上，即便如此担当我国汽车工业主力军的还是各种用于生产建设、国防军事的商用车和特种车辆。直到1978 年，十一届三中全会召开，开启改革开放历史新时期之后，"合资"这个模式才第一次出现在公众视线当中。[①]

1983 年 5 月 5 日，北京吉普的经营合同以及合资章程签署，这是我国汽车行业第一家中外合资整车企业。这时，一汽抓住中国汽车工业结构调整的大好时期，将工厂发展的重点移向了轻型车和轿车。从轿车的开发方面来看，一汽当时定下了"先满足国内需求，再打入国际市场"的指导方针。1988 年，一汽和德国大众公司奥迪轿车签订了技术转让、购买二手模具和 KD 组装轿车三个合同，走"边建设，边组装，边提高国产化率"的路子，以纵向国产化为主题，同时抓横向配套件的国产化，计划用十几年的时间把一汽建成一个初具国际竞争力的民族汽车工业集团。很快一汽就达到了年产 2 万辆的能力，满足了国家公务的需要，也为减轻国家进口外汇负担做出了贡献。随着引进外国技术，中国的汽车工业终于从CKD（全散件组装）开始正式走向国产化的道路，国产化程度从 1985 年的 2.7%上升到了 1995 年的 88.6%。1986 年，通过广交会签订出口合同 CA141 新车型501 辆，结束了一汽只有进口没有出口的历史。

现代汽车在这段时期花巨资在公司内进行消化吸收福特技术。1974 年投资 1亿美元建设年产 5.6 万辆的新厂，1975 年该厂建成后，小汽车国产化率直接达到100%。1974 年 2 月，作为第一任代表理事的郑梦九会长积极创新开展了汽车零部件事业，为企业今后发展奠定了坚实基础。1974 年 6 月，现代汽车首款量产自主车型"小马"问世，并于同年 7 月首次出口到厄瓜多尔。小马在世界上是第 16个，在亚洲是继日本之后的第 2 个自主研发的车型，标志着韩国向世界宣布，自己进入了世界汽车工业国的行列。

① 马鑫，齐萌：《简明中国汽车史：从过去到未来》，《中国汽车报》2019 年 9 月 24 日。

四、飞跃阶段

中国一汽历经工厂建设、换型改造、上轻轿等三次创业，基本构建完成了适应市场经济要求的发展布局、管理体制、经营机制和人才队伍。2011 年 6 月，中国第一汽车股份有限公司成立，企业 90% 以上资产进入股份公司；2017 年 11 月，完成集团公司制改制，更名为中国第一汽车集团有限公司；2018 年 1 月，中国一汽发布新红旗品牌战略，要把新红旗打造成为"中国第一、世界著名"的"新高尚品牌"；2018 年 12 月，正式发布《中国一汽 2025 战略愿景规划》。

以一汽的自主品牌红旗轿车为例，在 20 世纪 60 至 70 年代，红旗轿车是中国汽车工业的一面旗帜。改革开放之后，红旗在继续承担"国车"重任的同时，不断向市场化、商业化的方向迈进。2018 年 1 月 8 日，中国一汽发布新红旗品牌战略，决心把新红旗打造成为"中国第一、世界著名"的新高尚品牌，满足消费者对新时代"美好生活、美妙出行"的追求，成功地肩负起历史赋予的强大中国汽车产业的重任。在 2018 年，红旗品牌累计实现销量 33028 辆，同比增长602% ；在 2019 年，全年销量突破 10 万辆，同比增幅超过 200% ；截至 2020 年6 月，红旗汽车总销量 7 万辆，较 2019 年同比增长 111% ，超越沃尔沃和特斯拉，跻身豪华品牌前列。

现代汽车从 80 年代开始就垄断韩国市场，1973 年 9 月 20 日和三菱结盟，[①] 生产的小马牌汽车在 1986 年投入美国市场创下年销售 16 万辆的汽车业销售奇迹，奠定了现代汽车的国际地位。1991 年，现代发布了首个内部独立设计的 Alpha 型发动机，两年之后发布了 Beta 型发动机，1998 年现代虽然也由于国内市场的销售量严重下降，经历了艰难的一年，但随着 EF 索纳塔和君爵 XG 车型的推出，现代汽车又重新获得了主动权。尤其是出口量的持续增长，抵消了国内市场销量的下降。在这期间现代还进行了合并和工业结构重组，它收购了起亚汽车和亚细亚汽车厂，这使现代汽车达到了全球市场中竞争所需的经济规模。继 1998 年，

---

① Choun-Wook Kim, "The History of Korean Automobile Industry-6", *Journal of the Korean Society of Automotive Engineers 21(6)* , 1999, p.8.

EF 索娜塔和君爵 XG 的成功之后，现代汽车公司又推出了四款最新车型：世纪 Centennial、雅绅 Accent、酷派双门轿车 Coupe 改进型和特杰 Trajet。特杰 Trajet 是现代汽车首次推出的 MPV 车型，它的成功推出令现代汽车进入了世界轿车市场的一个新领域，并且进一步拓宽了现代汽车公司庞大的车型系列。

2000 年 9 月现代汽车集团的诞生成为韩国汽车产业飞跃的转折点，现代精工、仁川制铁、现代资本等 10 多个下属公司组成的现代汽车集团协同效应开始大幅增加，集团的竞争力也开始不断得到加强。2001 年，各种车辆生产量 223 万辆，销售额 170 亿美金，实现纯利约 9 亿美元。同 2000 年相比，表面上实现了 23.4% 的增长，在利润上实际增长了 74.5%，证明了现代作为世界级的汽车制造商正在飞速发展。特别是在所有销售量中约 60% 为出口，海外市场在不断扩大。由于产业的飞速成长，现代汽车集团（包括起亚）的销售在世界排名第七位。

五、结论

从中韩两国汽车产业发展的历程表明，两国皆属于汽车产业的后来者，都是由 SKD（半散件组装）或 CKD（全散件组装）的方式起步的。但不同的是，中国一汽属于新中国成立初期决定建立自主汽车工业的国家战略行为，而韩国现代汽车公司在积极响应国家"汽车国产化"政策和郑周永的"汽车产业复国之梦"当中，更多地体现了韩国企业家精神。并且，中国一汽直到二十纪八十年代才通过同国外汽车巨头合资，具备了通过模仿成熟车型开发新车型的能力。与此同时，韩国现代汽车则处于消化吸收福特技术的时期，开始量产自主车型，并畅销国外市场。另外，两者的市场策略不同，中国一汽以满足国内市场需求为主，汽车出口的发展相比现代汽车较晚，这是由中国国内市场需求较大及当时的国际贸易政策作用的结果。2001 年，我国成功加入 WTO 之后，中国汽车出口开启了高速发展历程。

东北亚区域旅游合作发展新方向研究

全慧颖 [①]

摘要： 随着东北亚区域合作挑战、东北亚形势多变的背景下，东北亚区域旅游合作面临新的机遇。近几年来东北亚区域旅游合作迅速发展，但相对于其他发达地区，依然相对落后，也存在很大的发展空间。虽然东北亚区域旅游合作一直处于发展态势，但是需要结合当前不稳定的国际形势，制定出相应的发展方向，来促进东北亚区域旅游合作的发展，实现各国的互赢互利。

关键词： 东北亚；旅游；发展

一、绪论

进入到 21 世纪以来，世界旅游的重要发展趋势表现为区域内旅游规模的逐渐增加。根据世界旅游组织（UNWTO）的分析，游客中的 80% 的旅游目的地是自己所属的区域，东北亚区域内中日韩的游客从 2010 年开始到现在增加到了 45%，其发展空间极大。按照目前的旅游发展的要求及趋势来看，发展区域内旅游是能够发展旅游行业的最现实、最有效的办法。

"东北亚"不是地理习惯性的划分，国际上的地理划分上将亚洲划分为东亚、

[①] 全慧颖（1982.5—），吉林长春市人，博士，吉林外国语大学副教授，硕士生导师，主要研究韩国语、韩国语教育。

东南亚、南亚、中亚、和北亚六个部分，而我们所说的"东北亚"不在其中。提出"东北亚"概念的是韩国学者，这一概念从此就得到了广泛的使用。

东北亚包括日本、朝鲜半岛，广义上还包含中国的东北地区、内蒙古、蒙古国和俄罗斯远东地区。陆地面积有 1600 多万平方公里，大概占整个亚洲的 40%以上，包括中国、日本、韩国、朝鲜、蒙古和俄罗斯远东沿海。由于朝鲜、蒙古、俄罗斯远东地区的旅游合作没有特别兴起，因此本文以中国、日本、韩国三国为例来说明东北亚地区的旅游合作发展。

二、东北亚区域中日韩旅游概况

根据世界旅游组织的统计，2018 年，中日韩三国的游客总数约为 1 亿 9 千440 万名，比 2010 年的 7307 万名增加了 49.8%；旅游收入从 2010 年的 693 亿美元增加到了 2018 年的 968 亿美元，其增长率约为 39.6%。最明显的是 2008 年日本的国际游客数量及旅游收入剧增，而中国的国外游客数只增加了一点点，且旅游收入减少了一些（表 1）。

表 1　中日韩三国国际旅游增长趋势 [①]

区分	国际游客数（千人次）			国际旅游收入（百万美元）		
	2010 年	2018 年	增减率	2010 年	2018 年	增减率
韩国	8768	15347	74.4%	10328	15319	48.3%
中国	55665	63900	13%	45814	40386	-11.8%
日本	8611	31192	262.2%	13199	41115	211.5%
合计	73074	109439	49.8%	69341	96820	39.6%

除了表格的数据以外，值得关注的是，2018 年中国国际游客数为 6300 万人次，为全球国际游客数的第四名；日本国际旅游收入为 410 亿美元，为全球国际旅游收入的第 9 位；韩国的国际旅游支出为 320 亿美元，排在世界第九名。各种

---

① 根据中国旅游研究院的 2018 中日韩旅游大数据报告及 UNWTO（2019）的数据整理。

数据显示在世界旅游市场上，中日韩三国所处的地位非常重要的，不管是游客数、旅游支出、旅游收入都占据世界前茅。

旅游对各国的 GDP 贡献度（三国平均值）来看，从 2010 年 6.1% 增长到了7.0%；对三国社会就业贡献来说，旅游平均为中日韩国家带来 2.47% 直接就业贡献，以及 7.33% 的旅游综合就业贡献，对降低失业率、减少贫困作用明显。各项数据显示，今后中日韩三国的旅游产业比重在经济中所占据的地位会更加重要，前景更加广阔。

中日韩三国也非常重视各国的合作与发展，2017 中日韩三国合作国际论坛在韩国首尔举行，在本届论坛上，与会嘉宾就"全球不确定性增加——重新审视三国合作的意义""处于十字路口的国际经济—三国合作的机遇""展望未来——三国青年的参与实践"三项分议题进行了充分的讨论，以期探索三国间政治、经济、文化交流与合作的新领域、新理念、新气象。2019 年 9 月 4 日，第八届东北亚旅游论坛在吉林省延边州珲春市召开，东北亚区域国家的政府官员、专家学者、旅游企业负责人等 500 余人与会进行了积极交流。

三、东北亚区域中日韩旅游存在的问题及原因

近期中日韩三国的旅游交流趋势来看，2012—2014 年期间的东北亚旅游发生了变化，三国旅游相互依赖性加大。从中国和韩国的旅游来看，到 2012 年为止，韩国人来中国旅游的人数比中国去韩国旅游的人数多，但是从 2012 年到 2016 年（萨德事件之前），中国人到韩国旅游的数量大规模的增加。从韩国和日本来看，到 2013 年为止是日本人到韩国旅游的人数更多，但日元贬值及廉价航空的增加等因素，导致 2018 年访日的游客比访韩的游客多 2 倍以上。从中国和日本来说，2014 年，日本游客的访中规模比访日多，但到了 2017 年，访日的中国人数比访中的日本人数多 3 倍以上。中日韩三国之间的国际旅游规模从 2011 年的 1606 万增加到了 2016 年的 2022 万，2018 年超过了 3000 万。

从各国旅游局统计的数据上来看，中日韩三国旅游交流的相互依赖性变得越来越大，也导致了三国重视各方面的合作。去韩国旅游的游客中，中国和日本的

游客比重从 2011 年到 2016 年一直增加，但 2017 年因为萨德减少了 48.6%。日本的中韩游客从 2011 年的 43.4% 到 2017 年增加到了 52.3%。跟日本相反，来中国的日韩游客，从 2011 年的 35.8% 减少到了 2017 年的 29.1%。到 2017 年为止，日韩的游客数是逐年增加中，但 2019 年韩国的 "NO JAPAN" 运动，直接影响了日韩两国的游客数，据日本国家旅游局（JNTO）统计，2019 年 8 月到 11 月比前年同期相比游客分别减少了 48%、58.1%、65.5%、65.1%，日韩的游客数也有了不稳定的因素。

中日韩三国的政治、外交的摩擦和矛盾，严重影响了中日韩三国的旅游交流合作，因此，为了各国的旅游合作能够顺利进行下去，需要摸索地域安定及和平解决旅游问题的方案。

除此之外，各种疾病及气候问题直接或间接影响着中日韩三国的旅游合作。2015 年，韩国发生的中东呼吸综合征，直接影响了周边国家访韩旅游的规模。还有地球的温室效应以及雾霾问题等也会影响各国的旅游，打击中日韩三国的旅游业的发展。

四、对于东北亚区域中日韩旅游交流合作的现状的评价

中日韩三国的旅游产业因在经济发展中处于重要的地位，因此各国想大力发展旅游行业，也因此做了积极的准备，但三国所留下的历史及领土纷争的问题比较严重，解决问题、推动旅游成为了旅游产业发展的重要政策课题。随着亚洲经济的发展，再加上东北亚区域在世界上的影响力越来越强大，减少中日韩三国之间的各种矛盾、提高旅游合作是三国共同所面临的挑战和需要承担的责任。

中日韩三国为了发展各国的旅游，召开了九届中日韩旅游部长会议[①]，通过会

[①] 中日韩旅游部长会议共举办九届，2006 年，在日本北海道召开了第一届会议，签署了《北海道宣言》；2007 年，在青岛召开了第二届会议，签署了《青岛宣言》；2008 年，在釜山召开了第三届会议，签署了《釜山宣言》；2009 年，在日本名古屋召开了第四届会议，签署了《名古屋联合申明》；2010 年，在杭州召开了第五届会议，签署了《杭州联合声明》，2011 年在平昌举办了第六届会议，签署了《平昌联合声明》；2015 年，在日本召开了第七届会议，签署了《联合声明》；2018 年，在苏州召开了第八届会议，签署了《苏州宣言》；2019 年，在仁川召开了第九届会议，签署了《第九届中日韩旅游部长会议宣言》。

议加强和深化了中日韩旅游交流与合作，促进了三国民心互通发挥积极的作用。第一届、第五届、第七届的会议为了促进三国旅游交流规模做出了努力，第二届的会议商量了中日韩旅游产品开发及宣传方式方案，第四到第六届会议上主要关于地球温室效应等问题引起的旅游安全和环境治理问题提出了意见，第八届会议中明确了三国文化旅游合作框架内容及目标方向。通过八届的旅游部长会议，推动了各国旅游发展以及推进了旅游合作方案。2019 年，在韩国仁川召开了第九届中日韩旅游部长会议，围绕"通过旅游增进东北亚地区和平、实现东北亚地区包容性发展、构建东北亚地区美好未来"的主题，进行了深入探讨并形成共识。

通过九次的旅游部长会议，区域内的旅游人数逐渐增加，也对东北亚地区的旅游发展做出了一定的贡献，对于区域合作有了共识。通过议程和会议宣言，日本的旅游业受益匪浅，游客数和旅游收入增加明显，但是中国和韩国的增加并不明显。

另外，中日韩三国为进一步提高在世界旅游市场上的地位所做的努力相对不足。进入 21 世纪以来，日本试图构筑"东北亚旅游结构调整"，将世界旅游格局引向以东北亚为中心的方向，但三国间未能通过共同合作面向欧美及亚洲其他地区实施共同旅游宣传活动。2015 年，在日本东京举行的第七次中日韩旅游部长会议上，中日韩三国决定共同探索"东北亚旅游"活动，但最终未能付诸行动。

现在，为了开发东北亚区域旅游市场，需要开发多种构想并形成共识，还不能忽视合作中的政治、外交因素。尽管旅游交流合作在国家层面具有重要性，但各国对旅游交流合作仍未阐明明确的政策意志，因此，今后很有可能会发生各种形式的交流障碍。

五、东北亚区域中日韩旅游合作发展新方向

2005 年只有 1200 万人次的中日韩三国旅游交流规模，在 2018 年达到 3000 万人次，取得了令人瞩目的成果。但是，如果出现各种制约因素，那么今后东北亚地区内的旅游交流合作将受到严重打击。因此，今后三国之间的旅游交流合作需要各国政府积极关心，为解决旅游交流相关的各种问题而进行政治、外交上的

合作。

第一，准备进入东北亚五千万旅游交流时代。如果考虑到这期间的旅游交流规模，为在今后 10 年内将旅游交流规模扩大到 5000 万人，有必要继续推进旅游合作。东北亚地区要想确保世界旅游的主导权，并吸引其他地区的游客，则需扩大区域内旅游的规模，尤其要强化青少年交流，体育观光交流的活性化也要扩大。举办"公平旅游论坛"，防止低价倾销旅游，改善旅游质量，并制定"出入境旅游统计共享指南"作为交流合作的政策开发资料。

第二，建立东北亚和平旅游体制。不仅要以政治领导人为中心形成对旅游交流重要性的共识，还应该在政府层面上建立三国间"东北亚（和平）旅游同盟"，以保障各国国民在国家间移动的权利和旅行的自由。

第三，加强民间旅游交流合作。中日韩三国定期举行双边或三方旅游部长会议，就旅游交流达成共识并每次发表宣言，但推进合作方案的工作机构的作用并不尽如人意，因此有必要组成一个包括民间部门在内的组织。譬如，可以考虑构建地方城市之间的合作网络、成立以旅游协会等民间部门为中心的"共同推进协议会"以及成立由旅游专家组成的"旅游合作论坛"等。

第四，开展实质性的共同旅游推介活动。应该共同努力促进区域内旅游的活性化，使之升华为吸引域外游客。二线旅游城市旅游线路、东亚邮轮、奥运休闲线路等共同旅游项目，吸引其他地区游客。

第五，拓展旅游基础。三国都需要投入相关预算构建"面向所有人的旅游"的基础设施，并改善旅游向导标志牌、旅游项目手册等，以方便三国国民识别。为此，开发"包容旅游城市模式"是值得提倡的。

参考文献

笪志刚:《浅析东北亚区域旅游合作发展新机遇》,《东北亚经济研究》2018年第 4 期。

杨絮飞:《东北亚区域旅游产业合作发展战略研究》,《东北亚经济研究》2019年第 1 期，第 89—98 页。

鲁小波、陈晓颖、马斌斌:《东北亚各国间旅游流规模与潜力分析》,《干旱区资源与环境》2015 年第 11 期，第 208—213 页。

邓倩倩:《新形势下东北亚区域旅游合作发展研究》,《经济研究导刊》2015年第 13 期，第 233—235 页。

甘甜:《东北亚区域旅游产业合作模式研究》,长春工业大学，硕士学位论文，2014。

冯玉宝:《东北亚旅游产业合作模式研究》,吉林大学，博士学位论文，2016。

杨宏:《东北亚区域旅游合作理论分析与案例研究》,东北财经大学出版社，2013。

张佑印、顾静、马耀峰:《旅游流研究的进展、评价与展望》,《旅游学刊》2013 年第 6 期，第 38—46 页。

周露、孙根年:《20 年来中日韩三国出入境旅游互动关系分析》,《干旱区资源与环境》2014 年第 1 期，第 175—182 页。

徐功丽:《东北亚区域旅游合作问题研究》,吉林财经大学，硕士学位论文，2013。

人口减少、少子老龄化背景下日本劳动力市场的变化

李燕玉 ①

摘要：人口减少和老龄化对日本劳动力市场的影响较为明显：从就业率来看，一方面高就业率的青年劳动人口的减少会加速劳动力市场供求的紧缩，而另一方面女性、老年人以及外国人的劳动参与率的显著上升，一定程度上又缓解了供求失衡；从失业率来看，除人口因素之外，非制造业继续创造就业机会成为失业率下降的主要原因。而近年来平均每人的劳动时间又有明显下降的倾向，总劳动供给并没有增长，每小时的劳动生产率也在下降，意味着与劳动参与率的上升相比，经济增长却停留在缓慢的状态。为了今后的经济发展，日本劳动力市场在进一步提高全民劳动参与率的同时，更要积极推进灵活的转职者制度、活用外国人才等各种措施，来弥补人口因素所带来的负面影响。

关键词：少子老龄化；劳动力市场；人口结构；失业率；劳动生产率

随着日本经济的缓慢复苏，GDP 的实际增加率也表现出平均年率为 1.3% 左右的缓慢增长，而劳动力市场有效招聘倍率上升了 1.41 倍，雇佣人数增加中失业率也下降到 3.1%，劳动力市场的供求状况也改善到了 20 世纪 90 年代的水平。另外，企业雇佣缺口率也是泡沫经济崩溃、经济衰退局面以来的最高值。因此，伴

---

① 作者简介：李燕玉（1978—），女，吉林永吉人，吉林外国语大学国际商学院教师，吉林大学东北亚研究院博士，研究方向为东北亚区域经济。

随着人口减少、老龄化的国家经济结构的变化，劳动力市场的供求失衡问题的改善并非单纯地靠经济复苏来解决。

一、人口结构变化对劳动力市场的影响

日本年轻人晚婚、不婚，进而导致晚育甚至不育，使人口增长难以维持正常水平，形成社会少子化现象。根据日本总务省调查报告，截至 2020 年 1 月 1 日，日本国内总人口约为 1.25 亿人，较去年同期减少约 43 万人，下滑幅度创历史新高，连续 10 年减少①。日本人口结构持续少子化、老龄化导致劳动力缺乏，直接影响了日本经济的发展。

（一）劳动年龄人口减少的背景下，劳动力人口和就业人数在增加

日本急剧的少子老龄化，导致的劳动力供给的严重不足。据日本学者分析，日本目前的 1800 个自治体中，到 2040 年将有 898 个倒闭②。15 岁以上人口在 2010 年迎来顶峰之后也缓慢减少，15—64 岁的劳动年龄人口在 1997 年达到顶峰，约 8700 万人，之后急速减少，2015 年减少了约 1000 万人，达到约 7700 万人。但是从 2016 年开始，劳动人口数量缓慢增加，65 岁以上老年人的劳动参与率也逐渐提高，占人口构成的三成，加上 65 岁以下的女性劳动参与率也在近十年里也上升了 6.5%。随着劳动力人口的增加以及不断改善的就业环境，就业人数也从 2016 年开始表现出增加的趋势。究其原因，其一，劳动力市场的人才多样化。女性劳动者兼顾工作与家庭的可能性不断提高，与此同时，女性劳动力自身也有了重新参与社会劳动的思想上的改变，政府和企业方面也在为扩大女性劳动力而做出了很多努力。此外，老年人开展第二职业的数量不断增加，外国人劳动力随着日本劳动力市场的开放和外国人劳动力政策的完善，其数量也在逐年增加。其二，日本政府和企业促进劳动力多元化的措施。日本政府通过实施年功序列制度改革、

---

① 日本总务省官网资料，https://www.soumu.go.jp/。

② 《少子老龄化缘何成为日本"国难"》，光明日报网络版，https://www.sohu.com/a/217793714_115423.

转变外国劳动力政策,企业通过实施 WLB[1] 等促进劳动力市场人才多样化的措施,扩大了全民劳动参与率。

(二)引起失业率下降的原因

1. 就业率与失业率

随着全民劳动参与率的提高,失业人数自 2009 年以来减少了约 160 万人,失业者因就业或非劳动力化[2] 而减少。失业人数减少的主要原因为劳动力人口和就业者的增加,但是到 2012 年末为止,劳动力人口的减少(非劳动力化)却有助于降低失业人数。另一方面,2013 年以后,由于女性、老年人等全民劳动参与率的扩大,就业人数不断增加,很有效地降低了失业人数。

2. 离职率与失业率

失业率下降的原因主要有就业者难以离职、失业者容易从事下一个工作等因素之外,失业者由于失去就业热情而停止找工作的现象也会导致失业率降低。在老龄化的背景下,以退休为契机选择退出劳动力市场的阶层也有所增加,非劳动力化导致的失业率降低未必能说是雇佣形势的改善。因此,有必要通过确认劳动力的流动情况,分析失业率降低的原因。假定所有人都在就业状态、失业状态、非劳动力状态这三个状态之间流动,因此可以通过计算这三个状态之间的流动概率来分析失业率下降的原因。首先,从失业状态流出的情况来看,随着雇佣环境的改善,男女劳动者从失业状态转移到就业状态的概率都在上升。另外,男性的就业率高于从失业状态变成非劳动力状态的概率(非劳动力化率),2012 年左右这个差距缩小后再就业率上升。另一方面,关于女性,与就业率相比,非劳动力化率较高,但其差距也在逐渐缩小,几乎处于同一水平。其次,从失业状态的流入来看,不论男女都表现出从非劳动力状态到失业状态、就业状态到失业状态的下降趋势。最后,从就业状态和非劳动力状态之间的交往来看,女性虽然多少有下降的倾向,但男性基本上是固定的。因此,失业人数的减少主要来自就业率的

---

① WLB(Work-life Balance, 即工作和生活的和谐):每个国民在工作的价值和充实感中工作,在完成工作上的责任的同时,在家庭和生活等方面,也可以根据育儿期、中老年期等人生的各个阶段来选择、实现多种多样的生活工作方式。

② 失业者由于失去就业热情而停止找工作的现象。

上升和离职率的降低。为了更详细地分析从就业状态到失业状态的流入减少，以及从失业状态到就业状态的流出增加的原因，使用雇佣动向调查，来分析制造业、非制造业的入职率、离职率的变化。在制造业方面，2008 年的雷曼危机和之后的世界性经济衰退使离职率大幅上升，同时入职率也大幅下降。之后，虽然 2010 年以后离职率有所改善，但是入职率在 2015 年也没有恢复到 2007 年以前的水平，离职率持续高于入职率。另一方面，非制造业的入职率和离职率一直都很高，特别是饮食、住宿、医疗、福利等方面。离职者为了发挥所积累的技能，一般倾向于在同一行业内再就业。而制造业整个行业的就业机会在减少，使得离职者很难在同一行业内找到新的工作，结果导致失业率上升。

根据以上几点来分析今后日本劳动力市场失业率的动向，关于失业状态的流入，今后制造业的国内据点是否会扩大、非制造业中新的雇佣制度的创新程度以及超越行业的劳动转移（转职）是否能够活跃等问题变得尤为重要，掌握着失业率动向的方向和关键。另一方面，关于失业状态的流出，失业人数的减少要取决于超过 65 岁的劳动年龄人口从劳动力市场退出的状况、就业率的上升取决于从失业到就业的流出程度。

3. 劳动力市场效率与失业率

少子老龄化给日本就业市场带来了潜在的危机，在适龄劳动人口持续减少的背景下，要保持经济增长，就必须提高员工的人均附加价值，即劳动生产率。据统计，从失业率和雇佣缺口率推算出的结构性和摩擦性失业率都很高，[①] 不同行业如福利、护理等个人服务、建设业、运输业的雇佣缺口是 2000 年以来最强的，而运输机械行业的雇佣缺口则与 2006—2007 年基本相同。因此，如果劳动者转移到长期劳动力不足的产业，劳动力市场整体的入职率会上升，失业率也会进一步改善。如果能为了促进劳动者流入而提高其工资，效果会更加明显。

---

① 资料来源：「日本経済 2016 ～ 2017」、内閣府 2018 年 1 月 https://www5.cao.go.jp/keizai3/2016/0117nk/img/n16_4_a_1_05z.html。

一般劳动者

工资上涨率、%

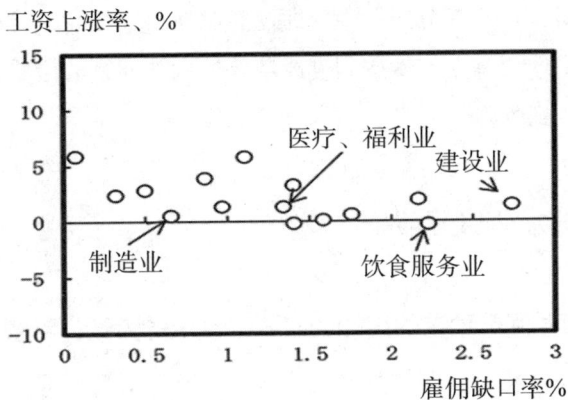

兼职

工资上涨率%

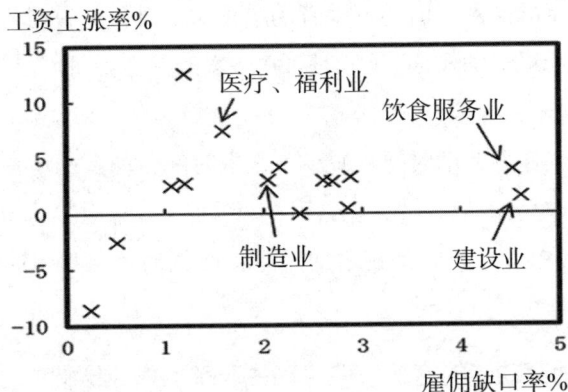

图 1 雇佣缺口率与工资上涨率（2012—2017 年平均值）

注：工资上涨率是按照计时工资的变化率计算出来的。

资料来源：日本厚生劳动省官网资料信息。

但从图 1 的各个行业的工资提高率和雇佣缺口率的关系来看，兼职中的医疗、福利业和饮食服务业的工资比较高，但一般劳动者的工资在医疗、福利业的涨幅只有 1% 左右，而饮食服务业没有上涨趋势。一般劳动者的工资涨幅较低的原因主要在于，企业之间的竞争和消费者的节约意识下销售价格无法上涨，以及制度上无法自由设定价格，很难转嫁为人事费。

根据以上分析，在一部分产业中，即使雇佣缺口率很高，劳动者的工资也很难上涨，如果不采取提高生产性或制度改革等结构性问题的措施，劳动力市场的效率性就会很难得到改善。

二、短时间劳动与劳动生产率

（一）由于短时间劳动者的增加，时间因素上的劳动供给量减少

从总劳动时间来看，虽然就业人数在增加，但由于人均劳动时间在减少，宏观上总劳动时间一直在减少。单从年龄层来看，男性就业者所有年龄层的平均就业时间都有减少的倾向，特别是每周工作时间不足 40 小时的劳动者在增加，这也就暗示着各个年龄层的短时间劳动者的增加。同时，长时间劳动的人口比例也在全年龄段呈现出减少的倾向。特别是 30 多岁的男性，每周工作 60 小时以上的长时间劳动者显著减少。

综上，男性工作者劳动时间的减少，是短时间劳动者的增加和长时间劳动的抑制这两个因素作用的结果。另一方面，女性工作者每周 29 小时以下的就业者，除了 30 多岁的人以外，比例都在增加，而女性劳动者参与率的扩大是以短时间工作为中心。

（二）短时间劳动者的增加，使劳动生产率的增长缓慢

从劳动生产率的角度来看，如表 1 所示，2014 年以后，与过去的经济复苏局面相比，劳动生产率的增长变得缓慢。① 究其与劳动力市场相关的主要原因，可以说是短时间劳动者的比率增加。因为短时间劳动者与一般劳动者相比，在技能学习上花费的时间和费用相对较小。国际上，比较短时间劳动者比率和劳动生产率的话，虽然有一部分国家例外，但一般来说，在短时间劳动者比率提高的国家，

---

① 日本生产性本部：「日本の労働生産性の推移」https://www.jpc-net.jp/research/rd/db/pdf/index_jamp02.pdf.

劳动生产率将呈现停滞不前的倾向。[①]

表1 劳动生产率上升率（单位：%）

年份	2005—2009	2010—2014	2015—2017
劳动生产率上升率	-0.7	0.6	0.3

三、劳动力市场人才多元化面临的课题

（一）继续扩大女性和老年人的劳动参与率

基于以上分析，考虑到今后劳动力供给的制约，女性和老年人的劳动参与率还有待进一步扩大。根据日本内阁府的判断，如果所有想工作的女性和老年人都参加劳动，预计在工作时间内将增加2%左右的总劳动供给。此外，根据税制和社会保险制度上的规定调整劳动时间，可以期待通过制度改革来扩大劳动供给。但是，劳动力人口的减少是不可避免的，因此在提高生产率的同时，必须采取今后确保必要人才的措施。同时，为了在国内劳动力减少的情况下有效利用人才，有必要适当支持劳动力的自由流动。

（二）适当活跃职场转职

2016年，日本的转职市场在恢复到了290万人，未满30岁的男性中，转职后"工资提高了一成以上"的人远远超过"工资降低了一成以上"的人，以年轻人为中心的积极转职者明显增加。根据日本厚生劳动省的调查，为了活跃劳动力的自由流动，劳资双方都期待着扩充公共招聘求职信息的提供功能（38%）、对技能开发的支援（25%）、甚至能客观评价这些信息的行政部门（15%）。[②]在进一步充实职业训练的同时，需要修改提供求职信息的方法，普及作为个人职业能力证明的"职业卡"。 此外，转职者强烈要求改善企业养老金、退休金制度。根据现有企业加入的制度和转职对象企业的制度，企业养老金和退休金在离职时会被低

---

① 内阁府：「国民経済計算」、2018。
② 「平成29年転職者実態調査」、厚生労働省，2019年。

额支付，所以考虑到将来的领取金额，也有人会犹豫是否转职。日本如果能够改变就业市场环境，使人才容易转职至增长性更高的领域，或将能够缓解人才流动不足的难题，企业的盈利能力也会有所提高。

（三）把握外国人劳动力

为了确保更多的人才，有必要将目光投向海外。为了在全球化经济中产生高附加价值，不论国籍，都有必要确保拥有多样化的价值观、经验、技术、技术的高级人才。日本对于外国劳动力的问题虽然经历了多次政策调整，但与其他发达国家相比，日本对人才的吸引度是极低的。根据 2010 年经营开发国家研究所《关于各国对高层次人才的吸引度》的调查结果显示，日本仅排在第 42 位（参见表 2）。

表2　各国对高层次人才的吸引度[①]

排名	国家	吸引度
1	瑞士	9.12
2	新加坡	8.13
3	美国	8.08
（中略）	（中略）	（中略）
19	中国	5.83
33	韩国	4.58
42	日本	4.10

注：吸引度满分为 10 分

各国都认识到了外国人才的必要性，日本面临着全球性人才竞争。加之日本国内人口减少、少子老龄化越发严重的背景下，政府应将进一步扩大对外国劳动者的活用。

---

① 西川清之「人口減少社会の雇用」、文真堂、2015。

四、结论与启示

日本人口减少和老龄化潜在地推动着劳动力人口的缩减及劳动供求矛盾的紧张，但由于劳动参与率的上升，一定程度上降低了其影响。另外，就业人数的不断增加，主要贡献是来自于以女性和高龄者为中心的劳动参与率的上升，因此加剧了劳动时间的缩短化，总劳动供给的增长受到限制。再加上短时间劳动者技能学习机会少，所以劳动生产率有降低的倾向。由于这两方面的原因，与缓慢的实际 GDP 增长相比，失业率和就业人数等劳动力市场相关指标相对得到大幅改善。综上所述，相对于少子老龄化的发展，劳动参加率大幅上升，劳动力人口得以维持，但同时，劳动时间减少，劳动生产率的增长下降等，劳动供给限制的影响正在一部分明显化。为了今后的经济发展，在进一步提高劳动参与度的同时，更要积极推进各种措施，如灵活转职者制度、活用外国高级人才等。

中国与日本相比，虽然目前还拥有着较庞大的劳动力规模，但是根据《中国人口报告 2020》，2019 年，中国出生人口降至 1465 万，65 岁及以上人口占比达 12.6%，人口因素变化缓慢但势大力沉，中国少子老龄化问题已日趋严峻，若不抓紧调整将严重影响民族复兴和大国崛起。[①] 其中，生育政策调整是最根本、最重要的供给侧结构性改革之一。日本首相安倍把少子化视为国难，俄罗斯总统普京称俄罗斯的命运和历史前景取决于人口。为此，在借鉴日本的经验、兼顾我国特点的基础上，应采取适合我国国情的应对少子化老龄化的就业政策及制度改革。具体建议如下：第一，全面开放并鼓励生育的同时，应健全生育支持及保障体系。如政府增加保育所数量，以提高托儿所教师工资的形式建立补贴政策，帮助女性劳动者平衡工作与育儿的关系，为女性能够兼顾家庭和工作提供更多的支持和保障。[②] 第二，积极应对人口老龄化，打造高质量养老产品和服务体系。如构建老有所学的终身学习体系、鼓励企业留用和雇佣年长劳动力、推迟法定退休年龄等。

---

① 任泽平、熊柴、周哲：《中国人口报告 2020：少子老龄化挑战》，恒大研究院 https://www.sohu.com/a/367945304_467568

② 「女性活躍の推進について」，内閣府男女共同参画局、2015。

第三，拓宽就业渠道，增强劳动力市场韧性。深入推进供给侧结构性改革，多措并举拓宽就业渠道、搭建就业平台，实现充分就业的宏观经济目标。[1]

---

[1]《2019 年中国劳动力市场发展报告》北京师范大学劳动力市场研究中心，2019 年第 12 期。

浅论东北亚地区企业人力资源发展现状及对策[①]

黄　静　许正良　王炳萱[②]

摘要： 企业战略是企业生存发展的重要方针。人力资源作为企业战略发展的重要作用不言而喻，同时人力资源配置也是企业可持续发展的重要因素。通过总结归纳东北地区人力资源发展现状，探究现状背后的成因，提出绿色人力资源管理实践的解决方案，为实现地区经济振兴，企业可持续发展提供参考依据。

关键词： 东北亚企业；人力资源现状；合作与创新

一、引言

迈克尔·波特（Michael E.Porter）在《竞争战略》一书中论述到有效策略的三个原则：总成本领先战略、标新立异战略和目标聚焦战略。从企业制定战略发展计划的角度而言，企业的人力资源配置战略同样也具备以上三种战略的特性。因此，企业对于人才的选留用也需要考虑成本、差异化与专业度。总成本领先战略使得企业在多元变换的市场环境下具备强大的生命力。总成本中人力成本在企

① 2020 年吉林外国语大学专项资金资助项目"一带一路"倡议下东北亚企业人力资源开发与创新研究（JWKY2020JSZD005）。

② 黄静（1985.8—），四川西昌人，博士后，吉林外国语大学副教授，主要研究企业人力资源、新商科；许正良（1960.2—），吉林长春人，吉林大学教授；王炳萱（1991.3—）吉林长春人，吉林外国语大学助教。

业各项成本中占的比重较大。人力成本有可分为招聘成本、管理成本、雇佣关系存续期间的留用成本三大类。企业人员流失、人与岗不匹配、人与组织不匹配等均可造成企业人力成本的增加。差异化战略应用在人力资源管理中是指关键性的人才是企业差异化战略竞争的优势，具体表现为差异化的人才具备实现企业竞争力的关键技术和能力，通过这些人才自身技术（能力）的转换提高企业的核心竞争力。目标聚集性战略是指关键性人才长期持续在某一领域的研究与创造，并在该领域持续处于领先地位，实现"三位一体"的有效竞争战略。人力资源是企业实施市场活动的主体，企业依托人力资源完成企业的使命与任务，因此人力资源管理同时具有企业发展战略和保障措施的功用。企业依据自身战略定位和市场需求通过完成人力资源配置的优化与重组，配合企业自身的管理机制与政府部门下发的政策文件，充分培养与开发企业人才的潜能，实现企业的战略目标。因此，当产生人员流失对于企业而言最直接的影响就是会增加企业总成本，关键性技术员工流失还会导致企业丧失核心竞争力，增加企业死亡的可能性。

东北地区一直以来都是我国的发展战略要地，同时也是"十四五"发展的战略要地。从2003年开始，中央和地方相继颁布与实施了各项振兴东北的战略计划，已经在政策层面形成了完整的支撑体系。然而，东北实施战略振兴计划以来，伴随经济增长的同时，东北地区并未能引起大量的人力资源流入，反而有流出的态势。人力资源是企业可持续发展的重要因素，通过总结归纳东北地区人力资源发展现状，探究现状背后的成因，提出解决方案，为实现地区经济振兴、企业可持续发展提供参考依据。

二、文献综述

从理论研究的视角而言，人力资源的战略性和可持续性是近十年来的企业可持续发展研究领域的重点，Jackson 等 [1]（2014）研究人力资源管理系统作为管理工具的价值，认为该工具影响内部（员工及其经理）和外部（权益者、客户、社

[1] S.E. Jackson, R.S. Schuler, K. Jiang, *An Aspirational Framework for Strategic Human Resource Management Aacademic.*, Ann., 8 (1) ,2014, pp.1-56.

会及其他组织的利益相关者），关注与人力资源管理政策实施相关的流程，并承认调和竞争性组织要求方面的紧张关系。Kramar[1]（2014）指出这种方法在短期和长期内都对组织实践的预期结果具有明确的道德立场，可持续的人力资源管理可以通过许多互补的框架来理解。Aust 等[2]（2015）研究了全球最大公司中的公司可持续性报告，并与可持续管理的环境方面进行比较，评估可持续报告中涉及人力资源管理可持续性方面的内容，以及组织属性是否会对其有影响。Takahashi 等[3]（2014）提到，可持续性是人力资源管理内容的主要原则，需考虑到员工的满意度、承诺和福利，可持续性人力资源管理对财务绩效和组织目标的贡献；流程的可持续性可以最大限度地提高公司业绩，并减少对利益相关方的损害。Ehnert 等[4]（2012）指出，关于公司和人力资源管理中的可持续性的辩论涉及对自然和社会资源以及组织的实践和业务战略，而这些都会反过来影响管理条件和商业交易的未来环境。Wagner[5]（2013）认为，伴随着人力资源理论研究的不断深入，将可持续发展的环境方法整合到人力资源管理中，称其为绿色人力资源管理，在这个维度上，人力资源管理的实践与满足环境的可持续性需求有关。

国内学者对绿色人力资源的研究的时间与国外相关研究并行发展。绿色环境的概念引入人力资源领域后，国内学者从绿色人力资源的起源、发展、应用、实践等方面做了研究。唐贵瑶等[6]（2015）将国外的绿色人力资源研究的现状进行汇

---

① R. Kramar, Beyond Strategic Human Resource Management: *Is Sustainable Human Resource Management the Next Approach*? Human Resources Management, 25 (8), 2014, pp.1069-1089.

② I. Aust, J. Brandl, A. Keegan., *State-of-the-art and Future Directions for Human Resource Management from a Paradox Perspective: Introduction to the Special Issue*, Human Resources Management, 29 (3-4), 2015, pp.194-213.

③ R. Sotome, M. Takahashi., *Does the Japanese Employment System Harm Productivity Performance? A Perspective from DEA-based Productivity and Sustainable HRM*, Asia-Pac. J. Bus. Admin., 2014,pp.225-246

④ I. Ehnert, W. Harry, *Recent Developments and Future Prospects on Sustainable Human Resource Management: Introduction to the Special Issue Management*. Review, 23 (3), 2012, pp.221-238.

⑤ M. Wagner, *'Green' Human Resource Benefits: Do They Matter as Determinants of Environmental Management System Implementation?* Ethics, 2013, pp.443-456.

⑥ 唐贵瑶、孙玮、贾进等:《绿色人力资源管理研究述评与展望》,《外国经济与管理》2015 年第 10 期，第 82 页。

总和分析,明确绿色人力资源的概率形成和研究内容。石俊等[1]（2016）研究了在我国经济转型的背景下应如何实施绿色人力资源理论；指出绿色人力资源理论的出现是历史的必然,与绿色低碳经济的发展相匹配,公司应该促进组织学习并不断发展员工的职业, 即使在危机期间也要强调员工的永久资格的重要性；指出应该以技术、工具为载体,全面实施绿色企业人力资源管理。赵素芳等[2]（2019）指出, 国内对于绿色人力资源的研究集中在定性分析的层面,研究对象多为内涵、概念、评述等, 而对绿色人力资源的执行方案中应该更强调人的主观能动性与和谐的概念；同时也提出,我国情与国外不同,多因素交织阻碍了实施的效果,并且企业文化与相关绿色法律不健全,易出现员工的错误组织行为由企业来买单的现象, 以及消费者对绿色理念需求不足等问题。张小兵等[3]（2020）从制度、技术、文化和企业四个方面提出国内实施绿色人力资源管理中需改进的地方。

综上所述,国内外对人力资源研究的核心始终是如何发挥人力资源管理的优势, 产生战略竞争的效应,帮助企业实现生存、发展、壮大的使命。近年来人力资源研究有综合性、跨学科性的发展态势,其他学科的研究成果也广泛地被人力资源研究领域吸纳和使用。绿色人力资源管理理论的重要性在环境不断恶化的现状下凸显其作用。

三、发展现状分析

以我国东北企业为例,进一步对东北亚企业人力资源发现现状进行分析。从《国家统计年鉴》历年公布的统计数据来看,东北地区人口流出现状可以追溯到我国计划经济时期。早在三线建设时期,东北地区的人力资源属于政策性的援建外流。随着本地部分企业的迁移,企业内部及相关人员也一并迁移到了外地。例

---

[1] 石俊、刘先涛:《经济发展转型视角下的绿色人力资源管理:理论建构与实践路径》,《湖南社会科学》2016 年第 2 期,第 150 页。

[2] 赵素芳、周文斌:《我国绿色人力资源管理研究现状、实施障碍与研究展望》,《领导科学》2019 年第 10 期,第 104 页。

[3] 张小兵、白倩茹、贾慧敏等:《企业绿色人力资源管理实施的障碍与对策》,《人才资源开发》2020 年第 9 期,第 75 页。

如，湖北的二汽集团原由长春一汽支援建设。改革开放后，经济发展的步伐增大，中东部地区经济发展势头迅猛，领跑经济发展，人才缺口的增加加速了东北地区的人力资源外流。2003 年开始，国家先后颁布了《关于实施东北地区等老工业基地振兴战略的若干意见》《关于近期支持东北振兴若干重大政策举措的意见》《关于全面振兴东北地区等老工业基地的若干意见》等一系列政策措施振新东北经济。东北三省 GDP 总数在全国 GDP 总数的比重从 10% 逐渐下降到 5.07%（表 1）。

表 1　东北三省 GDP 总数与全国 GDP 总数

年份	东北三省 GDP 总数	全国 GDP 总数	占全国 GDP 比重
2003 年	12955.16 亿元	135539.14 亿元	10%
2017 年	55431 亿元	827122 亿元	6.7%
2019 年	50294 亿元	990865 亿元	5.07%

数据来源：中国统计年鉴

从近四年的人口年末总数来看，2015 年东北三省人口总数为 10947 万人，2016 年东北三省人口总数为 10900 万人，2016 年东北三省人口总数为 10875 万人，2016 年东北三省人口总数为 10836 万人，呈现人口总数下降的趋势。2016 年东北三省的人口增长率为 -0.72%，2017 年东北三省的人口增长率为 -0.59%，2018 年东北三省的人口增长率为 -1.33%。东北三省的人口存量出现下降趋势，年自然人口增长率也为负数。但在 2016 年度，东北三省的单位法人数达到 1041654 个，其中企业法人数达到 779802 个，2018 年度东北三省单位法人数达到 1199664 个，其中企业法人 907941 个。

由此可见，自从实施东北振兴计划以来，东北地区经济发展得到有效提高，但其提高的速度并没有与我国 GDP 增加速度持平，反而呈降低的态势；东北三省的单位法人数和企业法人数均在逐年增加，但是自然人存量人口和人口增长率在下降，形成了企业人力资源缺乏的现状。

表 2　抽样调查东北三省学历教育统计

年份	东北三省抽样人数	大专以上学历人数	研究生人数

2016 年	87863	12971	612
2017 年	86144	12667	534
2018 年	85506	12282	478

数据来源：中国统计年鉴

由表 2 数据计算得出 2016 年大专以上学历教育人数占比为 14.76%，受研究生学历教育占比为 0.69%；2017 年大专以上学历教育人数占比为 14.70%，受研究生学历教育占比为 0.62%；2018 年大专以上学历教育人数占比为 14.36%，受研究生学历教育占比为 0.56%；近三年东北三省受高等教育人数比较平稳，有略微下降的态势。

表 3　东北三省抽样调查潜在劳动力总人数

年份	东北三省 15-64 岁人口	全国 15-64 岁人口	占比
2016 年	70336	839679	8.38%
2017 年	68507	822465	8.33%
2018 年	67367	815039	8.27%

数据来源：中国统计年鉴

由表 3 数据可知近三年来，东北三省的潜在劳动力主体均占全国同类人口抽样比例的 8.33%，潜在劳动力总人数较为平均且有略微下降的态势。

表 4　全国（非）私营平均工资数与东北三省城镇（非）私营单位平均工资数

年份	全国非私营单位平均工资数	东北三省城镇非私营单位平均工资数	全国私营单位平均工资数	东北三省城镇私营单位平均工资数
2016 年	67569	54849	42833	31777
2017 年	74318	59557	45761	33762
2018 年	82413	65546	49575	36032

数据来源：中国统计年鉴

由表 4 可知，近三年来全国（非）私营单位平均工资增长比例为 9.85%，东北三省城镇非私营单位平均工资增长率为 8.5%；全国私营单位平均工资数增长率为 7.05%，东北三省城镇私营单位平均工资数增长率为 6.1%。由此可见，东北三省的平均工资增长率均比国家平均工资增长率低 0.95%—1.35%。

四、东北亚企业人力资源现状改善对策

从企业外在因素和数据统计而言，由于东北近年来人口自然人存量人口和人口增长率在下降，导致东三省人口存量和潜在劳动力供给呈现下降态势；从受学历教育的状况而言，受过大专以上教育的人口不足 15%，受研究生教育人数不足 1%；从平均工资数来看，平均工资与平均工资增长率均低于全国同期水平。因此，从我国统计年鉴数据分析可知，东北企业人力资源现状为人口存量呈下降态势、劳动力受高等教育人数较低、工资增长低于全国水平，形成了东北地区企业人力资源缺乏、人才流失的现状。

对东北企业人力资源现状改善的对策分为企业管理层面改善对策和外部因素改善对策。从企业管理层面而言，由于潜在劳动力供给不足，因此企业应该留用、善用对企业发展有利的人才（人力）。从人力资源可持续管理的角度而言，管理者在企业治理过程中有机会改善工作关系，挖掘和发挥员工潜能。首先，可以组织公司内部团建活动，在团建活动中发现员工的能力并重视员工的能力。其次，企业可以通过控制和灵活调整日常工作时间，更为变通和人性化的管理员工，引导员工实现个人生活与职业生活之间的平衡。只有员工处理好了工作与生活之间的关系，员工才会长期为企业服务。最后，企业应该为较高资历和较低资历的人员提供长期的可持续性发展的战略指导。高资历和低资历的人员容易与企业的内部管理状态失衡，因此需要长期性的关注与指导。综上所述，企业的管理人员需要在个人、组织或社会层面调整策略与基础性的架构，通过人力资源可持续管理的实践真实认知企业员工的需求，当员工对工作的满意度和承诺得到实现、员工的潜力得以发挥时，才能够实现提高企业的生产率和利润。

从企业员工的层面而言，被一家企业吸引或选择一家企业，意味着这家公司与其竞争对手相比有被员工认可的关键点。而这样的关键点正是企业文化的亮点

所在，也是员工与企业的共鸣点。基于双方有共鸣且公平公正的选择才达成契约关系。企业能够长期吸引员工，这与企业提供具有吸引力或挑战性的工作环境、鼓励多样文化的融合和平等的机会、倡导维持工作与生活的平衡、拥有健康和积极进取的员工队伍、采取适当的奖励措施、履行自身的社会义务、拥有可信赖的声誉等方面有很大的关系。

人力资源管理过程的可持续性正式文献综述中提到，绿色人力资源管理的核心强调由内向外、再由外向内的均衡可持续化管理。疫情时期，企业外部生存环境复杂多变，这就要求企业内部的良性循环足够稳定，才能使企业安然无恙的正常运营下去，而企业内部良好的运营环境正是绿色人力资源管理的核心。实施绿色人力资源管理的举措是有利于企业生存的，也是获得、发展和维持良好员工关系的关键。同时，鼓励企业管理人或领导者积极地参与到绿色企业变革的过程中去。企业管理者首先成为变革型的领导，会对员工积极加入绿色变革创新的活动中产生积极的影响力。企业在绿色创新的过程中会持续保持产品或服务的市场关联性与竞争力，实现有效竞争战略中的标新立异战略。绿色人力资源管理的实践对于化工类企业和大型制造业均有利于其完成国家相关规定中的环保指标，实现环境管理的战略导向。

此外，为了实现有效竞争战略中的第三个战略——目标聚焦战略，在绿色人力资源管理实践中，需要组织发展包容性文化和扁平化的组织架构。包容性文化中体现出企业文化的精髓之一是容纳不同性、兼容不确定性、容忍接受成本较低的错误和融合多元文化的可能性，包容性的文化是企业创造力的源泉。扁平化的组织架构利用减少企业中不必要的管理流程，在优化企业管理流程的前提下提高信息的传播能力，提高组织效率。敏捷性的组织具有快速的变革改变能力，在面对组织变革时应该积极主动的减少负面环境的影响，应该将绿色创新视为一种战略资源，并积极利用它来实现公司的管理目标。如此一来，绿色创新可以与绩效形成无缝连接。企业通过绿色转型来实现和维持卓越的绩效、领导力、绿色人力资源管理实践和绿色创新。

从企业外部因素改善对策而言，如要让企业实现对外部因素的完全掌控会比较困难。但企业可以通过人力资源管理的改革与实践，形成绿色人力资源管理体

系，令其正面因素影响外部因素的改善。第一，在政府已出台较为完善的政策的
情况下，还需政府牵头推行体制改革，优化地区营商环境。进一步推荐国有企业
改革，带动本土民营企业的发展。国有企业是东北经济体的核心组成部分，国有
企业改革会对营造良好的营商环境形成积极的带头促进作用，良好的营商环境有
助于民营企业的发展。第二，加大人才引进、挽留及培养的政策。由于东北地理
位置的特殊性，人才引进较为不易。政府应该再加强可行范围内的人才引进政策。
同时，强化人才挽留的措施，完善现有人才保障体系，建立更能吸引人才的薪资
福利、保障制度的体系来实现加强挽留本土人才的措施。另外，更加完善现有的
人才培养体系，多开展职业教育和就业教育，从潜在劳动力中培养从生手到熟练
工再到高级技师的应用技能型人才；加强研究生教育，提高本土人才水平。第三，
改善社会环境，打造绿色宜居城市。提高城市的美化度、便捷性、安全度等指标，
为留住人才、引进人才、培养人才做好后勤保障工作。综上所述，在疫情时期下，
改善东北人力资源现状需要从内外同时着手，着眼于构建高敏捷性、高效能、环
保的绿色企业人力资源管理体系。

全域旅游视阈下日本北海道地区冰雪旅游发展模式分析①

王　俊②

摘要： 随着 2022 年北京冬奥会脚步的临近，冰雪旅游的发展走进更多普通消费者的视角。如何发展冰雪旅游让消费者有更充分、更完整的体验是冰雪旅游发展的重中之重。本文从全域旅游的视角出发，对日本北海道地区的冰雪旅游发展现状进行文献调查，从现状中提炼出日本北海道地区全域冰雪旅游发展模式，以期为我国冰雪旅游发展提供成功的模式借鉴。

关键词： 全域旅游；冰雪旅游；日本北海道

"全域旅游"是一种基本符合当下我国旅游业发展实际情况的"以问题为导向、以实践为依托、以实用为目标"的理论，是一个具有本土化和实践性的概念。它产生于我国特定时期的社会经济和旅游发展背景中，是在贯彻落实"创新、协调、绿色、开放、共享"发展理念过程中形成的一种政策导向，是撬动旅游行业创新发展的并不精准的理念和模式。李金早（2016）曾明确给出全域旅游的概念和内涵，学者们也从文字含义的角度探讨了全域旅游。对"全"字的理解，如厉

① 本文系吉林外国语大学 2019 年度专项资助基金项目"日本北海道地区全域冰雪旅游发展模式及吉林省借鉴对策研究"（JW2019JSKY008）；本文系吉林省民委课题研究成果，项目编号 JM-2020-24。

② 王俊，吉林外国语大学国际商学院国际市场营销专业副教授，主要研究方向为旅游营销。

新建等（2013）提出著名的"八全"，梁学成（2017）提出以旅游者需求为发展核心，并从旅游产业发展方式转变和旅游幸福感增强两个方面理解的全行业、全部门、全要素、全时空、全主体和全管理的"六全"理论。在研究方法上，现有的全域旅游发展研究以定性分析和案例研究为主；在研究内容上，参照目的地全域旅游发展过程，从发展现状、发展路径、发展趋势、发展影响、发展建议5个方面对现有的全域旅游发展理论文献进行总结。受多种因素的综合影响，我国全域旅游发展不均衡，对旅游目的地产生着全方面的影响；在管理、营销、产品、服务等方面，依靠政府和市场从理念规划、发展要素供给、产业融合等多种路径推进全域旅游朝着旅游产业更为综合、旅游体验更为深刻、旅游业与相关产业发展更为紧密的方向发展。蒙欣欣（2016）提出全景、全时、全业、全民"四全"理论作为本研究的具体理论依据。"四全"具体指的是"全景""全时""全业""全民"，即全过程、全时间、全产业、全参与。其中全过程是指全域旅游贯穿于旅游的全过程，做到全程化服务；全时间指的是旅游业的发展不受时间的限制，没有淡旺季之分，只有"全时＋全天＋全季"；全产业指的是旅游业与其他产业融合共同发展；全参与，即做到景区和社区、目的地和客源地的无缝衔接，将民风、民俗、民情等纳入旅游体验的内容中来。综上所述，全域旅游的研究内容是十分全面和丰富的，本文经过分析，用全景、全时、全业、全民的"四全"理论作为本研究的具体理论依据。

一、日本北海道地区冰雪旅游发展现状

北海道历史上曾被称为"虾夷地"，明治年间改称为北海道，并作为日本都道府县行政划分中唯一的"道"沿用至今。北海道按照传统的地域划分可分为道央、道东、道南、道北四大区。其中道央地区的主要城市包括首府札幌、小樽、室兰等地；道东包括钏路、网走、北见、十胜、根室等地；道北包括旭川、留萌、稚内等地，道南则是以函馆为中心的区域。北海道及日本东北地区（青森县、岩手县、秋田县、山形县、宫城县、福岛县）形成了以自然资源为主的旅游资源分布。例如，北海道除了世界自然遗产"知床五湖"外，还有被《拉姆萨尔公

约》列为国际重要湿地的"钏路湿地"及"雾多布湿地",三大火山湖("屈斜路湖""摩周湖"和"阿寒湖");横跨青森县和秋田县的"白神山地",1993 年被列入世界自然遗产。宫城县有"日本三景"("松岛""宫岛"和"天桥立")之一的"松岛";岩手县有闻名于世界的"三陆海岸"。这些自然景观的存在,使北海道及日本东北地区的旅游资源特化系数大于其他地区。其中北海道地区的冰雪旅游主要以滑雪运动为主体和依托。

北海道是闻名世界的滑雪圣地,雪场全部采用天然雪,因其雪质像面粉一样松散细软,被称为"粉雪"而闻名于滑雪界。粉雪是指自然降雪落在地上,没有被压雪机压实,也没有融化变硬的状态。如果说在压雪道上滑雪有些像滑冰,那在粉雪中滑雪就像冲浪一样,因此滑雪爱好者人人都向往粉雪。粉雪对自然条件有很苛刻的要求,只有降雪极大的地区才有粉雪。因此,北海道地区极其适合滑雪。在北海道,从 1 月初到 2 月末,可谓三日一小雪、五日一大雪,一晚的降雪轻松可达 30 厘米,暴雪时一晚 50 厘米也经常可见。雪期从每年的 11 月一直会持续到次年 4 月,整个雪季降雪可达 10—15 米,雪场积雪可达 4—5 米。北海道的山脉海拔普遍不高,冬天山上温度在零下 10℃ 左右,而山下温度则在 0℃ 左右,与其他动辄零下 30℃ 的地区相比,体感温度非常舒适。

无论是滑雪高手,还是初学者,在北海道都能充分享受滑雪的乐趣。对于滑雪初学者来说,有初学者练习场;对于中级滑雪者来说,北海道的雪场道多人少,是提高水平的好去处;对于滑雪发烧友来说,则有道外雪、登山滑雪、雪猫滑雪、直升机滑雪等项目。

二、基于全域旅游视角日本北海道地区冰雪旅游模式分析

通过全域旅游的视角可以发现,北海道地区的冰雪旅游仅靠滑雪是完全不够的,很多滑雪场地还形成度假村,来满足住宿、娱乐等需求。因此,本文将从全域旅游的"四全"——全过程、全时间、全产业、全参与,全面分析北海道地区冰雪旅游的发展模式。

（一）全过程：全程化服务

全域旅游贯穿于旅游的全过程，从消费者走出家门那一刻起，旅游就开始了。在北海道滑雪，不仅能享受到世界一流的雪场，还能体会到日本独特的文化和细致入微的服务。首先，交通服务人性化，大部分航空公司都将滑雪板视作一件可托运行李，不会额外收超规行李费；从机场、火车站到各大滑雪场有专门的班车接送。其次，配套的体验设施分类明确，无论是滑雪高手，还是初学者，在北海道都能充分享受滑雪的乐趣。对于滑雪初学者来说，有初学者练习场；对于中级滑雪者来说，北海道的雪场滑道多人较少，是提高水平的好去处；对于滑雪发烧友来说，则有道外雪、登山滑雪、雪猫滑雪、直升机滑雪等项目。除了冰雪运动之外，大型的滑雪场都建有配置完善的运动中心和游泳中心，囊括了乒乓球、羽毛球、桌球、保龄球、壁球、游泳、水上娱乐，等各种类型的运动，在滑雪之余是非常好的放松娱乐去处。而且北海道地区的雪场附近必有温泉，滑完雪泡个温泉，对缓解身体疲劳有奇效。再次，对于不同类型消费群体有相应的服务。对于初学者而言，每个滑雪场都有自己的滑雪学校，课程根据雪场、课程人数、教学级别、教学语言不同价格变化很大，从 6000 日元起甚至 到 60000 日元都有；对于儿童而言，滑雪场内有许多供儿童玩耍的娱乐设施有铺满了各类小朋友喜爱的道具的滑雪道，也有众多适合儿童体验的游乐设施和游乐区。北海道雪场都有面向儿童的滑雪课，参与此课程，家长可以放心地将小朋友交给教练，同时自己也可以享受滑雪的乐趣；对于家庭滑雪来说，日本滑雪场只在需要使用缆车时才需要购买滑雪票，这一点与国内雪场购买门票的性质不同，对于同行但不滑雪的家人来说，滑雪场可以随意出入，不需要任何费用；对于国外游客，大的滑雪场有英文教练，有的滑雪场还提供中文教练。最后，日本的滑雪场的便利店都是 24 小时营业，对旅行者提供盥洗室、扔垃圾、买便当和取钱等相应的服务。

（二）全时间："全天 + 全时 + 全季"

北海道的雪场通过从时间、门票价格促销等多种手段来吸引消费者进行全天、全时、全季的消费。全天一日票包括日场和夜场，夜场还分为 16:00 开始和 18:00 开始两种；在时间上除了一日票和夜场票之外，还有小时票和回数票、多日票等，吸引进行全时消费。整个滑雪季，在初滑期（11 月中旬到 12 月中旬）和春季期（3 月到雪季末）会有 5—8 折的优惠票。如果常住的话可以买季票。部分雪场还跟巴士公司合作，推出包括滑雪票、往返车票、租雪具的套餐，价格会优惠很多。

（三）全产业：与其他产业融合发展

按照全域旅游的理念，冰雪旅游是涵盖的产业是非常广泛的。除了以滑雪为载体的体育产业以外，与之相关的产业还有以温泉为载体的健康产业、以动漫、影视等为载体的文化产业、以特色饮食为载体的餐饮业等。

1. 健康产业：北海道温泉

日本全境位于环太平洋火山带上，火山地热资源丰富，温泉资源众多，为日本温泉文化形成提供了充分的自然与历史条件。北海道位于日本的千岛—勘察加岛弧与日本岛弧之间，火山分布密集，千岛—堪察加岛弧的火山随着迁到群岛延伸到北海道东部的知床半岛，直抵北海道中部腹地的大雪山山系。这些火山群落形成了北海道道东和道北的温泉分布带。因此，作为日本的国家特色，所有的滑雪场不可能不带一个舒适的温泉。日本温泉设施非常讲究泉质，不同泉质会带来不同的疗效，因此商家也会公示自家温泉的成分分析表。北海道温泉主要包括单纯泉、盐化物泉、碳酸氢钠泉、碳酸氢钙泉、碳酸泉、含铁泉、明矾泉、硫磺泉、酸性泉、放射性氡泉、硫酸盐泉等九种泉质。对于游客而言，体验滑雪体育项目后，根据自身的身体状况进行温泉浸泡，可到达减轻疲劳，防病养生之功效。因此，体育产业与健康产业的融合，成为日本北海道冰雪旅游中最成功的产业融合模式。

2. 文化产业：影视内容

许多影视剧作品将温泉文化、滑雪、铁道等内容融入其中，也可作为内容体验的一部分，融入北海道冰雪旅游的一部分。比如，日本电影《铁道员》《海峡》《车站》等反映出北海道地区的铁路、海底铁路隧道等元素，成为无数铁道迷们难以忘怀的经典瞬间。

3. 餐饮业：特色饮食

北海道位于日本诸岛最北方，西临日本海，南濒太平洋，东北面对鄂霍次克海，北隔宗谷海峡同库页岛相望。北海道面积广大，自然资源丰富，开拓历史不长，拥有独具特色的饮食体系。从食材来看，北海道食材丰富，自给率远高于日本其他地区，水产业、农业和畜牧业都很发达。北海道位于洋流交汇处，遍布着大规模渔场，一年四季都能捕获到高品质海鲜，多种海鲜的捕获量位居日本之首；北海道土地广袤，虽开垦历史并不久，但耕地面积约占日本保有量的 1/4，农作物产量位居日本第一；同样受益于广阔土地及适宜的气候，北海道畜牧业也非常发达，乳制品在日本首屈一指，部分肉制品也占有很大市场。从料理来看，在日本其他地方常见的料理菜式在北海道都能见到。同时，由于拥有得天独厚的食材优势，以及本地众多优秀的料理，全道料理平均水平高居日本前列。从特色来看，北海道位于日本北方，气候较日本其他地区更为寒冷，诸如"成吉思汗"烤肉、味噌拉面、汤咖喱、石狩火锅等具有非常浓厚北海道特色的料理的显著特点是口味重、热量大。食用此类料理能起到抵御寒冷的作用，这种饮食习惯也是吸引食客纷至沓来的特色之一。

（四）全参与：体验民风民俗文化

作为日本最北端的行政区，北海道保留了与本州基本相同的生活习惯，知识因处于日本寒冷多雪的地区，在饮食、文化、人文性格等方面，北海道与本州有着一定的差异，北海道的住民大多是由百余年的"北海道开荒"时代，由日本各地迁移而来的移民，属于典型的移民领域，性格相对关东地区而言更加爽朗热情，大多数人对于游客是非常友好的。体验民风、民俗、民情等也是日本冰雪旅游中不可缺少的一部分。

三、结语

通过全域旅游的"四全"——全过程、全时间、全产业、全参与，全面分析北海道地区冰雪旅游的发展模式，可以看出日本北海道地区以体育产业滑雪运动为核心，以健康产业温泉为辅助，结合餐饮业、文化产业、服务业、娱乐业等相关产业，配以人性化的全程服务使游客全时、全天、全季体验冰雪，体验民风、民俗、民情等，充分涵盖了"商、养、学、闲、情、奇"等旅游新元素，为我国全域冰雪旅游发展提供借鉴。

参考文献

李金早：《何谓"全域旅游"》，《西部大开发》2016 年第 11 期。

厉新建、张凌云、崔莉：《全域旅游：建设世界一流旅游目的地的理念创新——以北京为例》，《人文地理》2013 年第 3 期。

梁学成：《全域旅游发展与旅游幸福感的增强逻辑》，《社会科学家》2017 年第 12 期。

蒙欣欣：《解析全域旅游发展模式》，《旅游纵览（下半月）》2016 年第 8 期。

张建民：《日本旅游产业发展研究》博士论文，吉林大学，2012。

新形势下东北亚区域跨境旅游发展路径分析

金 花[①]

摘要： 东北亚区域跨境旅游合作基础良好。近年来，它越来越显示出勃勃的生机和活力，其巨大的旅游市场不容忽视。随着地区国家间经贸合作的不断深入，双边和多边跨境旅游也取得了长足的发展。中国与东北亚区域国家的合作与发展取得了举世瞩目的成就。但东北亚跨境旅游也存在合作机制不完善、基础设施不完善、旅游人才缺乏等问题，影响了合作的进一步发展。本文首先阐述了相关理论以及东北亚区域跨境旅游的发展现状及存在的主要问题，接下来针对东北亚区域发展跨境旅游进行了 SWOT 分析，最后针对这些问题提出相应的解决对策。

关键词： 东北亚地区；跨境旅游；发展路径

新中国成立以来，随着我国经济发展水平和综合国力的不断提高，我国的国际地位和国际影响越来越突出。从而促进中国周边国家之间的旅游合作日益密切。例如，与韩国、俄罗斯两国互办旅游年，使中俄关系进入新的外交阶段，进一步发展了中韩关系。与两国政府共同决定进一步深化旅游内涵，加强合作。与此同时，中日关系也得到了突破性的改善和发展。随着国家之间政治矛盾的缓和，两国关系已经放缓，交流逐渐变得共同和流行。两国人民可以更好地交流，这为两

---

① 金花（1980.8—），吉林长春市人，硕士，吉林外国语大学副教授，旅游管理系专业教师，主要研究区域旅游、旅游教育。

国旅游合作奠定了良好的基础。此外，与朝鲜半岛上的两个国家——韩国和朝鲜，在各个方面的合作都取得了巨大的进步，政治、经济、文化对话进一步加强和发展。随着世界经济的发展，谁都不可否认当今世界已经进入了一个新时期——经济全球化和区域一体化，跨境旅游也在持续升温。从这些现象可以看出，东北亚区域一体化有了新进展。在区域旅游合作方面，东北亚跨境旅游已成为主要趋势。以区域跨境旅游为出发点，加强与周边国家的联系、提高和带动经济发展水平，实现共赢、是区域跨境旅游的最终目标。

一、东北亚区域跨境旅游的发展现状及存在的问题

（一）东北亚区域跨境旅游的发展现状

近年来，随着欧洲、美国等主要国家以及发达地区经济的逐步放缓，前景并不十分乐观，这为加强东北亚跨境旅游提供了契机，具有重要意义。区域跨境旅游合作的前提是双方乃至各方都需要满足自身和他国的条件。随着世界经济格局的变化，世界大国的兴衰和调整，东北亚地区的政治形势也面临着巨大的变化和威胁。同时，一些地方的政治摩擦与双边矛盾将会成为阻碍东北亚跨境旅游合作的桎梏。

1. 东北亚地区各国经济发展不均

东北亚六个国家的经济体制和市场化程度不同，导致了经济发展的不平衡。因此，各国之间的经济合作难以维持和发展，不利于在东北亚地区建立一个完整、公平的市场秩序。

地处东北亚的各国在经济、文化、思想、风俗等方方面面的发展都存在着鲜明差异。这直接导致了各国的旅游业发展、旅游市场潜力和旅游品牌价值不同，存在旅游发展水平普遍偏低等问题，让隶属于东北亚的六个国家在各自原有的旅游发展基础框架下难以实现区域跨境旅游合作发展。

2. 中国与东北亚跨境旅游的合作的互补性日益增强

现如今，单一的旅游目的地无法满足旅游者的需求，因此很难形成竞争优势，

资源的互补性就变得极为重要。然而，东北亚其他地区的跨境旅游互补性更有可能产生合作与交流。在这样的背景下，我国与东北亚国家跨境旅游的合作与互补日益加强，旅游资源得到进一步整合与创新，实现自我完善和资源的进一步开发与开发。

旅游资源互补是促进区域旅游产业合作的重要内在因素。东北亚各国的旅游资源非常丰富，资源分布也十分合理。虽然在区域划分上属于不同的国家和制度，但区域内的旅游资源具有相同的地理特征，是区域旅游产业合作的最基本条件。为了更好地发展旅游业，使其更加先进，旅游资源的合作与整合是各国的必然选择。这将使旅游资源开发发挥更大的潜力，特别是后期开发优势。

3. 旅游市场广阔，旅游人数不断增加

东北亚各国旅游业发展迅速，后续力量雄厚。作为第三产业的旅游业积极带动相关产业，如今已逐渐成为国民经济的一个新的增长点。日本和韩国的经济在东北亚六国中实力偏上，因此多年来一直是亚洲出境游的主要客源国，也是中国入境旅游的最大客源国。作为东亚"儒家文化圈"的三大经济力量，中国是儒家文化的发源地和中心，自然对同样受儒家文化熏陶与影响的日韩游客有着非凡的吸引力。"一带一路"倡议作为文化旅游发展的决定性因素，对跨境旅游合作产生了更加完善的影响，使我国与周边国家的关系更加密切，有利于更好的合作与交流，从而促进各国人民之间的交流，带动各国游客数量的不断增长，促进经济社会发展，形成良性循环。

4. 旅游项目丰富多样

要在东北亚地区建立跨境旅游，首先要认真实施项目驱动战略。通过项目集聚旅游产业要素，促进产业结构优化升级，丰富旅游项目内涵，实现旅游项目多元化。东北亚位于北温带，拥有许多自然奇观，如海洋、森林、草原、湿地、火山、冰雪等。例如，哈尔滨的冰灯在国内外都很有名；作为世界上最大最深的淡水湖——贝加尔湖位于俄罗斯的西伯利亚；中国的大小兴安山和长白山覆盖着广阔的森林；日本的熔岩景观正在聚集。此外，还有"红色之旅""古茶道""亚洲校园"等特色文化旅游项目，使中国与周边国家的交流日益密切，旅游项目更加多元化，使合作取得长足进展。

（二）东北亚区域跨境旅游发展存在的问题

1. 相关设施不完善

基础设施建设是发展旅游业的重要因素之一。其中，交通的重要性应该放在第一位。由于各国经济发展水平参差不齐，东北亚地区的交通状况存在着不平衡的情况，导致许多问题产生。例如，不同国家的港口等级不匹配，有的国家的高等级公路对应有的国家的三级公路。还有一些常见的问题，如临时工作库与一等端口的匹配等。这种措施使游客在旅游过程中的舒适度和满意度大大降低。

其次，东北亚的一些旅游项目受季节的影响较大。在寒冷的冬季，前往蒙古国和俄罗斯的游客数量将大幅减少，这两个国家位于北部，靠近极地地区，大雪和极低的气温也将减少飞往俄罗斯和蒙古的航班。此外，由于日朝两国目前并没有建立正常的外交关系，以至于两国之间的航行极为不便，这给区域跨境旅游的发展带来了重大障碍。

2. 地区旅游业发展程度不均衡

受制度差异和历史纷争的影响，东北亚区域旅游发展起步晚于其他地区，各国的成熟度不均衡，同时也存在许多相对突出的问题。这些问题极大地限制了国际间的合作与发展，导致其旅游市场不具有竞争优势。日本的旅游成熟度在东北亚地区最高，而蒙古和朝鲜最低。东北亚地区旅游发展的不平衡和旅游基础相关设施的不完善，也使得跨境旅游产业合作发展所需的大量资金无法得到保障。旅游服务质量低，相关法律法规不完善，基本物质保障得不到有效解决，使得旅游合作的过程十分艰难，严重阻碍了东北亚跨境旅游的发展与合作。

3. 缺乏强有力的机构保障

纵观历史，与欧洲、美国等发达国家和地区相比，东北亚旅游业从起步阶段就远远落后。虽然近年来，通过不懈的努力取得了快速的发展，但还没有形成完整、相应的制度体系，这是不争的事实。其次，由于文化等方面的不一致，不同国家的利益起点也不同，这会导致很多问题。例如，服务质量差、收费不合理等现象，极大地挫伤了游客的积极性，不利于发展。总的来说，东北亚地区有许多区域旅游合作组织。但是，协议的内容比较模糊，不能统一认识，相关规定没有实际意义。

4. 各国间政治摩擦不断

由于历史遗留问题，国与国之间的政治沟通框架存在很大的不稳定性。如果解决不了历史矛盾的演变和各国思想文化的差异，东北亚跨境旅游将难以继续发展。从历史问题、政治权力问题和领土问题来看，东北亚跨境旅游的进一步发展可能会受到严重制约。

二、东北亚区域发展跨境旅游的 SWOT 分析

（一）优势分析

1. 地理区域和历史文化源远流长

东北亚有着悠久的历史和文化。以中国东北地区为例：它西面与蒙古接壤，北面与俄罗斯接壤，南面与朝鲜半岛接壤，东面与日本接壤。虽然文化背景千差万别，但它们是相互联系、密切相关的。从文化根源来看，中国、日本、朝鲜、韩国和蒙古都属于汉字文化圈，所以与欧盟相比，东北亚的文化体系要比其他地区更简单。儒家文化的影响深入到各个国家和地区，形成了东北亚旅游发展的文化基础。这是区域旅游合作难得的优势和条件，为东北亚区域合作的发展奠定了良好的基础，而文化的互联互通也使东北亚旅游合作更加顺畅、便捷。

2. 旅游资源得天独厚

由于东北亚位于北温带附近，四季变化明显。它包括大陆岛屿和半岛，属于温带季风气候。因此，它有很多旅游资源。例如，海洋、森林、湿地、草原、火山、温泉、冰雪等许多自然景观。这些都具备区域旅游合作的基本条件，资源互补性强。

3. 客源市场潜力巨大

随着世界旅游经济的不断发展，东北亚无疑将成为继欧美、东南亚之后最具活力的旅游热点之一。东北亚跨境旅游将继续升温并得到进一步发展。

东北亚虽然只是世界的一个角落，但其潜力不容低估。东北亚国家之间具有区域内都有强有力的保障。随着经济和旅游业的发展，东北亚地区跨境旅游人数

也在日益增加，发展态势良好且稳定。值得一提的是，我国国内旅游、出境旅游、国内旅游消费、海外旅游消费均居世界第一，具有广阔的发展前景。

（二）劣势分析

1. 各国间旅游发展程度不均衡

虽然东北亚地区经济发展迅速，但发展不平衡现象日益突出，各国政策也不尽相同。日韩两国旅游业起步较早，基础设施比较完善，服务水平较高，有利于旅游合作。而与日本、韩国相比，俄罗斯的旅游服务质量相对较弱，中国的旅游服务相对较晚。俄罗斯与中国虽然发展迅速，但仍有一定差距。最后，由于体制政策和开放程度，朝鲜在基础设施和服务质量方面落后，且对外宣传效果差、旅游企业规模小、旅游市场培育不成熟、旅游产品缺乏整合，在短时间内难以跟上步伐。因此，朝鲜的旅游业在一段时间内难以发展，不利于区域合作。

2. 受文化影响，各国间易发生分歧

虽然所有国家之间仍有很大的差异。由于文化和意识形态的差异，东北亚六国在发展旅游产业合作方面存在一定的困难。长期以来，各国在合作模式等问题上未能达成共识。由于文化差异较大，周边国家对相同的旅游资源有着不同的开发理念，制约了合作模式的选择和旅游资源的开发。

3. 历史遗留问题已导致区域跨境旅游出现问题

历史遗留问题已成为影响东北亚区域一体化最突出的问题之一。东北亚地区是世界上人口最密集的地区之一。领土与边界之间的争端和其他问题的存在虽然是地理上的问题，但也威胁到区域安全。东北亚地区的领土争端和普遍存在的安全困境，严重制约了旅游领域的深入合作，这大大增加了旅游业合作与发展的不稳定性。

（三）机遇分析

1. "一带一路"倡议带来机遇

2013 年 9 月及 10 月，中国国家主席习近平提出"一带一路""丝绸之路经济带"和"21 世纪丝绸之路经济带"三大政策，为中国的发展提供了方向。中国"一带一路"建设依靠的是多边合作机制。"一带一路"旨在创建一个共同经济利益文化的命运体。随着习近平总书记提出"一带一路"倡议，东北亚国家开始积

极响应。在政策沟通的基础上，加快设施互联互通建设，并加强与东北亚国家的合作，抓住"一带一路"的机遇，推进跨境多边旅游合作。

2.旅游业日益蓬勃壮大成为经济增长的突破口

亚太地区的经济发展离不开东北亚地区的经济发展，特别是中日韩三国，其GDP总量接近欧盟。而这仅仅是东北亚经济发展短短10年的成果，是欧盟发展历史时长的1/6，发展潜力不容小觑。旅游业虽为第三产业，但其涉猎广、发展迅速，可以带动诸多产业，发展空间广阔、势头良好，是东北亚经济圈的重要产业。政治稳定间接影响经济发展，为东北亚区域旅游提供了机遇。随着旅游市场的不断增长和发展，大多数国家都意识到旅游业在本国经济发展中起着主导作用，旅游业的发展已成为经济增长的一大动力。因此，越来越多的国家开始调整相关的旅游政策，建设旅游基础设施，来吸引外国游客用以增加经济增长。

3.电子商务也为跨境旅游提供了动力

科学技术是第一生产力。通过网络平台建设，促进国家间更有效的交流，确保相关政策的管控和解释，开展更有效的合作。扩大跨境旅游的合作程度，网络的支持，新时期跨境旅游的体验，为东北亚跨境旅游提供动力。

旅游者作为旅游的主体，是旅游活动中不可缺少的一环。在旅游过程中为旅游者寻求便利，可以增加旅游者的观赏度，从而增加旅游次数拉动经济增长。发达的信息技术和智能软件极大地促进了中国旅游业的快速发展，特别是基于智慧旅游和智慧城市建设。此外，在智能手机平台的基础上，日本的旅游协会抓住了机遇，实现了企业的智能化转型，为日本旅游业的发展注入了新的活力。而电子商务的旅游模式增强了游客的体验，实现了游客个人旅游线路的建立。

（四）挑战分析

1.区域跨境旅游受各国影响限制多

东北亚与东南亚不同，各国之间的旅游活动存在着许多障碍，有的地方甚至困难重重。近年来，我国对外开放虽然取得了良好的发展，但与人民的期望和对外开放的总体形势仍有较大差距。虽然周边国家已成为中国公民出境旅游的目的地，但也存在许多显性和隐性的限制。东北亚地区经济潜力巨大是不争的事实，但正因为如此，利益关系才更加根深蒂固。然而，在东北亚地区遗留的许多历史问题，导致地区国家间缺乏信任机制和有效对话机制，相互影响发展。

2. 跨境旅游手续复杂

如今，虽然跨境旅游越来越受欢迎，但跨境旅游所需的手续却相当复杂。一些国家和地区虽然有相关政策，但只对本地区有利。此外，跨境旅游合作区的建设在自助出境方面存在诸多不便，使得跨境旅游合作区建设面临严峻的通关条件。

三、东北亚区域跨境旅游发展的路径分析

（一）完善区域旅游服务设施

区域跨境旅游合作已成为东北亚地区人民交往和文化交流的重要组成部分，随着各国的基础设施不断完善以及加强交通运输和通关效率，增加国际运输线路和相关跨境旅游项目，做好旅游产品、法律法规等活动的宣传和流通，是东北亚区域跨境旅游合作的重要保障和前提。在东北亚跨境旅游合作与发展中，应将现有交通设施的统一规划与开发作为首要任务。加快俄罗斯、朝鲜、蒙古等国铁路设施建设，加快旅游线路建设，简化旅游签证和相关手续，提高旅游效率。东北亚区域跨境旅游合作应从全局出发，努力消除区域障碍。各国应充分利用电子技术建立旅游数据库，实现东北亚旅游信息的及时整合与共享，为游客提供便捷、完善的信息服务。

（二）推进新型管理模式，提高服务水平

东北亚各国应尽快制定统一的区域旅游服务标准，提高服务水平，准确地与国际标准接轨，使经济和社会的发展能够随着人们精神文化需求的水平不断提高和发展。因此，推进新型管理模式迫在眉睫。建立东北亚相关区域旅游组织和定期旅游会议机制，共同推动东北亚旅游发展是目前的重中之重。在重要的旅游展会上，它必须以一个不可或缺的整体出现，并在服务标准和信息交流方面得到众人的认可和合作，才不失为它存在的意义与价值。面对共同的困难，可以通过论坛讨论寻找解决措施。东北亚区域旅游合作必须制定正确的旅游发展战略，正确

处理旅游资源的保护与发展之间的关系。在相互合作的基础上，以著名的旅游景点和旅游城市作为配送中心和连结点，跨越国界和行政边界，形成旅游线路和旅游景点，以及比较完整的区域旅游网络格局。

（三）建立完善的相应机制体系

"一带一路"跨境旅游对中国的影响很大。中国同世界各国的合作将按照平等互利的原则建立和完善。东北亚各国应加强合作，建立可靠、统一的共同组织，加强各国之间的交流，并根据旅游发展的总体形势，制定相关政策、法律法规。通过加强旅游相关立法，加快发展旅游市场监管体系，强化相关部门的监管责任，完善旅游质量监管机构。加强对旅游质量的监督管理和旅游投诉的处理，塑造国际旅游休闲度假区和生态文明体验区的整体旅游形象，但这不是一个人、一个国家可以做到的。也就是说东北亚跨境旅游也需要各国的相互合作，区域国际合作机制的创新，信息交流平台的建立和完善。因此，可以探讨与俄罗斯、朝鲜等国旅游部门建立定期交流和检查机制，共同建立重大旅游问题磋商机制、旅游突发事件应对机制和投诉机制，协调处理重大旅游事件和投诉。同时，加强各国旅游法律、法规和政策的信息交流，避免混淆和丢失，完善相应的信息交流机制。

（四）建立区域各国友好合作关系

东北亚地区的跨境旅游是在新的世界经济一体化的背景下进行的，它不是封闭的、排他的。在此前提下，各国也应遵循开放原则，友好互助合作是东北亚跨境旅游建设的重要环节。虽然国与国之间经常发生摩擦，但应在和平共处的原则下建立合作关系，相互借鉴经验和技术，取长补短，不断提高自身实力，与世界各国共同进步、共同发展。发展东北亚国家旅游合作的根本目的是促进东北亚国家自身的经济和社会发展。因此，我国应该解放生产力，提高综合国力，但这些目标必须通过国家间的良性竞争或合作来实现。东北亚国家只有建立友好合作关系，才能确保各方的长期稳定利益。各国应在坚持平等互利合作理念的前提下，考虑和落实加强相互沟通，寻求符合各方国家利益的最佳务实合作关系和路径。

（五）树立共同发展的理念

促进东北亚跨境旅游的发展，必须坚持互惠互利、协调发展的原则。这不仅要考虑到中国旅游业的发展，也要考虑到东北亚其他国家的政治、经济和社会条件。只有互利共赢、共同发展，才能充分调动东北亚各国共同发展旅游业的积极性。东北亚是世界上少有的旅游资源丰富的地理区域。它有一个独特的旅游开发网站。只有从国家根本利益出发，从长远发展的大局出发，求同存异，才能更好地发展，树立合作共赢的理念。互惠互利的原则是所有合作的出发点和落脚点，不仅适用于东北亚地区的跨境旅游。参与合作的各方之间的关系是平等的，不存在一方拥有唯一和排他的权力，以及谁来领导的问题。自然资源、基金和参与合作的各国在合作章程中享有平等权利，履行各自应尽的义务，这是提高旅游效率的基础。只有合作各方都能从中受益，才能促进合作的可持续发展。此外，我们应该将社会生态学的理论应用于合作。我们将提高合作效率和水平，加快协调可持续发展，实现互利共赢。

总体而言，促进区域旅游信息化和合作发展，作为区域旅游发展、经济发展和东北亚旅游整体形象建设的内在要求，东北亚跨境旅游合作趋势已经势不可挡。这是大势所趋，也是人心所向。东北亚复杂的历史因素、政治问题和安全环境使跨境区域旅游合作的推进不得不以多种方式进行。因此，各国需要通过区域内的经济合作，促进区域环境合作的制度化发展。

参考文献：

殷勇：《东北亚区域内多边跨境旅游合作现状与对策建议》，《西伯利亚研究》2018 年第 4 期。

张鑫：《中国—东盟次区域跨境旅游一体化合作研究》，《华北理工大学学报（社会科学版）》2019 年第 5 期。

张鑫：《基于中国—东盟跨境旅游合作下旅游教育国际化发展研究》，《乌鲁木齐职业大学学报》2018 年第 4 期。

Arie Stoffelen, Dominique Vanneste, "The Role Of History And Identity Discourses in Cross-Border Tourism Destination Development: A Vogtland Case Study", *Journal of Destination Marketing & Management*, 2018, pp.8.

Frenz Margret, "Introduction: Medical Tourism or Movement for Healthcare? Reflections on (inter-)national Cross-border Mobility", *Global Public health*, 2018.

国际教育比较研究

教育国际化视阈下的中俄高等教育合作

——以吉林外国语大学中俄教育合作为例①

周淑娟　于立香②

摘要： 吉林外国语大学俄语专业结合时代和自身特点，大力开展中俄教育合作以打造学校国际合作办学的品牌和特色，力争为培养国际化人才和振兴吉林省经济发展做出贡献。但由于俄语专业中俄教育合作起点低、时间短、经验缺乏，因此还存在一定的问题，有待进一步解决与提高。在教育国际化的大背景下，中俄教育合作应解放思想、大胆创新，锐意进取，充分挖掘合作的潜力。

关键词： 国际化；中俄教育合作；吉林外国语大学；

高等教育的现代化是创新发展过程中不可或缺的一部分。对于高等教育体系而言，回归国际化办学和开放办学是最重要的影响因素之一。纵观历史，我国高等教育国际化的脚步从未停止过，之所以说回归国际化办学，回归的是初心。世界高等教育国际化是一个不断演进和嬗变的过程。当前，随着经济一体化的发展，

① 吉林省教育厅"十三五"社会科学项目《中俄民办高等教育扶持政策对比研究》（JJKH20190382SK）和《吉林省珲春市俄语语言景观生态考察及汉俄翻译对比研究》（JJKH20190397SK）的阶段性成果。

② 周淑娟（1981.12—），女，新疆库尔勒市人，吉林外国语大学中东欧语学院院长，副教授，文学博士，硕士生导师，研究方向：语义学、语用学；于立香（1981.8—），女，吉林省梅河口人，吉林外国语大学中东欧语学院办公室主任，实习研究员，文学硕士，研究方向：汉语言文学。

各国更加关注教育的一体化。可以毫不夸张地说，经济全球化背景下的教育国际化日显重要，它已成为世界各国用于解决民族、政治、社会和经济问题的一种途径和手段，也是各个国家采取针对性政策的研究对象。

基于地缘优势、良好的合作传统以及相似的高等教育发展背景，中俄两国政府高度重视高等教育国际化并采取了系列措施以加强合作，中俄高等教育合作潜力巨大。2012 年在中国东北地区与俄罗斯远东及西伯利亚地区大学校长论坛中，专家指出哈尔滨，长春和大连将成为中国东北地区和俄罗斯校际交流的中心。作为吉林省重点高校和全国民办高校的旗舰，吉林外国语大学坐落于长春，地理位置相对优越，学校始终坚持国际化办学思想。本文在中俄教育国际化背景下，以吉林外国语大学俄语专业的中俄教育合作为例，立足现实、总结经验、展望未来，力争在教育合作的国际化道路上办出规模和特色，为把我校建设成为世界百年名校做出应有的贡献。

一、高等教育国际化的内涵

教育国际化在高等教育领域包括两个方面的内容：内部国际化和外部国际化（也称国外教育、国际教育或者跨境教育）。"国际化"的概念是复杂而模糊的。1993 年简·奈特（J. Knight）首次提出高等教育国际化的概念，按照其定义，高等教育国际化是在高等教育的主要功能：教育、研究和服务中引入国际的各个方面。高等教育的国际化目前并不存在普遍接受和已经定型的概念。一些学者认为，高等教育国际化是指基于国际化的发展方向和对象将标准的高等教育进程纳入国外教育的过程（С.Ф. Сутырин）；一些学者认为，它是大学教育国际融合的过程（Е.Г. Леонтьева）；一些学者则将其和国际化的教育、学术交流以及相互理解基础上的教育技术合作联系在了一起（M. Harari）；还有一些学者把教育国际化理解为在教学和研究层面将国际质量标准引入大学活动的过程（J. Knight）。

根据经济合作与发展组织（OECD）的定义，高等教育的国际化通常被理解成提供教育服务的目的、功能和组织获得国际评价的过程。俄罗斯学者 А. Ю. Плешакова 则认为，高等教育的国际化是指在活动、资质能力、伦理道德和战略角度的基础上将国际教育标准引入大学学习过程的综合过程。她的观点较为新颖，因为她不仅仅定义了高等教育国际化的社会教学条件，而且还指出了促进教育国际化有效进程的主要因素。

国际化进程是高等教育组织机构和其本身发展的一个因素，它可以激发高水平的教学成果、提供各种形式的研究和设计活动和国际经验等。2010 年，我国发布《国家中长期教育改革和发展规划纲要》(2010-2020)，纲要指出，要"加强国际交流与合作。坚持以开放促改革、促发展。开展多层次、宽领域的教育交流与合作，提高我国教育国际化水平"。《教育部等八部门关于加快和扩大新时代教育对外开放的意见》(以下简称《意见》)于 2020 年 6 月 18 日印发，对如何进一步发挥教育对外开放的作用、改进教育对外开放的质量效益、提升教育对外开放的治理能力和水平，明确了其原则与指针。《意见》的出台对进一步深化我国高等教育国际化办学、开辟高等教育对外开放的新天地发挥了积极的指导与促进作用。

随着全球化的发展，国际化进程已经成为高校战略合作最重要的内容。对于大多数的高校而言，登上国际舞台不仅是大学办学的重要工具和手段。当发展到一定程度，国际化就会被内化为高校所具有的一种不可或缺的目标或使命。该目标的实现不仅有助于大学寻找外部支援，而且对于大学机构的发展起着重要的促进作用。可以这样说，高等教育的国际化不仅仅是高等教育发展的战略选择，也是大学赖以生存和发展的重要条件。可见，国际化已经成为大学发展必不可少的资源。

二、我国中俄高等教育合作的历史和基础

俄罗斯与中国在教育领域的合作关系建立于 1948 年，在随后的近二十年间取得了卓有成效的成绩。1983 年，经过一段漫长的停滞期后，中俄之间恢复了正常的外交联系。此后，中俄教育空间稳步提升，越来越多的中俄留学生赴对方国高等教育机构学习的事实证明了这一点：从二十世纪五十年代到九十年代，中国留学生数量从第一批只有 400 人，到目前的 25000 人，其数量增加了约 37 倍。随着"一带一路"倡议的不断推进，中俄多领域合作交流不断深化，中俄贸易额

也大幅增长，俄罗斯国内对汉语人才的需求急剧增加，因而促使更多的俄罗斯人赴中国留学。俄罗斯的人文、物理、数学等传统优势学科对中国学生具有很强吸引力，再加上低廉的学费和高质量的教学，促使越来越多的中国人赴俄罗斯留学。在 2019 年 9 月举行的中俄人文合作委员会第二十次会议期间，俄罗斯副总理戈利科娃曾表示，目前俄中高校互派留学生人数已经超过 9 万人，2020 年的目标是突破 10 万人。

中俄两国关系正处于历史发展的最好阶段，高等教育合作对提升两国关系水平具有重要意义。2000 年，中俄双方在两国总理定期会晤机制下设立了教育、文化、卫生、体育合作委员会，签署了系列合作协议，例如：《中俄教文卫体合作委员会会议纪要》《中俄教文卫体合作委员会教育合作分委会会议纪要》（"中俄教文卫体合作委员会"于 2007 年更名为"中俄人文合作委员会"）《中俄人文合作委员会行动计划》和两国教育主管部门签署的教育合作协议，在协议的框架下两国在教育领域开展了内容丰富的合作与交流，其中包括：互换留学人员（大学生、研究生和科研教学工作者）；支持教育机构间开展直接合作；深化两国汉语和俄语教学方面的合作；参加促进人文、自然科学和工科教育发展的合作计划和项目等。

三、我校中俄高等教育合作现状概述及问题剖析

吉林外国语大学创办于 1995 年，是一所民办非营利的高水平大学，是吉林省重点高校，已经成为东北地区语种最多、特色鲜明的世界多语言文化教育中心和吉林省培养"多语种翻译+"人才和创新研究生人才培养模式的摇篮。学校高度重视国际化，坚持走教育国际化的道路，积极推进国际化办学，目前已与 30 多个国家和地区的 210 余所高校和教育机构开展合作，每年派出 800 余名学生出国出境进行长、短期语言文化交流，开展本科双学位和本硕连读等留学项目，部分专业学生出国比例达到了 100%。每年接收外国留学生 300 人左右。

作为学校的重点发展专业，俄语专业是吉林省"十二五"特色专业和品牌专业，在国际化办学方面，俄语专业始终秉承培养具有国际视野的应用型、复合型、外向型专业人才，积极开拓国际教育市场，以期逐步实现国际教育资源的共享。

俄语专业已同 10 余所俄罗斯高校开展了不同层面的国际交流合作，在学生培养方面也取得了一些成绩。

（一）教育合作现状

1. 学生交流

双方合作院校在互惠互利的基础上以公费或自费的形式互派留学生。本科生和研究生在合作框架协议下开展夏令营活动、半年或一年等长短不一的学习交流活动，主要为文化体验和语言交流，旨在扩大学生的国际视野，提高语言交流能力。目前就每年学生的出国人次而言，已经基本突破 80%。

2. 教师交流

教师交流解决的主要是国际智力引进工作，外国专家、教师的引进提升了俄语专业的教学水平。鉴于合作基础，在教师交流过程中我们往往会根据学校的实际需求和学生的实际情况选择相对适合的外国专家和教师。当然，合作院校教师互派也优化了学校师资力量配置，更新了教育理念，提高了我校俄语专业的教学质量和教学水平。

3. 平台交流

搭建教学和科研平台，实现资源共享。我校与乌拉尔国立师范大学共建《俄罗斯研究中心》，两校在中心框架下联合举办国际会议，发表科研论文，开展联合培养博士生等项目。

（二）问题剖析

虽然上述合作在某种程度上促进了我校与俄罗斯高校的合作，有力地推动了我专业国际化办学特色，但就当前的合作形式而言，仍存在亟待解决的问题。

1. 国际交流思路有偏差

我们开展国际交流的思路和前提是希望通过双向的互动，吸收和借鉴俄罗斯的优秀教育资源的经验，推动我校俄语教育事业向更高目标迈进，提升我校在国外的影响力。但是在实际操作过程中受众多因素制约，思路上难免出现偏差。我们往往会被表面现象所迷惑，从而忽略深层次合作内容。交流合作中都以自己的利益为中心，有时难免从经济利益角度出发，从而导致国际交流合作大打折扣。

2. 国际交流形式单一

从形式上来看，交流形式主要以短期交流为主，学生开展的夏令营活动、半年或一年的学习交流活动后开具相关成绩证明，国内以学分转换的方式兑换学分；从内容上来看，交流内容主要以语言实践为主，学生在国外的学习主要以语言实践为主，内容上相对单一，而语言作为一门工具，在实际运用时应当与专业相结合；从目前学生交流的整体情况来看，主要以中国学生输出为主，而俄罗斯留学生的输入主要借助公费交流的平台，没有起到互相交流的目的，并且教师交流上也是单向的。由于供需差异，大多数情况下都是中方学校在人才引进，俄罗斯高校几乎不需要引进中国教师。

3. 学生国外学习效果一般

学生出国交流文化体验远大于专业知识的获取，主要原因在于以下几点。第一，交流时间短。由于学生出国交流时间较短，对俄罗斯这个国家的认识不足，生活习惯有时会出现问题，适应当地环境以及体验当地风土人情就会花费大量的时间。第二，中俄教学理念差异。俄罗斯高校人才培养理念、教学方法和管理模式不同于国内，学生适应和接受新的教学环境和教学方法也需要时间。第三，国内外的文化冲击影响。由于文化和生活习惯上的差异，很多中国留学生到国外都愿意和本国学生住在一起，大部分时间仍然用汉语交流，没有充分利用国外的语言环境，导致语言交流提高不大。第四，目前受经济利益的驱动，俄罗斯高校的教学也难免缩水，合作院校在课程对接上也不甚理想，学生普遍反映国外教学内容偏简单，导致学业收获低于预期。上述综合因素必然导致学生国外学习专业知识的获取和国外语言实践的效果大打折扣，从而影响国际交流工作的顺利开展。

4. 国际交流平台搭建亮点不足

虽然我们与俄罗斯高校的教育合作已近十年，但国际交流平台的搭建仍缺乏亮点。在共同制定战略研究计划和专家培训计划、科教活动、相互支持师生的学术流动、国际会议和座谈会、共同实施国际项目、开展科学创新项目、国际竞赛等方面的合作都不完整。

综上所述，虽然吉林外国语大学俄语专业通过国际交流合作项目取得了一定的成果和突破，但是由于发展时间不长，国外交流合作经验不足等众多因素的影响，导致俄语专业在国际交流合作上还存在着一定的问题和不足之处。从教育国际化的内涵出发，中俄教育合作的空间和潜力很大，因此，应在不断探索和改进中推动中俄高等教育合作不断向前发展。

四、中俄国等教育合作前景未来发展思路

近年来，中俄互办的"国家年"（2006—2007）、"语言年"（2009—2010）、"旅游年"（2012—2013）、"青年友好交流年"（2014—2015）、"媒体交流年"（2016—2017）、"地方合作交流"（2018—2019）等国家级"主题年"活动，进一步拓展了两国在教育领域的合作空间。中俄教育合作应借国家政策的东风，认真剖析问题症结所在，在发展国际交流合作时理清思路、端正态度、拓宽国际交流的渠道和方式并采取有力措施，把中俄教育合作的巨大潜力挖掘出来。

（一）积极拓展多模式合作机制，实现人才的联合培养

首先，多模式的教育合作可以解决留学生数量问题，因为满足交流学生的数量是提高中俄高等教育合作质量的基础。其次，多模式的教育合作可以解决人才培养多元化的矛盾。最后，多模式的教育合作可以保证合作办学的可持续健康发展，为教育合作创造更多的机会和更大的空间。

1. 通过多项活动加大互换和互派留学生规模

派遣留学生出国学习的数量是高等教育合作国际化指标体系中的一个重要指标。通过与俄罗斯高校互换学生、接收留学生，可以扩大我国教育在国际上的影响力。除了公派学生参加长短期交流活动之外，还可以在学生学历教育，夏令营、冬令营、文化艺术节、大学展览以及学术交流等活动中互派学生参加，这样有助于两国青年相互了解、增进友谊、推动交流、提高学习热情。

2. 通过多样化的合作办学模式实现人才培养的多元化

合作办学在高素质国际化外语人才培养中体现出了不可比拟的优越性，尤其是随着市场对人才多元化的需求。通过合作办学，可以打破纯粹语言学习的界限，让学生会外语、懂专业。俄罗斯高校的课程设置正好体现了学科间的融合，有助于实现"俄语＋专业"应用型、复合型、外向型外语人才培养。所以，合作办学

是实现多元化人才培养的良好途径。

此外，合作办学也是解决教育合作中出现诸多问题的有效手段和方式。顺应目前通行的国际合作办学模式采取融合、嫁接、松散相结合，综合多种模式，根据学生家庭的支付能力以及学生的意愿，选择"4+0"（国内四年），"3+1"（国内三年，国外一年），"2+2"（国内二年，国外二年），"1+3"（国内一年，国外三年）和"留学不出国"等多种办学模式，打破之前的单纯学分转换模式，积极推进学位教育，争取学生可以获得双证。另外，合作办学项目不能仅停留在本科层面，还应该延伸到研究生培养层面。因此，还可以开展本硕连读项目、研究生"1+1"双学位等项目。

合作办学的方式很灵活，它不仅仅体现在学位教育上，还可以是一个项目、一门课程或者学术探讨等。重要的是，要通过各种机制保证国际合作办学的长期可持续发展。因此，质量建设是当前中外合作办学发展的核心。为保证合作办学的质量，除了国家层面用全局性的政策法规来约束之外，高校也应该树立科学合理的质量观，应该依据自身的办学定位、层次、类型和生源特点，量身定制适合自身的质量标准。具体包括：

（1）通过实地考察和调研，与俄罗斯高校深入交流，了解对方的教学理念、教学方式以及教学内容，结合自己学校的特点，制定出合适的培养模式和培养计划，明确不同类型的人才培养基本架构。根据学生的基本情况、专业要求及培养目标等，多角度考虑课程设置和教学内容，注重因材施教。

（2）结合教育发展规律细化教学内容，充分发挥双方的优势，充分利用双方的优质教育资源。加大师资培训，提高教师的业务水平，明确教师的主体地位，提高教师的责任心。

（3）根据自身办学条件对教育教学模式和育人机制进行多样化的创新性探索实践。简单拼凑嫁接对方教育资源或照搬经验必然导致合作办学问题重重，而纵观取得较高办学质量和良好社会声誉的中外合作大学，无一不是对其教育教学模式和育人机制进行了积极的创新。

（二）加强教科研活动，实现优质资源共建共享

中国高等教育学会会长瞿振元教授提出，高等学校要进一步加强与国外高水平大学的合作，建立教学科研合作平台，联合推进高水平基础研究和高技术研究。同时，各高校应携手应对人类共同问题，提升我国参与国际教育治理的能力和话语权，这也是教育国际性的一个非常重要的表现。为了提高中俄教育合作国际化的内涵，吉林外国语大学俄语专业已经和乌拉尔国立师范大学签署了框架性协议，成立了《俄罗斯研究中心》，并在中心框架下开展了系列活动，但是就目前情况来看，还可以扩大横向领域，在层次和质量上不断提高内涵。

1. 激活研究中心面向应用搞研究的机制，扩大中心辐射范围。

俄罗斯研究中心的建立旨在加强中俄两国高校在科学研究、人才培养和文化艺术领域的交流与合作。如果研究中心只注重研究而忽略应用的话，那很难形成促进科技成果转化、提高自主创新能力的氛围。因此，应结合学校的应用型办学定位，在规范中心管理的同时，从政策上积极引导中心研究人员的研究方向，鼓励应用研究和创新研究。此外，吸引更多的俄罗斯高校和国内高校加入此中心，把中心建设成为未来致力于开展中俄关系智库研究，最终成为中俄两国政府提供决策咨询建议的国际化中心。

2. 定期举办各级各类学术研讨活动，服务国家、地方和高校

未来，携手俄罗斯更多的高校，在研究中心的框架下，定期举办包括学术讲座、研讨会、联合研究等学术类活动，共同撰写出版教材、学术著作，以促进两国高校与研究机构交流，实现两国科研合作和科研方向的对接。通过联合研究为两国有关部门和地方开展合作献计献策。同时开展大学生互换交流、论文竞赛、创新创业大赛等活动，更好地为高校教育服务。

3. 积累在线教育资源，实现网络远程教育的普及化

自新冠疫情暴发以来，教育领域发生了巨大的理念变化。越来越多的学者和专家认为，随着现代信息技术的发展，线上与线下的混合式教学必将是后疫情时代的教育教学方式。而网络远程教育也将会是未来教育国际化的重要发展方向，因为它可以实现足不出国就享受到国外优质教育资源。但是目前，中俄教育合作在此领域的潜力尚未开发。因此，可以加大该领域的研究和思考，和合作院校共

同开发和建设在线教育资源，促使在线教育实现跨越式发展，开创新时代高等教育国际化的新局面。

（三）开展横向合作，创新高等教育合作平台

教育市场的动态性决定了人才培养要根据市场需求做出相应的改变，教育合作亦如此。随着多元化人才培养需求的不断变化，学生对教育合作国际化的需求也呈现出了多样性的特点，这势必会引起中俄教育合作的多样化。但是，在实际操作时，仅依靠自身的力量来改善国际教育合作结构越来越难，因此，未来如果高校之间进行横向合作，比如两个或多个高校通过分享对方的教育合作资源，就可以达到降低成本、提高效率、增强市场竞争力的目的。尤其是当高校在战略上结成联盟，通过优势互补以及差异化合作来共享合作教育资源时，就可以大大提高竞争力。随着高校间战略合作的不断深入，在不远的未来，国际教育合作资源的共享也会实现，其将有助于创造更高更好的国际教育合作平台，为合作院校的共同发展注入新的活力。

五、结语

中俄教育国际化合作的潜力和发展空间很大，因此，应该积极扩大横向领域教育合作交流活动的范畴，不断提高纵向层次教育合作交流活动的质量，不断创新。积极开展教育国际化的根本是让学生在学业水平上与发达国家同类型、同层次的学生达到实质性等效，这是检验我国高等教育国际化最重要的标志，也是高等教育合作中努力的方向。

参考文献

王加兴：《新世纪以来的中俄教育合作与交流：现状与前景》，《中国俄语教学》2020 年第 1 期。

薛卫洋：《论中外合作办学的质量观》，《中国高教研究》2015 年第 10 期。

瞿振元:《中国教育国际化要注重提高质量》,《高校教育管理》2015 年第 5 期。

［加拿大］简·奈特:《激流中的高等教育：国际化变革与发展》, 刘东风、陈巧云译, 北京大学出版社, 2011。

Лю Цзея, Развтие российско-китайских отношений в области образования, Образование за рубежом, 2013(10): 91-104.

Ларин, А.Г. Китай и зарубежные китайцы, М.: Ин-т Дальнего Востока, 2008: 94.

Плешакова, А.Ю. Социально-педагогические условия интернационализации высшего образования: дис. … канд. пед. наук /А.Ю. Плешакова. – Екатеринбург, 2015:178.

"一带一路"倡议背景下中韩高等教育国际合作研究

李　丹[①]

摘要： 在当前"一带一路"倡议建设扎实推进的背景下，中韩高等教育应该在已有的合作基础上思考以往成功和失败的经验，增进了解，构建高等教育区域化集成，在教育全球化的大背景下进一步推进区域教育合作与互动。本文通过分析韩国高等教育国际化现状，以及政府与高校层面在推进高等教育国际化方面的政策和举措，探讨在"一带一路"倡议背景下，中韩高等教育合作交流的有利基础、存在问题以及合作建议。

关键词： 高等教育国际化；韩国留学；韩国高等教育；学生交流；科研合作

中国国家主席习近平在 2013 年 9 月出访哈萨克斯坦时，首次提出共建"丝绸之路经济带"的构想；同年 10 月，出访印度尼西亚，首次提出共同建设 21 世纪"海上丝绸之路"的倡议，并称"一带一路"倡议。2015 年 3 月 28 日，中国国家发改委、外交部、商务部联合发布了《推动共建丝绸之路经济带和 21 世纪海上丝绸之路的愿景与行动》，自此，"一带一路"倡议也由战略理念和构想逐渐发展为更加明晰的行动指南和路线图。"一带一路"倡议构建了中国全方位开放新格局，通过与沿线国家的互利合作，深度融入世界经济体系。

中国与韩国同处"一带一路"倡议的东北亚区域，在意识形态方面同受儒家

---

① 李丹，副教授，韩语语言学博士，研究领域为平行语料库建设，现任吉林外国语大学东方语学院院长助理兼韩语系主任。

文化影响，因此从古至今，各方面交流广泛。二十世纪九十年代以来，韩国开始了高等教育国际化进程，短短三十年时间，在历任政府和高校的共同努力下，韩国高等教育国际化已经取得了相当丰硕的成果。自 1992 年中韩建交以来，在高等教育领域的交流和合作一直保持良好态势，在韩国高等教育的国际化进程中，中国作为其重点生源国，同时也是重点出境留学国家，角色举足轻重。"一带一路"倡议的提出，为中韩高校间的科研合作、人才交流与区域文化教育提供了前所未有的重大机遇。

一、韩国高等教育国际化现状

出入境留学指标是衡量高等教育国际化的一个重要指标，根据韩国教育开发院（KEDI）的最新统计结果 [①]，截至 2020 年 4 月 1 日，韩国高等教育机构的外国留学生数（涵盖专科、本科、研究生、远程教育等各类学校在学的留学生）已达 153695 人；且自 2016 年至 2017 年，韩国的外国留学生数以每年 20000 人左右的幅度稳步增长，只是 2020 年因受新冠疫情影响，相比 2019 年的 160165 人减少了 6470 人。从留学形态来看，有自费留学生、政府邀请奖学金生、高校邀请奖学金生，以及本国政府派遣奖学金生等，其中自费留学生为 92%，占绝对比重。从生源国来看，中国以 67030 人居首位，占总留学生人数的 43.6%，其次为越南 24.9%，乌兹别克斯坦 5.9%，蒙古 4.5%，日本 2.1%，美国 1.2%，其他国家 17.8%。这个生源国占比自 2017 年至今基本没有大幅波动，可见，中国近年来一直是韩国的入境留学生源国大户。此外，在外国留学生人数排名靠前的几所大学中，中国留学生人数基本都占到了一半以上。由高到低分别为（留学生人数 / 中国留学生人数）：庆熙大学（5394/4031）、汉阳大学（4485/3484）、中央大学（4092/3311）、成均馆大学（5092/3275）、高丽大学（4074/2368）、东国大学（3278/2094）、国民大学（2750/2021）等。

同期统计的韩国出境留学的学生数达 194,916 人，远远高于入境留学生数。

---

① 韩国教育开发院（KEDI）：《2020 年国内高等教育机构外国留学生统计 /2020 年国外高等教育机构韩国留学生统计》，2020 年 12 月。

从 2008 年至今的统计数据可以看出，韩国出境留学生人数一直保持在 20 万人左右，没有大幅波动。从留学国别上来看，美国与中国近年来不相伯仲，2020 年美国高于中国（美国 52250，中国 47146），近年来赴中国留学人数逐年减少（2018 年为 63827 人，2019 年为 50600 人），其次为澳大利亚、日本、加拿大、德国、法国等。由以上统计数据可以看出，韩国国内留学生人数在持续稳步增长，其中最大的生源国为中国；韩国出境留学人数保持平稳态势，最大的出境留学国家为美国和中国。

为何中国能够成为韩国高等教育国际化的重要生源国和目标留学国家呢？首先，地理上，中韩为邻国是一大因素，但是由于历史性的原因，以往韩国民众心目中的国际化即为"美国化"，因而出境留学以赴美为主。进入二十世纪九十年代，随着中国经济的突飞猛进，中韩两国在经济、文化等领域的交流日益加强，韩国学生赴中国留学的意愿也随之增强，2016 年，赴中国留学的韩国学生数量首次超越了赴美的韩国留学生数量。[①] 而中国留学生能够在韩国入境留学占重要比重，与韩国近年来实行的高等教育国际化相关政策和举措有直接关系。

二、韩国政府推进高等教育国际化方面的政策及举措

在经济全球化的大背景下，韩国高等教育借鉴发达国家的教育模式，于二十世纪八十年代就提出了"国际化"的教育目标，这些年来，通过构建国际化教育体系，培养国际化人才以及国际化的交流和合作来逐步推动和实现高等教育的国际化。具体做法表现在：鼓励本国学生留学、教师访学、国际学术交流；吸引外国留学生来本国留学、引进外籍教师以壮大国际化的师资力量等诸多方面。韩国政府在推动高等教育国际化、高等教育国际化水平评估方面所出台的相关政策对于高校具有明显的导向作用，也是高等教育国际化的重要推动力。

（一）留学韩国计划（Study in Korea Project）

为了应对本国学龄人口下降、高校经费不足等问题，2004 年，韩国国家人力

---

① [韩] 崔林：《新世纪以来韩国高等教育国际化进程中的留学现状》，《世界教育信息》2017 年。

资源开发会议上颁布了《改善贸易外收支的中长期应对策略方案》，其中"留学韩国计划（Study in Korea Project）"被选定为重点实施政策课题，该项政策旨在提高高等院校的国际竞争力，吸引外国学生来韩国留学深造，扭转留学教育赤字，改善国内生源减少带来的教育资源闲置浪费的局面①。经过几轮推进，来韩留学生人数明显上升，规模不断扩大，有效提升了韩国高校在国际高等教育市场的影响。近几年来，为了实现该计划"2020 年留学生总数达到 20 万人"的目标，韩国高校大力加强国际化水平，加强与国外高校之间的交流，提高留学生数量，以本科生及语言研修生为中心，以大学特有的研究竞争力为基础，重点吸引各国高层次研究生；培育研究型重点大学，充实大学外语教学课程，夯实国际化基础；打造国际化教育环境，提高外籍教师数量，增加英语授课课程；加强国内和国外的韩国语教育。同时，该政策在吸引国外优秀教育资源、与国外高校联合开设课程等方面均取得了一定的成果。

（二）完善高等教育国际化质量评估体系

韩国教育部（原教育科学技术部）为了加强和完善对高校的国际化质量评估，从而能够吸引更多优秀的外国留学生并提高韩国高校的国际化水平，从 2012 年起，逐步完善国际化认证体系，至今已经进入第三个周期。2012 年至 2015 年为第一周期，推出"高校留学生招生和管理力量认证制"，并进行实态调查；2016 年至 2019 年为第二周期，更名为"教育国际化力量认证制"，将评估范围从原来的本科课程扩展到语言研修和研究生学位课程；2020 年至 2023 年为第三周期，计划在 2020 年 9 月起施行。认证评价指标包括三个方面，即必要指标、核心条件指标、国际化支援指标（也称精诚指标），必要指标指学生的非法滞留率和中途退学率，核心条件指标包括学生的学费负担额度、医疗保险加入比重、语言能力以及宿舍入住情况，国际化支援指标包括学校对于留学生学习和生活的支援以及对学生的教育成果等方面。通过对高校留学生招生管理的实态调查，对于满足上述指标的学校给予签证发放等方面的优惠政策，而不达标的学校则会予以相应的签证发放等的限制。第三周期在前两期的基础上评价方法和指标有所变化，主

---

① 韩国教育人力资源部：《高等教育国际化战略推进方案》，2012 年 10 月。

要是将学位课程和语言研修课程分开评估，并在留学生的入学和选拔环节新设了一些指标项目，并且强化了语言能力的标准。此外，在留学生支援和管理标准方面加入了留学生商谈率、满足度管理等方面的审查。认证期由之前的 3 年延长到了 4 年，且在认证大学中再指定"优秀认证大学"，并扩大其优惠政策。韩国的高等教育国际化质量评估体系的逐步完善，强化了对留学生的质量管理和监控，提高了韩国高等教育国际化的综合水平[①]。

（三）将国际化指标引入高校评价体系

国际化指标已经成为韩国高校的重要评价因素，是否具备国际化理念和视野、招收国际学生以及派遣本校学生留学的数量、英语授课比例和师资队伍的国际化，以及海外的机构和项目进军等都是国际化指标的内涵。例如，汉阳大学是一座有着 80 年传统的综合性私立大学，现在已经与 76 个国家的 777 个国外机构签订了学术交流协议，开展多样的国际交流合作活动。为了使其所有教职工和学生都具备国际化视野，营造国际化环境和氛围，与国外高校互派教师和学生，此外，学校为学生提供各种海外教育项目，并将其作为学校的最优先的培养目标，如派遣学生赴国外大学交换留学、派遣学生去 IT 领域研修和实习、对于外语研修给予学分认证、出资派遣优秀毕业生赴国外学习等，不遗余力地培养社会所需的国际化人才。值得一提的是，为了跻身国际化一流大学的行列，汉阳大学的"Globle 3.0 Project"，在教育、研究、产学合作方面推进国际化，与中国上海、美国纽约、圣荷西等地建立创业基地，扩大国内学生的海外实习机会。

四、"一带一路"倡议背景下中韩高等教育国际化合作建议

从以上韩国高等教育的国际化现状以及韩国政府近年来在国际化方面所做出的一系列举措可以看出，韩国在国际化方面不遗余力，尤其在与中国高校的国际化合作方面近些年来成果显著。虽然 2020 年受新冠肺炎疫情影响，较 2019 年的

---

① 韩国教育部：《第三周期（2020—2023）教育国际化力量认证制及实态调查基本计划（试案）》，2019 年 12 月。

入境和出境留学人数有所下降，但是仍保留在较高水平。在中韩两国的共同努力下，合作规模在不断扩大。两国在当前"一带一路"倡议扎实推进的背景下，中韩高等教育应该在已有的合作基础上思考以往成功和失败的经验，增进了解，构建高等教育区域化集成，在教育全球化的大背景下进一步推进区域教育合作与互动。中韩两国高等教育应抓住机遇，站在东北亚区域合作的视角，探索合作契合点，构建中韩高校文化教育共同体。以往的交流合作形式很大比重上为松散的、低层次的，虽然在学生互派的层面上形成了相当的规模，但是在合作办学、教师互访、构建科研合作平台等方面并未形成长效机制。

未来应当围绕构建合作平台寻找开展实质性合作的政策切入点，在政策支持下开展制度化合作，形成中韩高等教育合作交流的长效机制。政府层面签署中韩高等教育创新合作机制备忘录，这是未来国际合作创新发展的战略需要，双方共同研究具体举措，营造有利于促进合作的新的制度环境。在此基础上，未来应加强以下几个方面的深度合作：

（一）完善课程设置

增进中国高校与韩国高校之间的理解和互动，尤其在"请进来"方面多下功夫，解决派出学生与接收学生数量不平衡的问题。而且数量的提升不应仅停留在量上，即学生交流类型应以高层次的联合培养为主，以具体的专业对口交流为主要方向。但是目前与韩国学生互派交流方面存在一个最大的问题就是语言的问题，各专业的课程设置中全英文授课的课程比例极低，因此如果学生不掌握留学国家的语言，去攻读学位可以说是不可能的。这就要求两国高校增加各专业的英语授课课程比例，已达到培养国际化人才的要求。因此，高校应该真正融入国际化办学理念，从课程设置到教师队伍质量，全面提升国际化水平。同时，国际化的中心是学生，应以真正有多少学生从国际化中受益为标尺衡量高校的国际化水平，积极鼓励学生"走出去"，并为其做好前期的铺垫和后期的保障，扎扎实实地推进这一进程。

（二）构建科研合作平台

中韩以往的国际化合作在师资和学术合作方面整体处于较低水平，高校间的教师互访、学术交流都十分欠缺。中国和韩国共同受到儒家文化影响，同属汉字文化圈，人们的意识形态相近，而且民间的文化交流基础很好，这为科研合作打下了良好的基础。基于此，政府可开展多种形式的学术论坛，针对某一中韩社会有共鸣的课题进行学术探讨和交流，逐渐搭建学术交流平台。相信在政府与高校的共同努力下，中韩学术和科研交流会结出硕果，从而将中韩高校的国际化合作带入一个更高的层次。

"一带一路"倡议背景下高校对外传播语言文化的策略研究[①]

尹　燕　吴丰澍[②]

摘要： 在对外宣传中国文化方面高校的作用不容小觑，并且文化传承也可以说是高校的最为重要的职能之一。在全球化深入发展的今天，高校在传播语言文化的途径上迎来了新的机遇，同时也面临了一些挑战。本文将通过分析"一带一路"倡议背景下高校对外传播中华语言文化中遇到的困境，提出一些传播策略。

关键词： 语言文化；传播；困境；策略

中国自改革开放以来历经了 30 多年的对外交流历史，改革开放的伟大政策帮助中国从闭关锁国走向了开放民主的平坦大路，改革开放给我们带来了前所未有的机遇和挑战，但是国家快速成长的同时势必会伴随着一些小问题，为了解决问题并且实现更加开放的中国与更加和平的世界，习近平主席提出了"一带一路"倡议。"一带一路"倡议是中国扩大和深化对外开放的需要，也是加强和亚欧非及世界各国互利合作的需要。在"一带一路"倡议中在文化方面重点关注人文交

① 2019 年吉林省高教协会项目"一带一路背景下吉林省民办高校对外传播中华语言文化研究"（吉高学会 [2019]7 号）。

② 尹燕（1982.2—），吉林王清县人，博士，吉林外国语大学副教授，硕士生导师，主要研究韩国文化、韩语教育；吴丰澍（1997.6—）：江西贵溪人，吉林外国语大学在读硕士研究生。

流，人文交流的深入和扩大是当今社会国与国之间、人与人之间必不可缺的部分，不同文明间的交流融合，人民之间的和平友好共处，是当今世界的主旋律。所以通过"一带一路"倡议加强与沿线国家的教育沟通和文化交流，这对文化传播及教育领域都会有极大的影响。交流是维护世界和平友好的重要基础，了解对方的语言文化是交流的垫脚石，所以对外传播语言文化对维持国家间乃至世界的和平有着至关重要的作用①。

中国的高等学校在语言文化传承方面一直是重要的组成部分，也对思想文化创新有着重要贡献。高校一直以来都是中华优秀传统文化弘扬和传播的主战场，也是创新中华优秀传统文化的重要理论平台和传播途径，高校可以说在传承中华优秀文化和创新思想文化中发挥了重要的角色。总而言之，高等学校在对外传播方面是弘扬中华优秀传统文化的重要组成部分，也是弘扬中国特色社会主义核心价值观的必要手段。

一、语言文化传播背景

（一）政治因素

习近平在 2013 年提出了建设"新丝绸之路经济带"和"21 世纪海上丝绸之路"的合作倡议，提出依靠中国与有关国家既有的双多边机制，借助既有的、行之有效的区域合作平台，高举和平发展的旗帜，积极发展与沿线国家的经济合作伙伴关系，共同打造政治互信、经济融合、文化包容的利益共同体、命运共同体和责任共同体。中国在"一带一路"倡议提出以后一直积极开展活动，"一带一路"倡议虽然在一开始主要针对的是经济活动，但是随着时间的推移和"一带一路"倡议的扩大化，在 2015 年发布了针对教育交流的"一带一路"倡议。

2015 年，国家发改委、外交部、商务部联合发布《推动共建丝绸之路经济带和 21 世纪海上丝绸之路的愿景与行动》，发出共建"一带一路"倡议，教育领域也相继出台了多个与"一带一路"倡议有关的相关政策。2016 年，教育部印发了

---

① 常怀云《中国传统文化的国际化传播困境》，《出版广角》2017 年第 301 期，第 58—60 页。

《推进共建"一带一路"教育行动》，同时提出了"一带一路"沿线国家教育加强合作、共同行动的新教育合作政策。政策中指出国家间的教育既是共建"一带一路"的重要组成部分，又为共建"一带一路"提供人才支撑，并提出了开展教育互联互通合作、开展人才培养培训合作、共建丝路合作机制等国家间教育合作重点和焦点。教育部的各项官方权威发布为高校做好"一带一路"倡议背景下文化传播交流工作提供了政策支持和方向指导，在这样的政策推动下和支持下与"一带一路"相关的教育研究在现阶段百花齐放、百家齐鸣。

（二）媒介因素

随着网络的发展，新媒体技术在教育领域的比重渐渐增强，网络新媒体技术的应用对国家间的人文交流提供了更多的可能性。随着时代的迁移，新媒体技术基于网络视野通过运用高新技术深化教育领域，渐渐改变了教育形式。随着网络的发展和网络在人类生活中比重的扩大，教育活动跳出了原本一成不变的线下授课形式，利用新媒体技术的线上授课渐渐成为高校教师授课的一种新形式，并且利用新媒体技术的教育活动也在源源不断地扩展深化。

在教育活动中运用新媒体技术的主要原因可以总结归纳为两种，一是文化传播平台的增加。随着网络教学的引入，线上教育开展活动的方式也逐渐多样化，社会在不断进步的同时，网络社会也在以飞快的速度深化发展。相比较于古代的私塾学堂，再到新时代的小学、中学、高中、大学的大课堂授课，再到现如今的线上线下"双位一体"的授课形式，教育正在发生日新月异的改变，这些改变从总体来讲是有益无害的。而且地域的辽阔和人口的庞杂也导致了原有的教学方式有相当大的局限性，所以以利用新的文化传播平台有利于更快、更高效率地进行教学。二是传播方式更为复杂多样。传统的文化传播工作主要依靠报纸、电视等大众传媒，这种传播速度较慢、制作手段复杂且成本较高，如今可以采用更先进的新媒体技术，快速又便捷地展示出新颖的教育形式，从而达到更好的视觉、听觉效果。教育作为一个国家的重中之重，一定要紧跟时代的浪潮不断变化，才能培养出符合时代背景的优秀人才。另外，国与国之间的教育活动和文化传播也可以通过新媒体技术跨越山河大海，直达人类心灵的彼岸。

二、高校传播语言文化中的困境

（一）文化背景差异

"一带一路"路线图横跨欧亚大陆，途径几十个国家，沿线国家文化多元，历史庞杂，地理环境不同。众所周知，每一个国家都有自己不为人知的风俗习惯和文化思想，每个国家都有自己当地的文化和历史，所以所能接受的文化也不尽相同。文化全球化对文化融合的要求与文化本身的多样性形成了矛盾和冲击①，在不一样的文化环境和基础下，即使是传播同样的文化，传播到各个国家的时候因自身的文化环境和基础不同，所理解的内容也有所不同。而且由文化差距引起的信息不对称很容易导致沟通上的冲突，久而久之便会互相产生不必要的误解。因此可以看出文化的差异和多元化为高校开展语言文化传播活动带来了极大的挑战，所以如何准确有效地向"一带一路"沿线国家传播中国语言文化是本次调研的一大难题。但是，只有解决这个难题，才能更好地做好中华优秀语言文化的传播。

（二）文化传播接纳度

"一带一路"沿线国家的分布较广，每个国家的文化历史属性不尽相同。相对于日本、韩国等亚洲国家来说，因为自古代以来就一直与中国进行了频繁的交流活动，所以不论是文化还是语言、风俗等方面都与中国有异曲同工之妙，因而在对外传播的过程中就会相对简单高效。但是大部分国家，尤其是中东欧国家，与中国在语言方面和文化方面存在较大差异，因此此类国家对中国语言文化的接纳程度上会出现层次性。所以如何让更多沿线国家更好地接纳中国语言文化，提高中国语言文化接纳度，是传播中华语言文化工作中重要的一环。

（三）人才队伍欠缺

对外传播是以国外受众为传播对象的一种跨文化、跨民族、跨国界的信息交

---

① 王宁霞，李志国：《"一带一路"背景下中华优秀传统文化对外传播的路径探索》，《发展论坛》2019 年第 3 期，第 13—14 页。

流，存在着语言、文化、民族风俗、接受方式等差异。只有正确了解对外传播的对象，才能够使得对外传播更具有针对性，并达到预期效果。若高校只靠外事处，国际交流学院等几个部门传播文化，并不能达到明显成效，必须动用更多的人员组织传播文化的活动。但目前为止，大部分高校对外传播中华语言文化的意识还是较为薄弱，而且在国际活动上深度传播中华优秀语言文化的人才还是极为缺少。虽然大部分高校老师都具备良好的专业知识，能够从容应对专业知识讲授及相关研究，但对于语言文化的传播还是有很多地方不够了解。随着越来越多的国际会议和国际交流活动的举办，高校老师背负弘扬中华优秀语言文化的任务越来越重，因此文化传播人才队伍建设也将会对弘扬中华语言文化起到非常重要的作用。

三、对外语言文化传播策略

（一）对外传播倾向视野

对外传播不是可以一蹴而就的快餐品，而是需要长期和深入的调研。开展文化传播的前提需要使即传播内容被接受。只有受传播国家可以接受我国要传播的文化内容，国家间的教育才会有进一步深入交流的空间。自古以来，在各个国家中各国人民对美好生活的向往和国家对高素质人才的教育是永恒不变的主旋律。因此，通过深入调研教育市场、分化教育受众类别，将我国要传播的文化知识首先传播给对新文化知识接纳程度高的人群，由此加深文化认同，并借此机会一点点扩大认同人群以便开展进一步的文化互动。最后，通过认同人群的扩大和文化互动，将文化传播给其他国家的各领域人民。

（二）"引进来"和"走出去"

在"一带一路"背景下，国家间的教育合作必不可少，特别是在对外语言文化传播方面，教育交流合作是最为重要的一环。自从我国开展外交事业以来，国际教育合作一直是高校的教育重点，我国高等学校与国外高等学校实行共同办学，或是与国外高校缔结姊妹学校关系，相互输送高等教育人才进行交换学习活动，都是语言文化走向世界的重要途径和渠道。通过教育交流与教学往来，促进语言文化交流。在人才输送方面采用多种形式，才能真正做到高素质人才的"引进来"和"走出去"。

与此同时，国家间、高校间的人才输送以外还需要建立完整的交流机制。如果说人才输出和引进是对外语言文化传播的垫脚石，那么建立多种交流平台的人才交流机制就是对外语言文化传播的里程碑。在"一带一路"背景下，建立多种交流平台，在多种交流活动中深化文化交流、教育交流和科研交流。以史为鉴，国家间建立完善的交流体系对传播语言文化极为重要。高校通过开展各种高层次国际会议和跨国际研究、交叉学科研究等人才交流平台，开展语言文化方面的研究，与国内外优秀教师、学者们进行高标准对话，引进国外先进研究理念和科研思想的同时也对对外语言文化传播有一定帮助。

（三）培养传播人才

如果说语言是对外传播文化的重要武器，那么熟练语言的高素质人才必然是传播对外文化的重要因素。在"一带一路"的背景下，高等院校与国外高等院校建立交流体系，开展教育合作和人才输送是培养承载国家对外语言文化传播使命的通晓沿线国家的语言文化和国情的高端人才的主要方式。有效利用国内各大高校的特色，注重对多语种高素质人才的培养，使"走出去"的国内多语种人才在国际舞台上发光发热。同时对"引进来"的各国留学生们进行教育培养，根据每个留学生的国家国情以及不同的文化背景，量身进行语言文化教育，培养出优秀的中国文化传播者，吸纳沿线的留学生，通过培养传播人才来传播中国的优秀语言文化。

（四）新媒体传播运用

当今媒体发展速度不断提升，新媒体技术也越来越强，新媒体技术的兴起为文化交流提供了更多的可能性。但是新媒体的传播运用是一把双刃剑，如何准确运用新媒体有效传播对外语言文化也是需要考虑的难点。

媒体的运用人群主要是普罗大众，所以利用媒体传播对外语言文化的时候首先要把握好受众心理。国内外的语言文化、社会环境、生活风俗习惯难免有所差异，因此在利用新媒体进行文化传播的时候，需要准确了解受众所能接受的语言文化和风俗习惯，利用当地人民常用的媒体媒介传播热点，避免传播文化敏感盲点造成文化传播失误。利用媒体传播其次是需要合理运用新媒体技术。对外语言文化传播需要使用受众人群普及程度高，并且受众人群易于接受的新媒体技术，利用新媒体技术丰富文化产品的呈现内容，在内容、视觉、听觉等效果上向国际化高水平看齐。

四、结束语

"一带一路"倡议是全球化发展的必然趋势。在"一带一路"倡议背景下，加强文化交流与传播是顺应全球化趋势的重要举措，也是不可避免的必然之举。对外传播中华优秀语言文化不仅是实现中华民族伟大复兴的重要环节之一，也是展示我国综合国力和文化软实力的一大重要途径。全球化大环境和"一带一路"倡议不仅给传播中华语言文化带来了前所未有的机遇，同时也带来了巨大的挑战。高校身为语言文化传承与发展的重要基地，有必要勇于面对挑战，在困境中探索出更好的文化传播策略，抓住难得的历史机遇，让世界更加了解中国，让中国在全球化进程中做出更多的贡献。

疫情下中俄高等教育合作办学如何"化险为夷"①

疫情下中俄高等教育合作办学如何"化险为夷"①

疫情下中俄高等教育合作办学如何"化险为夷"①

李　丹②

摘要： 新冠肺炎疫情对中俄高校合作办学是一场巨大的考验，使其面临诸多新挑战：招生数量不确定性增大，教学模式需要"改头换面"，评价方式面临综合化，教学科研遇到新瓶颈，海外合作伙伴拓展受阻。但是，新历史背景下中俄高等学校合作办学面临诸多挑战的同时也面临着新的机遇。为此，可以从以下几个方面着手：战略规划调整，针对新冠肺炎疫情常态化，在"危"中寻"机"，促进中外合作办学融合发展；优化合作模式，凝练中俄合作办学新特色，继续推进中俄合作办学质量的进一步提升；深化务实合作，将"在危机中育新机、于变局中开新局"落在实处，在当前疫情"大考"中实现新突破。

关键词： 中俄合作办学；高等教育；机遇与挑战；融合发展

新冠肺炎疫情在中国已经取得了阶段性的胜利，但全球疫情形势依然严峻。在这样的国际化背景之下，作为国际化人才培养重要模式的中外合作办学必然受到"震动"，在招生数量、教学模式、评价方式、教育科研、交流合作院校拓展等方面都面临新的挑战。面对此次挑战，中俄合作办学如何"化险为夷"，继续

---

① 本文系吉林省教育科学"十三五"规划项目"'一带一路'背景下中俄高校在线教育国际合作模式探究"（项目编号：GH20387）的阶段性成果。

② 李丹，吉林长春人，吉林外国语大学中东欧语学院俄语系，硕士，副教授，研究方向：俄语语言学。

推进高质量中外合作办学，这是每所走国际化路线的高等院校都需要深入思考的课题。作为高等教育工作者，需要放宽视野、拓宽思路、创新工作方法，结合新时代所赋予高等教育国际合作的特征，对原有合作模式发起挑战，一场改革迫在眉睫。

一、目前中俄高等教育交流与合作面临的问题

受疫情影响，当下中俄合作办学面临新的挑战。首先，两国留学生流动水平骤降。学生流动是中俄两国高等教育交流的最重要方面，但随着国外疫情形势日趋严峻，学生参与国际交流学习安全风险增加，这种担忧使国外留学生活的吸引力减弱，中俄合作办学招生面临严峻压力。其次，两国教育领域具体合作项目受阻。随着两国教育国际化战略的实施，两国高校都将国际化作为未来发展方向，积极开拓海外教育市场。中俄政府支持两国高校建立直接联系，促进高校在人才培养、科学研究、社会服务等方面的合作。而因受疫情的困扰，自 2020 年 3 月28 日起，暂停外国人持目前有效来华签证和居留许可入境。仍在境外的合作办学外籍教师无法来华授课，相关教学科研工作因此受到影响，导致部分中外合作办学项目无法良性可持续发展。最后，两国合作办学处于瓶颈期。当前中俄两国高校人员互访暂停，师生国际交流受限，高校进一步拓展海外合作伙伴、深化国际合作、推动建立中外合作办学遇到瓶颈。当前背景下，中俄合作办学面临着重重挑战，需要在重重困境中寻找生机。

二、疫情下中俄合作办学人才培养如何转"危"为"机"

中国和俄罗斯都是教育大国，教育思想、教育制度、高等教育环境以及主题划分方面存在共性，说明两国高等教育具有合作潜质。教育的国际交流与合作既是全球化的大势所趋，是各国推进国家教育事业的重要举措，也是一所学校提高自身水平和地位的必要选择。对比分析中俄两国当前高校在线教育国际合作中所取得的成果，找出应对解决当前中俄高校在线教育合作中存在的问题，应对新

时代背景下中俄两国需要共同面对挑战，相互借鉴、学习彼此的经验，同时探寻"一带一路"背景下中俄两国高校在线教育可持续合作机制；构建符合数字化时代人才培养新模式、适应学生多样化学习方式的高校在线教育的国际合作体系；加强资源共享，在数据信息、科研方法、研究成果等方面互鉴共享；加强项目合作对话，针对各自国家以及全球共同面临的教育改革发展中的热点和难点问题，协同攻关，促进中俄两国教育、研究、决策和创新力的提升。

（一）"一带一路"倡议提供新契机

"一带一路"倡议赋予了俄罗斯新的地缘政治意义，俄罗斯成为中国"一带一路"建设布局中的核心国。教育为国家富强、名族繁荣、人民幸福之本，在共建"一带一路"倡议中具有基础性和先导性作用，因而中俄教育合作在"一带一路"倡议背景下具有不可替代的战略价值。在"互联网＋"爆炸式发展的年代，"一带一路"国家间高校在线教育国际合作将会便捷、高效地推动文化融合。然而，目前中俄高校在线国际合作教育在实际发展中存在着诸多问题，如两国高校在线教育实质性合作少、且处于初级阶段和"临摹"阶段。面对中俄教育合作在新的历史背景下将发挥不可替代的战略价值，如何将两国前所未有的高水平政治关系优势转化为教育领域的务实合作成果，成为两国政府及教育工作者所面临的一个重要课题。

我国的教育制度、教育思想受苏联的高等教育制度影响很大。俄罗斯的教育思想至今在世界上仍具有举足轻重的作用。很多研究俄罗斯问题的学者都认为，没有哪个国家像俄罗斯这样与中国在战略上发展高度契合，且在高等教育的交流与合作方面已有良好基础。"一带一路"倡议的实施，使得两国在线教育合作处于新的发展起点，蕴藏着可期的合作前景。

一方面，在"一带一路"倡议和国际在线教育全球化背景下，中俄两国应抓住这一历史机遇，切实有效推进两国高校之间的在线教育合作，不仅能有效提升两国高等教育水平，而且将成为民心相通、文化融合制胜的关键。应全面且系统地研究当前两国高校在线教育合作中所取得的成功经验和失败教训，并深入剖析各种因素，以及找出应对措施应对我们面临的挑战，相互借鉴、学习彼此的经验，为新时代背景下的中俄高校在线教育合作模式指点方向。

另一方面，中俄两国都积极推进教育现代化的重大举措。从 2000 年起，俄罗斯持续落实教育国家化政策，先后出台了《2010 年俄罗斯教育现代化构想》、"国家教育优先发展项目"（2005）、《俄罗斯联邦教育法》（2012）及《2012 年俄罗斯联邦总统五月法令》等一系列政策文件，推动俄罗斯教育发生了关键性的制度变革。21 世纪以来，特别是党的十八大以来，中国政府尤其注重发挥教育在现代化建设中的基础性、先导性、全局性作用，把教育摆在优先发展的战略地位，把立德树人作为教育的根本任务，把改革创新作为教育发展的强大动力，把促进公平作为国家基本教育政策，把提高质量作为教育的生命线，重点围绕优先发展、立德树人、综合改革、促进公平、提高质量等方面出台重大教育政策和举措。

（二）"互联网 +"提供强力支撑

我国学者对在线教育国际合作模式研究的热情日益高涨，相关研究成果逐年递增。研究所涉及的国别主要集中在美、日、韩等等教育发达的国家，而有关中俄高校在线教育合作模式探讨的研究成果却不多，主要集中在对中俄高校在线教育合作前景展望方面。因此，还需探讨构建符合中俄两国教育国情的在线教育合作模式，并对其过程中存在的问题及其对策进行全面的分析和评价，同时要意识到"一带一路"倡议的实施对中俄在线教育国际合作所蕴藏的历史机遇，并将这种机遇与两国教育在线合作充分融合，从而为两国高校教育发展助力。

现如今，高等院校国际合作办学借助发达的互联网已发展成一片欣欣向荣的景象。互联网最明显的优势就是方便快捷，所以设有国际合作办学项目的各高等院校可以充分利用互联网这一特点，通过各种渠道去推送各自的国际合作项目，这会使宣传力度大幅提升、影响力度进一步增强，比起依靠传统纸质的宣传海报和招生简章的宣传模式，效率更高，成本更低。[1] 目前，通过互联网影响国际化教育的方式很多，如翻转课堂、Mooc、微课、微博、微信等。这些新的学习模式具有个性化和灵活性学习的特点，高频率地使用数字学习资源，利用各种移动终

---

① 林金辉:《中外合作办学的规模、质量、效益及其相互关系》,《教育研究》2016 年第 7 期, 第 39—43 页。

端、定位设备、传感器和实体性学习资源，大幅度地影响着国际化教育教学的创新。[①] 在"互联网+"的时代背景下，如何把握机遇，研究和探讨中外合作办学国际化教育创新路径，是一个十分有意义的课题。而把握机遇的重点是在于要找准双方合作发展的结合点、对接焦点，这样才能最高效地运用"互联网+"的先进技术，更好地创建中国优质课程和教育资源通往世界的信息化、网络化，更好地以"一带一路"的国际战略为契机，通过创新高效的方式进行"双一流"建设。

三、"互联网+中外合作办学"的有效融合

新冠疫情不仅是一次重大的全球性公共卫生危机，也给高等教育中外合作办学模式走向带来重大影响。探析当前中俄高校在线教育国际合作中所面临的问题及共同挑战，探寻蕴藏在问题及挑战后面的深层机制，认清新的历史背景下中俄高校在线教育担当重要的历史角色，分析在"一带一路"背景下两国可以有效采取的在线教育合作策略。

（一）"互联网+"视阈下中俄合作办学软件平台的选择

网络学习平台是中外合作办学的硬件条件，是在互联网背景下中外合作办学的基础设施。[②] 开发合适的教学软件平台，规划各学科的课程排列、分配和管理。zoom 和 skype 是俄罗斯比较普遍使用的两种在线教学平台。这两种软件是基于移动互联网的教学生态系统，使我们毫无障碍地在云端相见。在这两种 APP 中，学生可以跟老师在同一页 PPT 中对知识点就行标注或文字编辑等，保证了学生参与在线教学的积极性，比较适合互动要求高的外语类课程。具体来说，有以下几个优点：支持共享屏幕功能，让学生感觉犹如在课堂上。习惯了课堂教学的老师必须确认学生们的眼神，对自己所传授的知识才会心里有数，根据学生们眼神的反馈，老师会实时调整教学内容和节奏；APP 的聊天区域保证课堂实时互动的有效性，学生可以在上面提出心中困惑，老师及时回答，学生也可以利用"举手"功

① 彭玉秋：《微学习资源的学习情境设计与研究》，硕士学位论文，华中师范大学，2012。
② 赵玲娜、徐玉萍：《互联网背景下中外合作办学教硕士学位学发展的路径研究》，《齐鲁师范学院学报》2019 年第 5 期，第 22—27 页。

能来申请发言；回放功能保证课后复习的质量，学生在课后收看课程的回放，对本节课的知识点进行再一次的体会与感悟，从而彻底掌握本节课的教学目标，老师也可以采用一些视频剪辑的工具，对这些材料进行裁剪和拼装，为日后的在线教学积累素材。

（二）"互联网+"视阈下中外合作办学教学模式的改革

今年的疫情使中外合作教学遇到了前所未有的瓶颈期，给中外合作教学方方面面都带来了前所未有的挑战，为扭转这一局面，使中外合作教学转"危"为"安"。因此，应该趁此时机，改变中外合作模式。每个学校都不是这场改革的局外者、旁观者，而是这场改革的中坚力量、核心力量。中俄合作办学采取"线上教学和线下教学"融合的方式是大势所趋，符合当代教育大背景。具体而言，在课程设置上，既要考虑市场需求，又要兼顾自己学科的发展，利用线上学习和学生线下自主学习相结合，根据新的学习形式调整原有的教学模式、评价方式，设置符合国内外学生的教学内容、教学目标，从而构建合理的课程体系。在授课方式上，要改变灌输式教学方式，以案例教学、实践教学、分组讨论、小班授课等方式进行教学，培养学生的创新精神、批判精神。

（三）"互联网+"视阈下中外合作办学教学资源的整合

基于"互联网+"的中俄合作办学使双方优化整合现有教学资源，对优秀的教学资源进行重新筛选和定位，实现教学资源价值的最大限度发挥。充分发挥优势课程，优势互补，取长补短，避免在弱势教学资源方面投入过多的人力、物力、财力，造成教学资源浪费。对于学生来说，他们是这场改革切切实实的见证者，也是受益者：一是通过网络课堂让中国学生与国外教师进行很好的在线沟通，形成良好的教学互动；二是鼓励学生更好地参与到教学互动中，以培养学生开放的跨文化间的交流障碍；三是便于中外学生进行交流，课堂上的互动既可以增进中外学生相互了解彼此的思维方式、逻辑判断等，又有利于文化交流，达到培养国际化人才的教学毒地。

"互联网+"的合作模式不仅为双方学生提供了最优质的教学资源，同时也加强了国内教师和国外教师之间的联系纽带，彼此在方方面面都获得了"切磋"的机会。与传统的教师出国进修方式相比，具有比较大的优势。首先，这种新型的进修方式涉及面广，教师队伍中的很多人都是其受益者。各高校可以引进合作院校比较好的线上学习资源，国内教师可以通过"线上学习＋线下学习"融合的方式来提高自身的专业水平，通过与国外教师的思想碰撞，了解自己所学专业目前的研究态势，开阔自己的视野，丰富自己的知识储备。其次，这种新型的进修方式比较灵活，老师们可以根据自己感兴趣的课题及自身的时间表，为自己制定相应的进修计划。

（四）"互联网＋"视阈下中外合作办学人才培养考核方式的改革

这种线上教学与线下教学的融合模式必将向人才考核方式发起挑战和颠覆。传统的考核方式已不能适应新型的教学模式。相比之下，在"互联网＋"视阈下中外合作办学人才培养模式的考核方式更加科学、客观。[①] 在整个教育过程中，更加关注平时成绩的考核，即卷面的考试成绩已不再是评价学生的主要标准。具体而言，分为以下几个方面。首先，要求学生绝对的自主学习，加重对线下学习成绩的考核力度，有的教学内容需要学生独立学完，并对上课内容做好充分的预习，这无疑是对学生的自学效果要成绩，如果自制力不强的学生，久而久之，就会被这种学习模式所淘汰。其次，在新型的课堂上，教师对学生的考核需要更加多元化，在课堂上真正做到以学生为主体，课堂成为学生展示自我的国际舞台，在这里学生们需要展示自己课前的预习成果，考查学生对本节课知识的消化程度，为此学生需要集中注意力去捕捉教学重点，尽最大努力去消化教学难点。除此之外，考察学生的课堂活跃度，学生除了积极回答老师的问题，还需就自己不懂或感兴趣的问题请教老师，使自己的大脑处于不停转的状态，同时抓住机会与同班的外国同学交流的机会，这种实时的思想碰撞定会让学生不虚度每一节课。最后，作业形式的多样化对学生的考核提出了更高的要求。除考察一些基本知识外，更多的是需要学生去搜集资料，通过对所搜集材料的梳理凝练观点，并在此基础上提出自己的观点。课后作业多元化旨在夯实基础知识，同时提高学生的综合能力。

[①] 南明玉：《"互联网＋"视阈下中外合作办学人才培养模式改革研究——以长春大学为例》，《科技创新导报》2020 年第 13 期，第 223—224 页。

与新兴的中外合作办学模式相对应的这套考核方案可以更加直观、客观的对学生们进行科学、合理的评价，这也是当下大背景对中外合作办学人才培养模式改革的重要体现。

四、结语

在现阶段疫情防控常态化、各国人员流动受到限制的大背景下，应以"一带一路"政策为基石，以"互联网+"为重要支撑，主动适应新常态，拓展"线上留学"空间。为此，要调整中俄合作办学的发展策略，在"危"中寻"机"，促进中外合作办学融合发展；优化合作模式，凝练中俄合作办学新特色，继续推进中俄合作办学质量的进一步提升；深化务实合作，将"在危机中育新机、于变局中开新局"落在实处，在当前疫情"大考"中实现新突破。

中国高校国际化日语人才培养视角下的
中日产学合作研究

神田勇挥 ①

摘要： 从学校角度而言，产学合作的人才培养模式已经是当前国际职教界公认的应用型人才培养模式之一，是以市场和社会需求为导向的人才培养机制。在经济全球化与经济文化多元化的发展趋势下，中国高校对人才的培养正在向技术型、应用型与国际型人才的培养模式转型。国际化产学合作模式可以促进高校人才培养与海外企业之间进行协作，培养出更具有职场力、研究力、跨文化交际能力的国际化外语人才，迎合了中国高校外语人才培养转型的目标。中日两国开展国际化产学合作同样也具有相同功能与导向，而如何基于中日产学合作培养具有高度综合日语运用能力、跨文化交际能力以及国际化视野的日语复合型人才，是值得中国高校以及日语教师同僚深思的问题。

关键词： 国际化日语人才；职场力；研究力；跨文化交际能力；国际产学合作

---

① 神田勇挥（1985.8—），男，日本籍，东北师范大学教育学部，比较教育学专业，在读博士。

前言

早在 1959 年，日本通产省产业合理化审议会就提出了产学合作这一概念，是指日本的产业界与学校在教育以及科学研究方面的合作，并制定了《关于产学合作教育制度》的咨询报告。其主要目的在于促进大学理工科与产业界联系的紧密型，使大学能够准确把握产业界的要求，培养适合产业发展需求的人才，以及产业界为大学师生提供实习、实践与研究的协助。① 在中国，产学合作也被称为"校企合作"或者"产学研合作"。日本后来还提出了"产学官合作"。其中，"产"主要是指产业界和企业，"学"主要是指学术界、高校和科研机构，"官"即指政府部门。吉田民人（1999）指出，产学合作是指大学和产业界等组织性的结合与合作。② 近藤（2015）指出，所谓的产学合作是指企业和大学之间的合作，大学和企业是两者共赢的关系，大学为企业发展提供专业技术人员产品研发，企业为大学的人才培养与学术研究提供资金、场地和设备。③ 从学校角度而言，产学合作的人才培养模式已经是当前国际职教界公认的应用型人才培养模式之一，是以市场和社会需求为导向的人才培养机制。产学合作的本质是通过学习和工作相结合、实现教育与实践的结合、学校与社会的结合，从而实现高等教育对人才的培养，国际化产学合作顾名思义是指不同国家（地区）之间的高校和企业机构之间合作。

日本是开展国际产学合作较早的国家，但是在日本国际化产学合作盛行之初，日本更重视同欧美国家的产学合作，并在美国成立了企业和研究据点。日本在与美国产学合作的过程中学习和借鉴美国的知识、技术与经验，提升本国高校和企业的研究水平。2018 年，日本中央教育审议会（简称"中教审"）提出，为了今后的国际化发展，中教审将着眼于亚洲，特别是中国和印度的产学教育合作

① 顾明远:《教育大辞典》，上海教育出版社，1998，第 143 页。
② 吉田民人『情報と自己組織性の理論』第二版、東京大学出版、1999、28-30.
③ 近藤正幸「大学の技術分野別の研究資源と産学連携の状況とそれらの関係」、産学連携学、2015、51—61.

的扩大。通过活用各自优势进行协作，来培养支撑产业发展和对社会有用的有为人才。[①] 这在很大程度上为中国日语高校开展同日本国际化产学合作提供了契机，但问题是，如何从国际化日语人才培养视角下开展中国产学合作？日本企业对中国高校日语人员的接收体制、中日产学合作的教育模式以及中国高校与日本企业的对接如何开展，这些都是难题。基于此，本文将概述国际化产学合作在中日两国的发展概况，并阐释中国高校国际化日语人才培养视角下中日两国开展产学合作的必要性，同时剖析相关理论支撑下的中日两国产学合作可能采取的模式与策略。

一、国际化产学合作的发展

20世纪50年代，欧美国家在经济高速增长的背景下，产学合作便开始出现。到20世纪90年代，产学合作在发达国家已经盛行（Slaughter, Leslie 1997 ; Clark 1998）。在美国，产学合作是很多高等教育重要的一部分，实习活动被称为"Co-operative Education"，如果没有大学和产业界的真挚和可靠的合作关系是无法成立的。[②] 产学合作是美国产业兴盛的巨大原动力之一，也是大学特色教育的发展努力方向。产学合作走向国际化是以欧美国家为起点的，欧美国家在产学合作的国际化发展方面走在前沿。"产学合作"的讨论举世瞩目，几乎找不到一时的批判言辞。因为在全球市场经济加速发展的过程中，批判的态度明显会失去意义，并且大学的存在本来就没有与社会隔绝，尤其是在很多发达国家，大学走上了大众化的道路，与社会、产业界、企业方面不断加深关系。对此，各国制定了不同的方针以及采取了多种措施，本文着重探讨中日两国的国际化产学合作发展概况。

---

① 松冈洋右、江夏幾多郎「リーダーシップ教育における産学連携」、経済科学、2019、27—31.

② Markku Markkula, Pia Lappalainen, New Openings in University–Industry Cooperation: Aalto University as the Forerunner of European University Reform,*European Journal of Engineering Education*, Volume 34, 2009, pp.77-81.

（一）日本的国际化产学合作

虽然产学合作在日本发展较早，但是日本产学合作发展的速度与实绩要落后于欧美国家。1958 年，日本成立了"产学合作委员会"；20 世纪 60 年代，日本产学合作教育制度最终确立；20 世纪 80 年代，日本在欧美国家设立了很多企业据点，开展国际化产学合作；1995 年 11 月，日本文部省制定了《科学技术基本法》，[①] 这在很大程度上奠定了日本开展国际合作的基础；1996 年 7 月，开始实施《科学技术基本计划》；2001 年 3 月，实施第二期的《科学技术基础本计划》。一期"计划"以研究开发系统的再建为目的，二期"计划"以重点领域的设定和研究开发、产学合作以及与市民的交流系统的构筑为目的，分别在 5 年计划中制定了 17 兆日元和 24 兆日元的预算。[②] 自此，国立大学独立行政法人化、大学合并改革以及产学官合作等号召逐渐普及。另一方面，产业界以及行政部门也面临着重新审视与大学之间关系的迫切需要。2004 年，产学合作在日本开始快速发展，日本学术界和企业界也开始关注产学合作这一课题。到 2013 年，日本大学和民间企业共同的学术研究一念间就超过了 17881 件。[③] 日本为了提升企业国际竞争力与技术水平，开始重视开展产学合作，日本最初的产学合作集中在医学、制造业的精密工学等方面。在日本的产学合作中，高校与企业之间有明确的研究体制：高校组成研究团队，企业向研究团队支付研究经费，并提供高校研究生到企业研究开发现场体验的机会，这样的产学合作能够促使研究的目的与意识更加积极向上，校企之间的研究人员与负责人员经常沟通也凸显了人才培养和企业研发的效果。

现阶段，在日本促进改革方面的产学合作是研究的重要课题，国家支持大学对产学合作的贡献，并采取了种种措施，因此大学开展的同企业共同研究和受委托研究的合作项目逐渐增加。但是日本的国际产学合作方面水平仍然较低，尤其

① 河口真紀、中村宏「技術相談受付表の導入とその産学連携技術的側面」、『産学連携学会第一回大会（2003 年 9 月）講演集』。

② 田村紀雄、染谷薫「産学連携論—コミュニケーション学からの考察」、コミュニケーション科学、2005、191—209。

③ 近藤正幸「大学の技術分野別の研究資源と産学連携の状況とそれらの関係」、産学連携学、2015、51—61。

近年来发展缓迟。在日本，越是大企业越容易与高校间进行产学合作。很多中小企业在产品化／服务等接近消费者的企业活动，却缺乏能够充分进行技术性探讨或研究的环境。因此，很难进入以研究为主的产学合作。但是近年来，日本产学合作制度逐渐完备，大学向产业界靠拢，政府呼吁中小企业大学进行共同研究，大学与企业、政府间的合作也日益活跃。

（二）中国的国际化产学合作

21世纪是高等教育趋向全球交流与学术合作，并以各国共通互惠的资源共享，提升教育品质与国际竞争力的时代。在中国，产学合作教育的探索也有近二十年的历史。各大高校不断研究产学合作教育的实施形式，并且取得了一定成效。在日本，清华大学、东北大学、大连理工大学等大学作为产学合作的事例被广泛知道和采用。进入21世纪之后，由于政策的变更，中国独特的产学合作形式"校办企业"和大学的关系也开始发生变化。与日本、欧美各国所谓的"大学开设企业"不同的是，中国采用了"校办企业"的形式，对于在中国没有充分发展的民间企业来说，也是"学"与"产"合作实体化的存在。早期，中国的产学合作主要在"985"，"211"工程中开展。2010年4月，中国教育部办公厅向各地方政府发出"蓝火计划"的通知。该计划深化科学发展实践，发挥支撑扩大内需、维持增长、调整结构、提高民生的科学技术作用，推进产学研合作的深入和广泛开展。[①]中国在与日本、美国、欧洲企业的产学合作中，除了面向世界市场的新产品开发和现有产品的高度化／改良外，面向本国市场的产品开发、高度化／改良等也得到了一定的支持。虽然中国高校的产学合作都正在积极进行，但是，大学和企业方面对国际化产学合作的期待存在利益差异的可能性，这样的需求不匹配也会导致产学合作的推进受到阻碍。[②]

---

① 安田英土、董光者「中国の大学における国内・国際産学共同研究の比較分析」、江戸川大学、2014、33-35。

② 土井康裕「産学連携による実用的な国際人材育成の取り組み：グローバル・ビジネス・プラクティス・ワークショップ」（留学生と日本人学生による地元企業の国際化支援）、経済科学、2019、33-38。

二、国际化日语人才培养视角下中日产学合作的必要性

笔者执教期间，通过对中国日语专业毕业生就业情况的了解，认识到绝大部分日语专业毕业生目前所从事的职业与日语专业并不对口，甚至有些学生的就业完全与日语无关。梳理相关文献也发现，中国学者程茜（2020）对某大学的2017—2019届毕业生的159人进行了调查研究，除了考研、考公务员以外，就业的人数只有79人，其中只有28人从事了与日语专业相关的工作。她认为，中国高校毕业生的就业状况不理想，主观方面是由于中国普通高校日语毕业生的写作能力和口语能力较低，无法在日企中进行客户邮件回复以及电话接洽等工作。而在客观方面，一方面与在华投资的日本企业减少有关，另一方面与中国企业为日语专业毕业生提供了大量的就业机会有关。[①] 陈月吾、陆兰（2020）认为，国际化日语人才培养应该增强实践能力、国际化视野和国际化活动能力。[②] 当前，中国高校日语专业就业问题可以归纳为职场力不足、跨文化交际能力不足以及学术研究力不足三个方面。从这几点问题来看，中国高校日语专业开展与日本的产学合作有一定的重要性和必要性。

（一）有助于培养中国高校日语专业学生的职场力

近年来，中日两国之间的交往日益频繁，国与国之间的关系体现出了两国对彼此社会文化的关注度越来越高，而促进文化相互理解的过程便是跨文化交流。因此，新形势下，对中国高校日语专业学生进行跨文化交际的素养要求也逐渐提高。日语作为中日两国互相沟通的媒介和文化交流的工具，其起到的作用也是不可忽视的。倘若中国日语高校可以和日本企业开展产学合作，可以使中国高校的日语学习者更有效地融入日本的社会文化与企业文化当中去，提高的职场力，有助于缓解当前中国高校日语专业人才市场的就业矛盾。

所谓的日语职场力是指在掌握日语知识的同时，还具备运用日语专业知识工

[①] 程茜：《从日语专业毕业生去向看日语教学改革》，《科教导刊》2020 年第 16 期，第 62—63 页。

[②] 陈月吾、陆兰：《国际化创新型日语人才培养——基于高校教学模式、自我培养角度审视》，《教育教学论坛》2011 年第 7 期，第 121—123 页。

作的能力，包括对日本社会与企业文化的理解、对日本企业行事的理解、对日本企业的职场礼仪的掌握、准确运用日语交际的逻辑思维能力、信息收集与处理能力、正确处理在企业中的人际关系能力以及在职场中的执行能力。[①] 而对一个日语学习者而言，仅仅在中国高校的教学理论学习中，很难达到较高的水平。虽然，中国高校日语专业都有开设商务日语、日本商务礼仪、日本商务文化等课程，但教学内容终究局限于语言教学范畴，学生仍缺乏社会实践。须藤（2003）指出，要实现"减少企业与学生之间存在的不协调"、解决"学习"（教育）和"工作"（劳动）没有有机连接的问题，就要建设"学习"（教育）与"工作"（劳动）相连接的共同目标，就要在互相尊重大学、经济界各自合作伙伴的平等关系上共同努力。因此，不仅仅是产学合作，还需要从产学"协动"的角度出发，联合开展活动，有效地创造活动成果的战略性和实践性，这是培养全球化人才的关键。[②] 如果中日两国能够开展"校企际"间的协作，由中国高校和日本企业共同承担日语人才培养的任务，按照日本行业标准与企业要求，对中国日语学生进行岗位培训或组织日语技能实践，让学生能够切身融入日本的经济社会当中去，切身体验日本企业的文化与内涵，使之与中国高校的学习经验相结合，就会培养出具有国际化水准的实践性日语人才。

（二）有助于提升中国高校日语专业学生的跨文化交际能力

所谓的日语跨文化交际能力是指在跨文化交际的语境中，交际者能够符合日本社会规范、行为模式以及价值取向，顺畅、有效地实现与交际目标的沟通等行为能力。语言属于文化的载体，也是文化的产物，在非目的语国家使用第二语言进行支流沟通时，往往会在一定程度上限制语言表达的内容与思想，因此，在目的语环境对第二语言的学习会产生较大影响，会使学习者更容易掌握目的语的使用习惯与风俗，更容易理解目的语的内涵。如果对目的语的背景文化或思维模式不了解，便无法准确地理解和运用目的语。因此，"日语 + 社会文化"的跨文化交际能力培养至关重要。加拿大跨文化心理学家 Berry（2002）指出，当个体参

---

① 江春华：《产学合作日语人才培养平台的建设——以上海理工大学日语系为例》，《戏剧之家》2020 年第 5 期，第 142—143 页。

② 须藤笃「産学連携の国際化時代を迎えて」、ネットワークポリマー、2003、259。

与到其他文化群体的互动与交往中，他们所使用的策略就是"同化"，即他们会以该文化群体相同的思维模式来用所学目的语与去表达和交流。[①] 中国高校日语专业学生能够有机会进入日本企业实习或者接受培训，会切身融入日本的社会文化与企业文化当中去，不可避免地与日本文化群体开展交流，从而跨文化交际能力在日本会自然而然习得，这对提升高校日语专业学生的跨文化交际能力至关重要。因此，中国高校日语专业具有加强同日本产学合作的必要性。

（三）有助于提升中国高校日语专业学生的学术研究力

所谓学术研究力是指论文产出数量与学术研究水平。Eliezer Geisler（2010）以美国产学研合作中心的经验为基础，提出了 R&D 技术合作理论框架。认为学校的见习者与企业各方之间的互动和互动的制度化程度，会使见习者更容易感知企业资源，与企业形成文化依赖关系，这是启动合作研发的动机之一。[②] 他的研究说明了产学合作可以促进学校的研究产出。日本学术会议第三部成员渡边美代子（2013）对论文发表率与经济增长关系进行了研究，研究了美国、欧洲（英国、德国、法国）、中国、韩国、日本近 10 年间（2000—2010）各国 GDP 增长率与论文数增长率（发表数和引用数量）之间的关系，研究发现经济增长率与论文数量增长率之间呈正相关关系。[③] 也就是说，学术的发展与经济的发展并不是独立的，二者之间存在着很强烈的关联性。通过产学合作，大学的研究者基于企业做出的研究成果是更有效和更有说服力的。学术研究力的提升在很大程度上与经济增长以及企业的发展密切相关，学术的研究离不开对企业和经济发展的实地考察，经济和企业的发展状况是开展学术研究的论证依据。然而，很多院校并不能为日语专业学生提供充分参与到企业中的见习机会，中日产学合作的开展可以让中国高校日语专业学生参与到日本当地的企业中去，让学生不仅能够更深刻地体会到当地的人文气息与企业文化，还能进一步了解日本的社会、企业经济体的发展状

---

① Berry J.W.,Poortinga Y.H.,Segall S.H.Dasen P.R. *Cross-Cultural Psychology:Research and Applications(2nd,ed)*, Cambridge University Press, 2002, pp.354.

② Eliezer Geisler., Industry–university Technology Cooperation: A Theory of Inter-organizational Relationships, *Technology Analysis & Strategic* Management, Volume 7, 1995.

③ 高田仁「産学連携支援人材の育成プログラム変遷にみる 我が国の産学連携の質的変化に関する考察」、産学連携学、2017、6-12。

况，以此为论证依据开展学术研究，促进中日两国学术交流。

三、国际化日语人才培养视角下中日产学合作的模式选择与建议

随着产学合作的产生与发展，国际学术界和产业界对其关注度也不断加强，在国际上出现了很多不同的产学合作模式，每一种产学合作模式都有相应的理论支撑，开设日语专业的中国高校可借鉴以下两种合作模式寻求中日产学合作。

（一）基于合作教育理论的校企合作教育模式及建议

1. 理论模型与合作模式

欧美国家的产学合作模式大多数以合作教育模式为主。1906 年，美国俄亥俄州辛辛那提大学赫尔曼施奈德教授首创了合作教育理论。该理论在近百年的发展中，受到世界各国的青睐。其具体的实施形式也多种多样。其中，最具代表性的实施形式是加拿大滑铁卢大学的工学交替培养模式。该校把一年分成三个学期，把实践学习环节与理论学习环节交替进行，学生的学习与工作在时间上平均分配，两者都有学分要求，而且规定工作必须与本专业相关。学生在工作中，用理论知识指导实践，同时，通过实践检验理论的真实性，并且，工作中的实践活动也为学生下一阶段的学习奠定了基础。该大学的工学交替培养模式使产学合作教育在应用型人才培养中起到了不可取代的作用。[①]

2. 对中日产学合作的建议

产学合作在日本国内开展十分活跃，中国日语高校可通过在日本合作的院校这一平台与日本企业建立合作教育关系，也可以通过第三方机构的形式加强与日本企业的产学合作，通过日本培训咨询与人力资源服务机构为依托。例如，有代表性的日本 ALUE 股份有限公司与中国上海理工大学日语系已经开展了产学合作[②]，并且已经取得了初步的成效，这值得其他中国高校借鉴。但前提是中国高校应对日语课程设置进行改革。有些中国院校已经开始尝试复合型日语人才培养为

---

① 伊藤征一「国際的な産学協同ネットコミュニティの展開」星城大学研究紀要、2008、57-73。

② 江春华：《产学合作日语人才培养平台的建设——以上海理工大学日语系为例》，《戏剧之家》2020 年第 5 期，第 142-143 页。

目标的教育模式改革，即日语和其他专业相结合，形成培养复合专业的日语人才的模式，例如，"日语＋外语"的双语人才、"日语＋经贸"的复合型人才等，但往往受到师资限制以及缺乏实践技能培养，使得复合型日语人才的培养仍仅仅局限于理论层面。产学合作教育模式的课程改革并不一定强调复合人才的专业性，更注重的是日语实践技能平台的搭建及对学生日语实践技能的培养。因此，合作教育模式的产学合作可以借鉴加拿大滑铁卢大学的工学交替培养模式，将中国高校的日语本科生或者研究生的整个学期按照比例划分为理论学习和实践技能提高两个阶段，使日语学生可以学习和工作平均分配，一边学习语言理论知识，一边将日语专业理论运用到实践中去，以此来提高日语学生的职场力和跨文化交际能力。此外，为了课程体系的连贯性与协调性，中国高校日语专业在日语人才培养方面还应转变培养观念，将素质教育和应试教育并重，课程设置与授课方法也应遵循这一原则，明确教学目标与重点。

（二）基于多层三螺旋模型的国际化产学合作模式及建议

1. 理论模型与合作模式

20 世纪 90 年代中期，亨瑞·埃茨科瓦茨（Henry Etzkowitz，1995）首次提出使用三螺旋模型来分析政府、企业和大学之间关系的动力学，并用以解释政府、企业和大学三者间在知识经济时代的新关系。自此，三螺旋理论被认为是一种创新结构理论。[①] 勒特·雷德斯道夫（Loet Leydesdorff，1995）对此概念进行了发展，并提出了该模型的理论系统（如图 1 所示）。

---

① Henry Etzkowitz, *The Triple Helix: University-Industry-Government Innovation in Action*, Routledge,2008, pp.177.

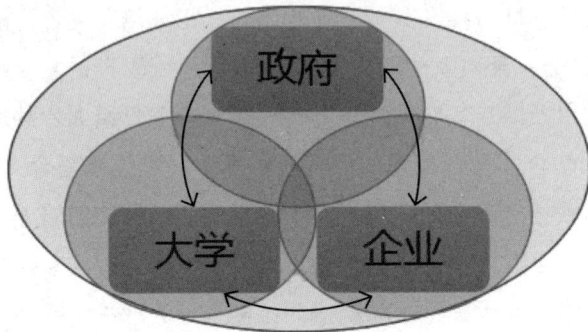

图 1 政府、产业、大学关系的三螺旋图

三螺旋模型理论认为，政府、企业和大学的"交迭"才是创新系统的核心单元，它们根据市场要求而联结起来，形成了三种力量交叉影响的三螺旋关系。该理论不刻意强调谁是主体，而是强调政府、企业和大学三者间的合作关系，强调这些群体的共同利益是给他们所处在其中的社会创造价值。政府、企业和大学三方都可以成为动态体系中的领导者、组织者和参与者，三者相互作用、互惠互利，彼此重叠。这一理论模型在日本国内的"产学官"合作中得到了广泛应用，日本产学官合作强调了政府、企业、大学三者之间的协作关系，合作模式表现出了共同的目的相互关系很强，通过日本政府职能作用的发挥，由日本中教审部署规划，分别组织成立了企业协会、学术协会、科技协会。这些协会组织之间分工详细、管理严谨、任务明确、章程规范清晰，对大学和企业之间教育、科研、就业等起到重要协调与监管作用。但是，埃及科瓦茨等人的三重螺旋模型中，存在没有包含非线性相互作用和包含人的循环相互作用的问题，而且三螺旋理论为支撑的政府—大学—企业三者之间相互协同合作的产学合作模式只适用与本国内或地区间开展的产学合作中。

日本学者中田行彦（2013）提出了三维模型，即孵化事业化、研究开发以及人才培养的纵向三重螺旋的构思（如图 2 所示），该模型能够将非线性相互作用和人的循环相互作用结合起来，中田将其称为"多层三重螺旋模型"[1]。

---

[1] 中田行彦「多層トリプルヘリックスモデルの提案—シリコンバレーにおけるスタンフォード大学と太陽電池ベンチャーの事例研究から—」、日本ベンチャー学会誌、2013、75-80。

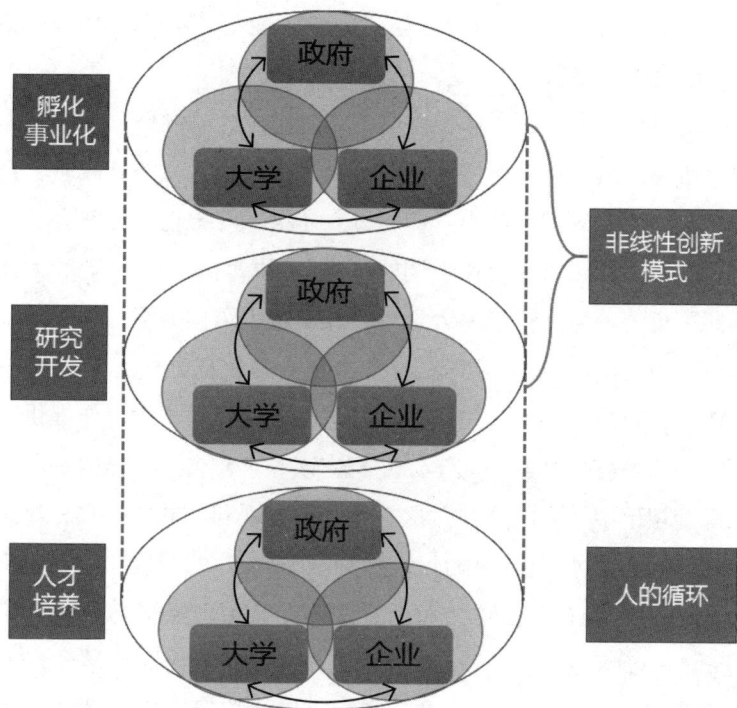

图2 多层三重螺旋模型

在人才培养方面，大学从企业获得捐赠，对企业家进行教育和研究生院授课与研讨培训，对企业的工作人员进行再教育培养；企业接受大学的学生深入到企业实习与技能培训。通过双向的人才培养模式，既可以有效解决大学毕业生的就业问题，又可以对企业研究开发层的研究人员进行培养以及对事业化层的风险投资家、风险创业者、CTO 等进行培育，这种合作模式可以为社会供给多层人才。该模型可以通过人的循环来表示多层相互作用，并且显示了该模型的有效性，这一模型在后来的产学合作研究中得到了广泛应用。杉冈秀纪（2019）基于多层三螺旋理论模型，研究以京都经济同友会、全球人才开发中心为研究案例，通过考察京都产学合作的全球人才培养事例，减少企业与学生之间的"不协调存在"，减少学生的"社会独立（意义）缺失"，为了有助于促进国际化的"教育"和"工作"关系之间连接，从产学合作以及产学"协动"的角度给出了课题研究建议。[①]

2. 中日产学合作的建议

中田的理论模型突出了在立体化多层三螺旋中"人的循环"的作用，更符合产业合作教育研究的出发点。多层三重螺旋模型，更加重视的是政府、企业、大学之间三者的共同利益的切实产出。即通过人才培养与孵化，为教育、社会、企业发展做出贡献。国际化产学合作强调的是两个国家的政府、产业和大学之间的互动，更不能脱离"政府—企业—大学"三螺旋组织结构关系，这要求中日两国政府之间首先加强合作，为中国高校与日本企业的教育合作起到搭建平台的作用，从政府职能和财政双方面为中日两国日语人才培养的产学合作提供支持；其次，中日两国的"政府—企业—大学"之间应该寻求校企际合作的共同利益，可根据多层三螺旋理论中"人的循环"这一核心来实现利益共取，只有再满足双向的利益需求的基础上，才能促进中日校企际间产学合作的开展，这不仅为中国高校日语专业的人才培养有利，还会对中日两国的政治、经济与教育合作关系发展助力。最后，中日双方要基于日语人才培养的"一体化"产学合作方面达成一致，使"产"和"学"有机融合在一起，这样才能保证双方产学合作利益的实现。

结论

日本当前正在积极寻求国际化产学合作的开展，为了刺激经济的增长以及克服国家少子化等人才缺失问题，日本对中印两大亚洲发展中国家的教育合作政策走向逐渐鲜明，这为中日两国开展国际化产学合作提供了良好契机。对中国高校国际化日语人才的培养来说，加强与日本国际化产学合作有利于提升日语学习者的职场力、学术研究力以及跨文化交际能力。但是在现阶段从培育日语人才视角的中日产学合作的经验还不充足，如何有效开展中日国际产学合作，如何进行产学合作模式定位以及寻求共同利益的突破口，还需要中日两国政府、高校、企业

---

① 杉岡秀紀「京都における産学連携によるグローバル人材育成事例」、産学連携学、2019、44-54。

甚至是第三方服务机构的共同努力。目前，中国少数高校已经开始在日语国际化创新型人才培养方面着手改革，但是由于刚刚起步，效果甚微，笔者将会持续关注中国高校日语专业的人才教育与改革动态，以期对该课题进行深入研究。

中韩（长春）国际合作示范区对韩语专业

人才需求调研

杨　帆[①]

摘要： 随着中韩（长春）国际合作示范区的建立和发展，国际示范区对韩语专业人才的需求在不断地增加。在这样的背景下，本文对中韩（长春）国际合作示范区对韩语专业人才需求情况进行了调研，了解了国际示范区内对韩语专业人才的需求情况，同时还对韩语专业人才培养情况进行了调查分析，对韩语专业人才的社会需求情况以及高校韩语专业人才培养之间的矛盾情况进行了分析和研究，以期可以为培养满足于中韩（长春）国际合作示范区对韩语专业需求的人才，为中韩（长春）国际合作示范区的发展提供一些帮助。

关键词： 中韩（长春）国际合作示范区；韩语专业；人才

随着我国"一带一路"倡议的提出，我国和世界各个国家之间的经济和文化联系日益紧密，长春是"一带一路"经济带中重要的城市之一，尤其是在成立国际合作示范区之后，成为东北亚地区实现我国和周围国家经济贸易往来的重要窗口，同时也是中蒙俄经济走廊的核心区域，不仅实现了对外开放，同时也对推动

---

① 杨帆（1993.05—），吉林长春市人，在读博士，吉林外国语大学朝鲜语专业教师，主要研究韩语教育。

东北老工业基地的发展做出了重要的贡献。在国际合作示范区的运行过程中，对外贸易活动逐渐增多，中韩经济文化交流也不断增多，因此韩语资源成了影响中韩（长春）国际合作示范区发展的关键性因素之一，在国际合作示范区内的很多企业除了需要一些英语专业人才之外，同时也需要大量的韩语专业人才，对韩语专业人才的需求量不断地增加，所以，对中韩（长春）国际示范区对韩语专业人才的需求情况进行调研分析，找出培养韩语专业人才的有效方法和路径，是推动中韩（长春）国际合作示范区快速、稳健发展的重要途径和方法。

一、中韩（长春）国际合作示范区发展作用分析

（一）中韩（长春）国际合作示范区介绍

中韩（长春）国际合作示范区主要贯彻的是习近平总书记新时代中国特色社会主义的指导思想，是党的十九大和十九届二中、三中、四中全会精神的重要体现，是实现"五位一体"总体布局以及推进"四个全面"战略布局的重要内容和方法。国际合作示范区是在党中央和国务院的决策指导下，以新发展理念为发展思想，以共同发展高质量的产业、贸易、科技、人文以及环保等多个领域为主，全力打造创新中外合作体制机制的现代化产业体系为总体布局，为推动东北全面振兴全方位振兴添加了新鲜的血液和动力。

（二）中韩（长春）国际合作示范区基本情况

中韩（长春）国际合作示范区位于吉林省长春市东北部，核心面积达到了210平方公里，扩展面积为302平方公里，总面积达到了512平方公里。国际合作示范区是为了加强中韩双方企业之间的和国内知名企业的合作关系。示范区内包括了多种领域和行业的发展，如人工智能、物联网、5G+4K+VR、工业互联网、软件开发等多个产业合作，并以推动化合物半导体、芯片、功率半导体以及新型显示配套材料和智能家电等领域的中韩合作。

目前，国际合作示范区内已经聘请了国际一流团队，对该板块进行多规合一的规划编制。但是，在实现中韩企业合作共赢的过程中，语言障碍是阻碍其共同创新和发展的重要因素之一。通过对中韩（长春）国际合作示范区企业的调研，

对示范区对韩语人才的需求情况进行了分析和整理，国内企业在和韩国企业进行交流和合作的过程中，大多是建立在高新技术和一些新兴产业共同发展的基础上的，并且政府部门大力提倡企业在资源领域进行联合创新和开发，并积极地参与到双方的基础设施建设中，以此来推动境外科技型企业的发展。而这些领域的合作和交流，除了需要大量的相关专业人才之外，还需要大量的具有良好的韩语沟通能力的人才，同时还要有着足够宽广的国际视野，可以精准把握中韩文化、民族习俗、思维方式和世界发展规律的人才。因此中韩（长春）国家合作示范区对高素养的韩语专业人才的需求量是非常大的，而培养高素养的韩语专业人才对推动中韩（长春）国际合作示范区融入"一带一路"倡议中有着非常重要的作用和价值。

二、调研过程

本次的研究对象主要是以中韩（长春）国际合作示范区中的韩国企业、中国企业以及中韩合资企业以及其他。其中中韩合资企业占 7%，中国企业占 53%，韩国企业占 38%，其他类型的占 2%。主要通过访谈提纲和问卷调查来对中韩（长春）国际合作示范区对韩语专业人才的需求数量、类型、岗位、层次以及培养模式进行了分析和调查。

首先，对调查对象进行了普遍性的问卷调查；其次，对示范区人事相关人员进行了重点访谈和交流；最后，对个别企业进行了个案调查，并和长春市高校教学主管对韩语专业人才培养情况进行了探讨。

三、调研结果与分析

在本次调查中，主要是对中韩（长春）国际合作示范区对韩语专业人才的需求量、岗位类型、韩语等级情况、现有韩语人才的结构情况以及长春市韩语专业人才培养情况等进行了调查。根据相关的访谈，对此次调研的情况进行了整理和分析。

（一）中韩（长春）国际合作示范区对韩语人才的需求量情况分析

目前中韩（长春）国际合作示范区还在紧锣密鼓的筹建过程中，但是现阶段已经有很多中韩合资企业、国内企业、韩国企业以及其他国家的企业入驻中韩（长春）国际合作示范区，并且已经在示范区内开始筹备相关业务生产和发展。通过此次调查得出，虽然一些韩国企业也从市场中聘请了一些精通汉语和韩语的专业人才，但是对于中韩两国语言同时精通的人才并不多，很多企业开始重点招聘一些具有一定韩语专业能力的人才。通过调查发现，在被调查的 100 家企业中，对韩语专业人才都有很大的需求量，其中需要 30 人以上韩语专业人才的企业达到 89%，而需要 20—30 名韩语专业人才的企业有 7%，而小于 20 名韩语专业人才的企业只有 4%，由此可以说明，中韩（长春）国际合作示范区对韩语人才的需求量之大，这也为长春市韩语专业毕业的大学生提供了非常广泛的就业机会。

（二）中韩（长春）国际合作示范区对韩语人才需求的岗位类型情况分析

根据中韩（长春）国际合作示范区中企业职业岗位从业人员需求情况的调查发现，示范区内企业职业岗位从业人员的基本情况和结构如下表 1 所示。

表 1　示范区内企业职业岗位从业人员基本情况及结构需求表

岗位	年龄要求	学历	能力要求
文员	22—30	大专及以上	韩语 4 级以上 熟悉韩国文化礼仪 韩语口语流利、表达清晰 抗压能力、沟通协调能力 和应变能力强
翻译（现场翻译为主）	30—40	本科及以上	韩语 4 级以上 韩语精通者 良好的沟通能力 具有服务意识 思维敏捷 具有挑战性
人事管理	22—40	大专及以上	韩语 4 级以上 熟悉办公自动化 较强的组织、协调、沟通、 应变和人际交往能力

续表

岗位	年龄要求	学历	能力要求
库管	25—45	中专及以上	韩语 4 级以上 判断能力 沟通、协调能力 计划和执行能力
CAD 制图	22—35	大专及以上	韩语 3 级以上 吃苦耐劳 独立完成工作任务
培训员	30—45	大专及以上	韩语 4 级以上 交际、协调、沟通、指导能力

从上表中可以发现，在中韩（长春）国际示范区的很多企业中大部分的岗位都对韩语能力有着一定的要求，无论是办公室文员，还是一些其他基础性的岗位都对韩语专业人才有着一定的需求量。因此，对韩语专业人才的需求成为一个不可忽视的问题。此外,，虽然长春地区有一部分的朝鲜族，但是对于韩语专业的翻译人才需求量还是比较大的。而通过调查也发现，企业现有的韩语翻译人才并不多，有将近 80% 以上的企业都缺乏韩语翻译岗位的人才，所以，这也成为需要重点倾注精力的领域。

（三）中韩（长春）国际合作示范区对韩语专业人才等级的需求情况分析

通过对中韩（长春）国际合作示范区企业对韩语专业人才等级需求的调查发现，有 49% 的企业需要求韩语专业人才的等级为 1—3 级，对韩语等级要求在 4—6 级的企业所占的比重为 28%，而对韩语专业等级在 6 级及以上的企业有 21%，此外，还有 2% 的企业要求韩语专业人员的等级水平在 6 级及以上，同时还需要具备一定的韩语民俗礼仪的精准翻译能力。而从这些数据中可以发现，中韩（长春）国际合作示范区对韩语专业人才等级的需求有着比较严格的标准和要求，这对高校韩语专业人才培养工作提出了更加严格的要求。

（四）中韩（长春）国际合作示范区企业对韩语专业人才学历结构需求情况分析

通过调查了解到，中韩（长春）国际合作示范区对韩语专业人才学历结构有着一定的要求，大部分的企业要求是韩语专业的大专及以上学历。其中有 37% 的企业要求韩语专业人才的学历在本科及以上，58% 的企业要求韩语专业人才的学历是大专水平，而只有 5% 的企业对学历没有过多的要求，只要韩语等级达到了3 级以上就可以。

（五）长春市韩语专业人才培养情况分析

近几年，长春市各大高校以及各个专科教育中，韩语专业的学生并不多。一直以来，受到地理位置的影响，长春市具有韩语能力的人员比较多，如韩国留学生、韩国企业员工等。由于这些具有韩语能力的人员数量比较多，所以会令学生们觉得韩语专业未来的发展并不是很理想，因此各个高校中的韩语专业人才数量并不多，但是随着中韩（长春）国际合作示范区的规划和发展，在未来的 5—10 年中各个高等学府以及专科院校中韩语专业的学生会越来越多，同时各个高校中的韩国留学生也会有所增加，而这些韩语专业人才的培养和到来将会为中韩（长春）国际合作示范区的发展提供非常所的韩语专业人才。

在现阶段高校韩语专业人才培养的过程中，存在着一些问题：首先，韩语专业学生的数量并不多，随着近些年我国在国际上的地位越来越突出，很多学生更愿意去学习应用范围较广、应用频率较多的外语，如英语、日语、俄语等；其次，在课程培养方面也存在着一些问题，如教学方式仍然沿用了传统的填鸭式教学法，并且理论教学和实践教学的没有实现有效的结合，在教学的过程中缺乏实践性；另外，在汉语教学的过程中，单纯的对韩语学习的语法进行重点教授，忽视了学生们对韩国礼仪习俗的教学，让韩语的学习无法和民族礼仪习俗进行结合，学生们的理解性和实际应用能力比较差；此外，学生们在学习的过程中也缺乏一定的兴趣，很多学生学习韩语并不是因为真正的喜欢、感兴趣，只是单纯地想掌握住一门技能，为今后的工作提供一些便利而已，在这样的教学环境下，学生们的韩语学习效果会受到很大的影响。

四、调研结论和建议

（一）中韩（长春）国际合作示范区对韩语专业人才需求量比较多

通过上文的调查发现，目前中韩（长春）国际合作示范区虽然还处在不断地完善和发展中，但是对于韩语专业的人才的需求量还是非常大的，国家和当地政府对国际示范区投入了非常大的资金和物力，为长春市中韩企业以及中国和韩国的贸易往来提供了非常便利的条件，而随着示范区中韩国企业经济贸易往来的不断增多，示范区对精通韩语的专业人才需求量在不断地增加。

（二）中韩（长春）国际合作示范区对韩语专业人才需求语言等级比较高

从上文中可以发现，中韩（长春）国际合作示范区对韩语专业人才的韩语等级要求比较高，一般对韩语等级的要求都在韩语4级以上，但是也有一部分企业对韩语的要求希望可以在专6或者是专8等级，并且还需要掌握一定的韩语翻译能力，可以对韩国的很多文化习俗和民族礼仪等进行准确的翻译；有非常少的企业对韩语等级的要求在3级左右，而这部分企业所提供的岗位都是一些基础性的岗位，并不会涉及企业的核心部门。随着中韩两国文化的交流的不断加深，各个企业之间的文化交流也在不断地加深，示范区对韩语专业的人才要求也越来越高，很多企业之间在进行业务贸易往来的同时也加强了企业和企业之间的文化交流，甚至是国家和国家之间的民族文化交流，因此就需要更多韩语专业的高精尖人才来为其服务，相应的对韩语专业人才的语言等级要求就会越来越高，这样才可以更好地提升企业之间贸易往来的关系，实现中韩经济的共同发展。

（三）长春市韩语专业人才培养水平有待提升

现阶段，长春市各个学校在韩语专业的人才培养方面确实存在着一些问题，无论是在韩语专业课程设计和教学方法上，还是学生对韩语专业学习的兴趣和积极性方面，都存在着一些不足。而这些问题的出现从根本上来说主要是因为学校、教师、学生们对韩语专业的学习没有一个正确的认识，对韩语专业的"教"

和"学"都没有引起重视，学生们学习兴趣和积极性不高，教师们教学敷衍了事，这样就无法满足于社会对韩语专业人才的需求，对韩语专业学生们的未来发展是非常不利的；在这样的影响下，中韩（长春）国际合作示范区对韩语专业人才的需求就无法得到满足，从而影响到长春市和韩国的贸易往来和城市间友好关系的发展。因此，在未来的教学过程中，学校、教师以及学生们应该采取有效的方法来纠正对韩语专业的认识，努力学习好韩语，提升学校教学水平，提升韩语专业学生们的韩语专业水平，为中韩（长春）国际合作示范区提供高素质的韩语专业人才。

参考文献

马丽、郑杰：《辽宁自贸区背景下外语专业人才需求分析》，《吉林省教育学院学报》2020年第7期。

杨婷婷：《文旅融合视阈下江苏旅游韩语专业学生职业能力培养策略研究》，《职业技术》2020年第3期。

杨洪娟：《山东高校外语专业布局与人才需求调查研究》，《英语广场》2020年第4期。

张倩影、李杨：《区域国别研究背景下的韩语专业人才培养研究——以研究生教育为中心》，《吉林省教育学院学报》2020年第1期。

高健、洪婧雯：《"一带一路"关键语言视角下企业外语人才需求调查与分析》，《价值工程》2019年第27期。

郑春梅、宋仙花、姜子莲：《韩企人才需求与高职院校韩国语教学方向》，《文教资料》2018年第1期。

王呈梅、张蕾：《烟台地区韩语人才供需问题及建议》，《人才资源开发》2016年第14期。

俄罗斯培养译员的专家模式及其启示[①]

王晓阳[②]

摘要：俄罗斯高等教育中的专家模式是一种五年制的完全高等教育形式，具有悠久的历史、成熟的经验和丰硕的成果。《翻译国标》是俄罗斯培养翻译方向专家译员的主要标准，是俄罗斯高等教育历史经验和欧洲高等教育一体化过程的结晶。该国标以能力为中心，系统性地提出了专业译员的职业方向及其需要具备各种能力，同时包括相应的课程、实习和毕业测试的标准以及教学条件。《翻译国标》相对系统、成熟，可以为我国的外语教学，尤其是翻译人才培养提供有益的借鉴和启示。

关键词：俄罗斯；专家模式；《翻译国标》；翻译学；译员；能力

一、引言

随着"一带一路"倡议的成功推进，我国与"一带一路"沿线国家的交流往

① 本文系吉林省教育厅"十三五"社会科学项目"翻译能力的构成与培养——基于俄罗斯国家教学标准《翻译与翻译学》的研究"（JJKH20201139SK）和"吉林省珲春市俄语语言景观生态考察及汉俄翻译对比研究（JJKH20190397SK）"阶段性研究成果。
② 王晓阳（1977.09—），河南南阳市人，博士，吉林大学副教授，硕士生导师，主要研究方向：俄语语义学、语用学和翻译学。

来日益密切，对于外语人才，尤其是高素质的翻译人才的需求也更为紧迫。合格的译员不仅仅要熟练掌握口语和书面语形式的外语，还要深入了解对象国的历史、国情和文化等，也就是要掌握语言所反映的现实。此外，在使用外语与外国人的交际过程中，相关的交际技巧、稳定的心态和良好的应变力等，都是译员在职业活动中具有重要影响的能力，也是教学过程中需要培养的重要方面。译员在工作过程中需要具备熟练的、全面的使用外语的能力，译员综合素质的培养在一定程度上反映了外语教育的水平。在这方面，俄罗斯培养译员的"专家模式"经过多年的沉淀，在培养高素质应用型外语人才方面已经形成较为成熟的机制，可以为我国外语教学内容和教学方式等方面的改革带来有益的启示。

二、俄罗斯高等教育的专家模式

苏联时期的旧学制包括三个层次，即"专家资格""科学副博士"和"科学博士"。苏联解体之前，俄罗斯大学没有学士学位，所有大学生都攻读专家学位，其目标是培养实用型人才。直到1996年，受欧美教育体系的影响，俄罗斯才正式引入了本科学位。2003年9月，俄罗斯正式签署了《博洛尼亚宣言》。为了融入欧洲高等教育一体化的"博洛尼亚进程"，俄罗斯对本国的教育体系进行了全面的改革。在高等教育方面，学位体系向欧洲靠拢，逐渐取消专家学位，增设四年制的本科学位和两年制的硕士学位，同时将之前的副博士学位改称博士学位，计划形成"学士""硕士"和"博士"三个层次。目前俄罗斯高等教育中新旧两种学制并存，而随着新学制的普及，"专家""科学副博士"等也将成为历史。

专家是俄罗斯高等教育中一个独具特色传统学位，学习期限通常为五年。在学习的前几年，专家和本科生一样，学习本学科的基础性知识，而在最后两年的学习中，专家可以根据专业方向进行深入的、全面的研究性学习和职业技能培训。在撰写论文并通过国家认证委员会组织的答辩后，毕业生被授予专家学位，即我们熟知的"医生""经济师""律师"等。也就是说，专家是基本掌握职业技能的高素质的毕业生，无须进行"岗前培训"即可直接与社会需求对接，从事本行业的工作。

专家资格教育并不同于俄罗斯现行的硕士学历教育。硕士学历教育是在学士学历教育的基础上再接受专业培养（包括科研或教学实习），学制 2 年。经考核合格，学生可获得《高等教育毕业证》和相应专业的"硕士学位"。而专家资格教育的学制不超过 5 年。大学生按规定修完专家资格教育全部课程，经考核合格，可获得《高等教育毕业证》和《专家资格证书》，并且可以直接考取博士。

简而言之，专家学历教育类似于国内的"本科教育"+"资格证书考试"的模式，接近于国内的专业硕士学位。"学士"和专家都是完全高等教育形式，只不过"专家模式"是针对性更强的、具有较强实践能力和应用能力的、直接面向职场的教育形式。

劳动力市场的需求是专家资格教育的主要优势之一。在俄罗斯，拥有专家文凭的毕业生声望很高，相对于学士而言，他们更容易找到专业对口的工作。雇主对这类毕业生的评价远高于学士学位，因此提供的薪水更高。

三、培养译员的专家模式

为了保证专家译员的培养水准，俄罗斯联邦教育与科学部（Министерство образования и науки Российской Федерации）颁布了《翻译及翻译学专业高等教育联邦国家标准》（«Федеральный государственный образовательный стандарт высшего образования по специальности перевод и переводоведение»，下文简称《翻译国标》），目前实施的是 2016 年 11 月正式颁布的第四版《翻译国标》[①]，它对翻译学科的特点以及翻译方向学生培养模式、目标和途径等做出了清晰的阐述，并明确提出了对人才培养成果的要求。这对目前尚未出台翻译和翻译学专业高等教育国家标准的我国来说，具有一定的借鉴作用，同时对我国高校外语专业 MTI（Master of Translation and Interpreting，即翻译硕士专业学位）、本科翻译方向以至于整个外语人才培养也具有一定的启示。

---

① 俄罗斯教育和科学部于 2020 年 8 月 12 日批准了第五版的《翻译国标》，自 2020 年 9 月 7 日起实施。

四、培养译员的途径——《翻译国标》

《翻译国标》主要包括七个部分：适用范围、缩略语、专业描述、职业方向、职业能力、教学大纲和教学条件，它对翻译及翻译学专业的特点以及对翻译专业的毕业生从事职业活动时所应具备的能力做出了明确的规定。

《翻译国标》使翻译方向的学生能够清楚地认识到在不同场合下自身应具备的职业翻译能力，更好地完善自我和发展；对教学工作而言，它规定了翻译专业教学的基本标准，可以规范教学单位的教学条件、教学内容和应达到的教学水平。

从教与学的角度来看，《翻译国标》的主要内容可以概括为如下四个方面。

（一）职业方向

《翻译国标》认为，获得专家学位毕业生的职业活动方向是国际关系、国防和安全以及法制法律领域的跨文化交际。其中国际关系涵盖了不同国家之间的经济、文化、政治交流等领域，国防和安全则侧重于军事信息和情报的搜集、整理和编译等。

根据毕业生将来从事的职业不同，专家译员培养方向有三个：专业翻译、国际关系的语言保障和军事活动的语言保障。在此过程中，他们工作的客体是跨文化交际过程中所传递的信息，包括进行笔译、同声传译和交替传译，对任何难度、任何题材的译文进行编辑、校对和整理加工，并通过摘译、编译等方法撰写专题报告、调查报告等；系统掌握外国语言及文化、掌握所学语言及翻译理论；通晓国际关系领域中跨文化沟通知识以及保障国家国防安全和法制的手段、种类和方法等。

（二）职业能力

为了满足上述职业活动对专家的要求，《翻译国标》比较详尽地明确了大学生学习过程中应该培养的能力。根据这些能力和职业活动的关系，它们可以分为四个层次。

1. 普通文化能力

普通文化能力是个人的基本能力，可以保证个体进入世界文化空间并且在其中确定自己的角色，在实践活动中使用专业的知识和技能，掌握言语理解和语言文化的规范，以及进行跨文化交际的能力和分析理解社会的能力。译员的普通文化能力可以分为如下方面：具备人文科学、社会科学素养，分析社会问题和重要现象；了解俄罗斯的历史和现状，并理解俄罗斯在国际舞台上的角色和地位；运用基本法律理论；具有爱国情操、公民立场和职业道德规范；具备跨文化交际能力；具有良好的母语沟通表达能力；自我管理和自我学习能力；良好的健康意识和锻炼习惯等。普通文化能力类似于国内的通识课程所培养的能力，可以说，普通文化能力是个人综合素质的一部分，是从事职业活动的前提和基础。

2. 普通职业能力

普通职业能力是"不同职业共同需要的普遍能力"。具体而言，专家学历的大学生需要掌握的普通职业能力包括：对书面文本、视频、录音、网络资源等各种形式的信息进行各种处理的能力，例如搜索、保存和加工信息的能力；采用各种手段保证信息安全的能力；若有必要，在职业活动中使用两门外语以完成交际任务的能力；在从事职业活动的过程中，深入了解和掌握语言对象国各方面的知识，并进而将其应用于个人职业活动的能力；紧急情况下的急救能力等。

3. 职业能力

职业能力体现了特定职业活动（教师、医生、工程师等）的特殊性，可以被看作普遍文化能力、普遍职业能力以及职业能力在学习课程中、在具体职业活动中的体现形式。具体而言，译员的职业能力是指保证译员能够专业性地解决自己面临问题的所有知识、能力和技能的总和。根据职业活动的领域不同，译员的职业能力又可分为组织—交际能力、信息分析能力和科研能力。

（1）组织—交际能力

包括对外语各种形式的理解和分析，并正确地用外语输出；掌握外语的功能语体特征；正确地识别语言通过称名手段、代词或语气词等所表达的社会关系；识别语言所体现的个体特征；翻译过程中对源语的预测和判断能力；利用网络等资源解决翻译难点的能力；等值翻译能力；校对译文能力；保留原文的修辞、语体特征进行交替传译和视译的能力；高质量口译能力；交替传译过程中的速记能力；稳定的心理素质。

（2）信息分析能力

完成两种语言的转换是译员工作的主要部分和核心部分，但是，同时还要对翻译文本做出进一步的整理和分析。这就需要他们具备批判性地处理信息的能力；对信息进行概括、评价和解释的能力；根据源语言文本撰写报告、综述的能力。

（3）科研能力

在职业活动中运用科学研究方法的能力；通过科研活动解决职业任务的能力；对文本进行语言翻译分析以及从语言国情学角度进行解释的能力；根据图书编目素养对语言学、跨文化交际和翻译学领域的研究材料进行分析以解决职业任务的能力；对文本进行语言翻译学分析以及对文本进行语言翻译学和语言国情学解释的能力。

4. 职业—专业能力

职业—专业能力是指在掌握专业能力的基础上，在特定领域开展专业活动的能力和受教育情况。职业—专业能力是专业译员在真实的工作过程中需要掌握的能力，需要直接面向实际工作，真正充当"人—语言—人"这一交际环节中的中介，工作环境也更为复杂，可能会遇到许多意想不到的突发事件。因此，译员应当对即将面临的工作环境有着充分的思想准备和能力准备。这需要译员掌握各种口译场合中的译员国际礼仪和行为准则；发现并处理具体场合中跨文化合作交际失败；在新的工作环境中利用自己的知识和技能处理突发情况的能力。

（三）教学内容

课程、实习和测试是专家资格教学大纲的主干。课程包括全国统一的必修课和培养单位开设的选修课两部分，这既保证了全国实施专业教学大纲的统一性，也保证了各个培养单位可以根据自身情况和需求而开设具有自己特色的课程，从而实现"同中有异""和而不同"的培养目标。课程是教学大纲的主要部分，总学分达到270—276学分，约相当于总学分的90%。包括科研工作在内的业务实习为18—20学分，约占总学分的7%。根据实习地点，实习可以分为本地实习和外地实习；实习方式则包括教学实习、翻译实践和科研活动等。国家综合测试部分 6—9 学分，约占总学分的 3%。

（四）教学保障

根据《翻译国标》的要求，培养机构应该具备一定的物质技术基础、能够保证所有类别的学科和跨学科的培训，保证学生的实践和理论研究工作顺利进行。具体包括图书资料（包括纸质图书和电子图书）、覆盖教学区域的无线网、向学生提供访问（远程访问）服务，包括进行电子教学、使用远程教学技术、访问现代专业数据库和信息参考系统，采用在线或者线下教学模式，以及国家财政拨款保障等。同时，国标要求教师具备较为丰富的教学实践经验和翻译从业经验。

《翻译国标》还特别强调，要充分考虑到残障人士的特殊性，各种教学手段的选择和实施都应保证他们无障碍地接收和理解教学内容。换言之，教学手段不应成为残障人士学习的障碍。

五、《翻译国标》对我国外语教育的启示

目前，我国还未制定"翻译和翻译学"的国家教学标准，甚至尚未把翻译学列为一个独立的专业，目前国内的翻译系一般都在外语学院的框架之内。在我国现行的《学科分类与代码国家标准 GB/T 13745-2009》中，翻译学仍处于外国语言文学这个二级学科之下。这一状况既与翻译学的学科地位并不匹配，同时在实践中也无法满足国内外对翻译人才日益迫切的需求。由于翻译和翻译学具有自身的规律，纯粹的语言学习无法满足翻译人才培养的要求，这就需要我们能够深入理解和把握翻译的本质，将翻译学尽快从外语学科中独立出来，确立其应有的学科地位。

尽管如此，《翻译国标》中许多内容可以为我们翻译专业、甚至整个外语专业的教学提供许多有益的借鉴和启示。

第一，重视教育过程中爱国主义思想的渗透和培养。《翻译国标》的制定是为了统一俄罗斯境内的教学空间，规定翻译和翻译学所需要达到的基本标准，这有助于大学生增强国家意识。该国标中的许多规定也体现了这一点，例如就教学语言来说，"除非机构的个别规范文件另行规定，与专业教学大纲有关的教学活

动应以俄罗斯联邦官方语言进行"。这对于俄罗斯这样一个多民族国家而言，具有十分迫切的意义，有助于增进大学生的国家认同感。此外，《翻译国标》中多次强调要培养学生的公民意识、捍卫集体和国家利益等，在知识结构方面要掌握俄罗斯历史发展的主要阶段及规律性、理解俄罗斯在现代国际关系中的地位等，这些都表明了爱国主义在教育中的重要地位，体现了教育事业应为国家服务的思想。

第二，翻译和外语教学应当根据毕业生将要从事工作的实际需要，面向职业活动的需求，培养相应的职业能力。对于译员而言，其核心能力是在两种或者多种语言之间进行准确、快速转换的翻译能力。这不仅仅要求译员具有熟练的语言技能，同时还要拥有丰富的杂学素养。此外，译员作为社会中的一个成员，其恰当的交际能力、迅捷的应变能力和稳定的心理素质等，都是必不可少的。译员综合能力中，许多能力看起来似乎与翻译活动没有直接的关系，如处理紧急事件的能力、法律应用能力、对国际关系的理解和认识能力等，但它们都是职业活动的重要辅助，而这些也是国内外语专业教育中欠缺的部分。

第三，必须保证外语学习的足够课时量。由于译员需要具备全面的综合素质，对这些素质的培养需要大量的时间投入。"翻译和翻译学"的学制为 5 年，共 300 学分，每一学年应获得 60 学分，每学分的内容为 36 学时（每学时等于 45 分钟）。这样，每学期的学时量达到 1080 学时，如果按每学期 18 个教学周来计算的话，每周平均课时量达到 60 课时。在国内减负呼声渐高的背景下，这是一个非常繁重的教学任务。

众所周知，外语学习需要充足的时间用来识记语言材料、重复训练和巩固，才能达到熟巧的程度。"综合性大学非外语专业的外语教育课时有限，无法达到学生掌握外语技能的最低标准，虽然起到了打开一扇窗的作用，但熟练掌握更多取决于个人语言天赋及学习时间的投入，大多数学生的外语水平与自如对外交流还有相当距离。"这里谈到的虽然是非外语专业，但国内高校外语专业的情形与此类似。可喜的是，为了克服课时不足的问题，国内不少高校采用翻转课堂教学模式、第二课堂模式等拓宽教学空间，并取得了积极的效果。

六、结论

《翻译国标》是俄罗斯进入新世纪后在翻译和翻译教学方面制定的重要的标准性、规范性文献，它根植于俄罗斯教育的历史，同时又与时俱进，结合欧洲高等教育一体化的进程，并面向译员的职业活动，以培养译员的"综合职业能力"为中心，根据译员的职业方向，全面地规定了译员应当具备的各种层次的能力，说明了培养方法和教学条件保障。"他山之石，可以攻玉"。该国标相对成熟，系统性较强，为我国制定类似的高等教育国家标准、改进外语教学和翻译教学，培养全面发展的、面向职业市场的实用型外语人才提供了有益的借鉴。

参考文献

胡延新、曾梅、房庆平：《俄罗斯高校考试与评价制度——积分制的改革试点及其启示》，《中国成人教育》2010 年第 5 期。

张庆晓、贺静霞、周石其：《俄罗斯实施博洛尼亚进程的背景、举措与启发》，《高教探索》2019 年第 8 期。

谢元花、陈秋丽：《高校英语教师对任务型教学的理解与实施探究》，《现代外语》2019 年第 2 期。

陈海燕：《国际化人才，会说外语还不够》，《光明日报》2018 年 5 月 26 日，第 7 版。

顾晓乐、赵毓琴：《研究生学术口语翻转课堂教学模式实证研究》，《继续教育研究》2018 年第 8 期。

周淑娟：《浅谈俄语教学中第一课堂和第二课堂的互补关系》，《青年文学家》2012 年第 24 期。

Матвеева Е. В. Современный переводчик: модель специалиста.Вестник Башкирского университета. 2008(1):211.

Минобрнауки России (Министерство образования и науки Российской

Федерации). Федеральный государственный образовательный стандарт высшего образования по специальности 45.05.01 перевод и переводоведение (уровень специалитета). http://fgosvo.ru/news/3/2067.

РГППУ. Педагогика. Москва: Российский государственный профессионально-педагогический университет. 2017:16.

Налимова И. В., Елифантьева С. С. Метод проектов в формировании компетенций будущих учителей начальных классов. Ярославский педагогический вестник. 2014(1):235, 237.

Бутусова А. С., Альманах современной науки и образования. 2012. № 12 (67):28.

Окуловский, О. И. К вопросу об особенностях формирования профессиональных компетенций у обучающихся технических вузов. Молодой ученый. 2013(2):387.

Минобрнауки России (Министерство образования и науки Российской Федерации). Приказ Министерства науки и высшего образования Российской Федерации от 12.08.2020 г. № 989. https://rg.ru/2020/08/30/minnauki-prikaz989-site-dok.html.